21 世纪全国高职高专汽车类规划教材

汽车自动变速器原理与维修

揭琳锋　主　编

邵跃华　史文杰
刁锦桥　董　颖　参编

江浩斌　李庭斌　主审

内 容 简 介

本书共分 10 章，系统地介绍了汽车自动变速器的结构和工作原理，内容包括液力变矩器、行星齿轮变速器、液压控制系统、电子控制系统、自动变速器新技术、自动变速器的使用、测试检修以及自动变速器的拆装维修。书中以国内外典型汽车自动变速器为实例，系统地讲解了汽车自动变速器的结构、原理、使用检修及拆装维修。

本书可作为交通运输专业、车辆工程专业、汽车运用与维修等专业高职高专教材，可作为普通高校有关专业的教学参考书，也可供从事汽车检测维修、汽车设计制造、汽车运输管理等行业的工程技术人员阅读参考。

图书在版编目（CIP）数据

汽车自动变速器原理与维修/揭琳锋主编．—北京：北京大学出版社，2006.8
（21 世纪全国高职高专汽车类规划教材）
ISBN 978-7-301-10985-4

I．汽… II．揭… III．①汽车—自动变速装置—理论—高等学校—教材②汽车—自动变速装置—车辆修理—高等学校—教材　IV．U463.212

中国版本图书馆 CIP 数据核字（2006）第 096437 号

书　　　　名：	汽车自动变速器原理与维修
著作责任者：	揭琳锋　主编
责 任 编 辑：	桂　春
标 准 书 号：	ISBN 978-7-301-10985-4/TH・0064
出　版　者：	北京大学出版社
地　　　址：	北京市海淀区成府路 205 号　100871
电　　　话：	邮购部 62752015　发行部 62750672　编辑部 62765013　出版部 62754962
网　　　址：	http://www.pup.cn
电 子 信 箱：	xxjs@pup.pku.edu.cn
印　刷　者：	北京飞达印刷有限责任公司
发　行　者：	北京大学出版社
经　销　者：	新华书店
	787 毫米×980 毫米　16 开本　15.25 印张　330 千字
	2006 年 8 月第 1 版　2014 年 12 月第 7 次印刷
定　　　价：	24.00 元

未经许可，不得以任何方式复制或抄袭本书之部分或全部内容。
版权所有，侵权必究
举报电话：010-62752024；电子信箱：fd@pup.pku.edu.cn

前　言

汽车变速器的任务是传递动力，并在动力的传递过程中改变传动比，以调节或变换发动机的特性，同时通过变速来适应不同的驾驶要求。人工操作的有级变速器转速变化突然，常使发动机处于非稳态工况，这样汽车排出的有害物质多，污染严重。要保证发动机在行驶过程中处于良好的工作状态，发展自动变速器技术至关重要。汽车自诞生至今的百余年期间，人们一直在研究车辆变速技术，希望汽车运行更加快捷、舒适、安全、可靠。从最初挡位固定的变速器，到有多个挡位可变换的齿轮变速器，直到现在应用计算机控制实现换挡的自动变速器，都有力地推动了汽车技术的发展。加入 WTO 给我国国民经济的支柱产业——汽车工业的发展开辟了更广阔的市场。随着汽车工业的迅速发展，汽车对人们的生活方式有了很大的影响。人们要求汽车快捷、舒适、安全、可靠、低油耗和低排污。采用自动变速器实现自动换挡，是提高汽车舒适性、安全性、使用性能和降低排气污染的有效措施。

为适应形势的发展和满足社会的需要，同时也为了提高汽车服务业从业人员的业务素质，我们推出了本书。本书是高等职业技术教育理工科类教学用书，也可作为成人高校、高专、夜大、职大、业大、函大等层次的教学用书和广大自学者及工程技术人员的自学用书。也可作为普通高等院校有关专业的教学参考书。

在编写本书时，我们从高职教育的实际出发，结合教学和生产实际的需要，确定了编写的指导思想和教材特色。以应用为目的，强化应用为重点，力求内容系统、准确、新颖。

本书主要介绍汽车用自动变速器的构造、工作原理、使用、性能测试和拆装维修，还专门介绍了国外自动变速器发展的新技术方向。在编写本书时注意了全书理论的系统性和各部分相对的独立性。本书内容全面，概念清楚，理论阐述由浅入深，以国内外常见车型的自动变速器为实例，通俗易懂。

全书共 10 章，计划总课时为 60 学时，对部分章节可采用现场教学和实验教学等方式，各院校可根据实际情况决定内容的取舍。

参加编写的人员有：邵跃华（第 1 章、第 2 章和第 10 章）；刁锦桥（第 3 章、第 4 章和第 7 章）；史文杰（第 5 章和第 6 章）；董颖（第 8 章和第 9 章）。本书由揭琳锋任主编，全书文稿由邵跃华统稿，由江苏大学汽车与交通工程学院江浩斌，江苏交通技师学院李庭斌审定。编写中我们参考了大量资料和文献，在此，对所引文的作者表示深深的谢意。

由于作者水平有限，在编写过程中，书中难免有不当之处，敬请广大读者批评指正。

编　者

2006 年 4 月

目　　录

第1章　概述 1
　1.1　汽车自动变速器的发展概况 1
　　1.1.1　自动变速器的历史 1
　　1.1.2　现代轿车自动变速器的发展方向 3
　1.2　自动变速器的类型及应用形式 5
　　1.2.1　自动变速器的结构分类 5
　　1.2.2　自动变速器的应用 6
　　1.2.3　自动变速器的特点 8
　1.3　自动变速器的组成和功用 9
　　1.3.1　自动变速器的组成 9
　　1.3.2　自动变速器的型号说明 12
　1.4　思考与练习题 13
第2章　液力变矩器的结构原理 14
　2.1　液力变矩器的作用及其结构 14
　2.2　液力耦合器 17
　　2.2.1　工作原理 17
　　2.2.2　液力耦合器的工作特性 18
　2.3　液力变矩器工作原理 19
　2.4　液力变矩器的特性 23
　　2.4.1　液力变矩器的特性参数 23
　　2.4.2　液力变矩器的特性曲线 25
　2.5　综合式液力变矩器 26
　　2.5.1　三元件综合式液力变矩器 27
　　2.5.2　四元件综合式液力变矩器 28
　2.6　锁止型液力变矩器 29
　　2.6.1　液压锁止型液力变矩器 30
　　2.6.2　离心锁止型液力变矩器 33
　　2.6.3　黏性锁止型液力变矩器 33
　　2.6.4　液力机械分流传动变矩器 34
　2.7　思考与练习题 35

第3章 行星齿轮变速器的结构与原理 36
3.1 行星机构的基本组成及形式 37
3.1.1 单排行星齿轮机构的结构与齿轮啮合方式 37
3.1.2 单排行星齿轮机构类型 38
3.1.3 单排齿轮机构变速原理 39
3.1.4 单排行星齿轮机构各情况下的传动比 43
3.1.5 多排行星齿轮机构 44
3.1.6 行星传动的特点和优点 44
3.2 行星齿轮机构结构及变速原理 45
3.2.1 红旗牌轿车行星齿轮系统工作分析 46
3.2.2 行星齿轮系统（辛普森式） 48
3.2.3 拉维奈尔赫式行星齿轮变速器 63
3.3 思考与练习题 65

第4章 自动变速器的执行机构 66
4.1 离合器 66
4.1.1 离合器的结构和原理 66
4.1.2 多片湿式离合器的特点 71
4.2 制动器 71
4.2.1 制动器的种类及结构 72
4.2.2 制动带工作原理 74
4.3 单向离合器 75
4.3.1 滚柱斜槽式单向离合器 75
4.3.2 楔块式单向离合器 76
4.4 思考与练习题 77

第5章 自动变速器的液控液压系统 78
5.1 液控系统的工作原理 78
5.2 液控系统的组成 80
5.2.1 油泵 80
5.2.2 主油路系统 83
5.2.3 换挡控制信号及装置 85
5.2.4 换挡阀组 89
5.2.5 缓冲安全装置 91
5.2.6 液力变矩器控制装置 92
5.3 思考与练习题 94

第 6 章 自动变速器的电控液压系统 ... 95
6.1 电子控制系统的工作原理 ... 95
6.2 电子控制装置 ... 96
6.2.1 微电脑（ECU） ... 97
6.2.2 传感器 ... 100
6.2.3 控制开关 ... 103
6.2.4 执行元件——电磁阀 ... 105
6.3 思考与练习题 ... 107

第 7 章 自动变速器新技术 ... 108
7.1 自动变速器发展趋势 ... 108
7.2 电控液力机械式（EAT）变速系统 ... 110
7.3 自动机械变速器（AMT）变速系统 ... 111
7.3.1 AMT 变速系统的特点 ... 111
7.3.2 AMT 变速系统的结构与原理 ... 111
7.4 电子控制无级变速系统（ECVT） ... 113
7.4.1 CVT 的基本结构 ... 114
7.4.2 CVT 的特点 ... 115
7.4.3 CVT 变速原理 ... 115
7.4.4 ECVT 控制系统 ... 116
7.4.5 ECVT 工作特性 ... 117
7.5 顺序换挡自动变速器（SMG） ... 118
7.6 双离合器直接换挡自动变速器（DSG） ... 119
7.7 思考与练习题 ... 122

第 8 章 自动变速器的使用 ... 123
8.1 自动变速器换挡手柄的使用 ... 123
8.2 自动变速器控制开关的使用 ... 124
8.3 自动变速器油的正确使用 ... 125
8.4 自动变速器的正确操作 ... 127
8.5 使用自动变速器时的注意事项 ... 131
8.6 思考与练习题 ... 132

第 9 章 自动变速器的检修 ... 133
9.1 自动变速器的检修仪器及其使用 ... 133
9.1.1 汽车专用万用表 ... 133
9.1.2 汽车综合电脑检测仪 ... 135

9.2 自动变速器的性能检验 138
 9.2.1 自动变速器的基础检验 138
 9.2.2 失速试验 141
 9.2.3 时滞试验 142
 9.2.4 油压试验 143
 9.2.5 道路试验 147
 9.2.6 电控自动变速器的手动换挡试验 149
9.3 自动变速器维修总则 150
9.4 思考和练习题 153

第 10 章 自动变速器的拆装 154
10.1 传动系的分解和组装 154
10.2 典型自动变速器的拆卸与组装 163
10.3 其他自动变速器的拆装与组装 203
 10.3.1 切诺基、凌志自动变速器的拆装 203
 10.3.2 日产 L4N71B 自动变速器的拆装 205
 10.3.3 奥迪自动变速器的拆装 206
10.4 思考与练习题 208

附录 A 液控液压系统工作时的油路分析 209
附录 B 别克轿车自动变速器的故障诊断 220
参考文献 233

第1章 概　　述

变速器是汽车底盘中的主要总成之一，它与发动机配合工作，使汽车具有良好的动力性能和经济性能。汽车变速器可以扩大发动机传给驱动车轮上的转矩和转速的变化范围，以适应汽车在各种条件下行驶的需要。变速器能在保持发动机转动方向不变的情况下，实现倒车；还能利用空挡暂时地切断发动机与传动系统的动力传递，使发动机处于怠速运转状态。

正确地操纵变速器是驾驶员一项重要技能和繁重的工作。为提高驾驶操作的轻便性，减轻驾驶员的疲劳程度，提高汽车的动力性和经济性，人们在改进变速器的结构和换挡方法上做出了很大的努力，目前已经广泛使用的自动变速器便是其杰出的代表。

1.1　汽车自动变速器的发展概况

1.1.1　自动变速器的历史

汽车变速器是汽车传动系的心脏。早期的汽车传动系，从发动机到车轮之间的动力传递的形式很简单。发动机驱动桥上的链轮之间采用皮带传动。小链轮通过在一个驱动轮上的内齿轮啮合，使汽车行驶。

1892年法国制造出第一部装有变速器的汽车。1904年美国通用汽车公司的凯迪拉克（Cadillac）汽车采用了手操纵的三挡行星齿轮变速器，福特（Ford）汽车采用了二挡行星齿轮变速器；1914年，由德国奔驰公司最先推出第一个全自动齿轮变速器，当时装在少数为高级官员制造的汽车上；1926年别克小轿车开始使用液力机械传动的变速器；1933年美国的瑞欧汽车使用了一种半自动变速器；1938年美国克莱斯勒汽车公司采用了液力耦合器，并在1939年，率先成功研制了由液力耦合器和行星齿轮变速器组成的4挡液力变速器，并装于该公司生产的轿车奥兹莫比尔（Oldsmobile）上。该变速器被认为是自动变速器的代表，是当今自动变速器的原始形式。随着新技术的不断发展，自动变速器结构不断得到改进，逐步走向成熟。

1939~1950年的11年间是液力自动变速器的成长期。这时期的结构特点是液力传动部件采用液力耦合器，机械变速部分采用行星齿轮。这种形式结构虽简单，成本也低，但液力传动部分只能起到联轴节的作用，不能改变转矩，而传动转矩的改变则完全由行星齿轮机构来完成。1950年美国福特汽车公司成功研制了装用液力变矩器的3挡液力自动变速器，从此轿车用的液力自动变速器进入了成熟期。

1977年美国克莱斯勒公司首先开发出了带锁止离合器的液力变矩器。这种锁止装置实际上是全自动离合器。锁止离合器时，变矩器将不起作用。这对改善汽车燃油的经济性和降低变速器的温度都将有很大的益处。1977年后，日本丰田汽车公司成功研制了具有超速挡的液力自动变速器。该变速器采用三元件液力变矩器与多挡行星齿轮相组合的结构，这不但提高了变速器的变矩比，而且使换挡圆滑，传动效率也更高。

液力自动变速器行星齿轮机构的挡数和速比范围，随着汽车的高速比、低油耗和低噪声等要求的不断提高而有增加的倾向，1977年丰田公司开发的4挡液力自动变速器和1989年日产汽车公司开发的5挡液力自动变速器都已装车使用。这两种变速器都是在原3挡和4挡液力变速器的基础上，加装一组行星变速齿轮机构而形成的，1983年，日产汽车公司成功研制了4挡液力自动变速器用的行星齿轮机构，其最大特点是结构紧凑，从而为液力自动变速器的多挡化提供了条件。

国产轿车中采用自动变速器最早的车型，当属第一汽车制造厂生产的红旗CA770型三排座高级轿车，该型轿车在1965～1980年间共生产了1283辆，其所装用的自动变速器在结构上与美国克莱斯勒汽车公司生产的 Power Flite 同心自动变速器、苏联1958年开始生产ИЛ-111及其后的改进型ЗИЛ-114、ЗИЛ-117上所装用的自动变速器相同，显而易见，ИЛ-111和CA770的自动变速器都是按1953～1957年间生产的 Power Flite 仿制的。

近年来，我国汽车工业在引进消化吸收国外先进技术的基础上，产品不断跃上新台阶，从产品一投产就采用自动变速器的车型亦已出现。例如1998年12月在上海通用汽车有限公司首辆下线，1999年4月12日正式批量生产的上海别克轿车，以美国通用汽车公司1997年新上市的北美别克轿车为基础，成为我国目前批量生产的轿车中车型最新的。该车型装备LA6E2.98LV6电控燃料喷射（EFI）发动机和4T65-E电控4挡自动变速器，采用双恒温控制系统，磁液助力转向系统，动力总成（发动机与自动变速器）控制系统、双安全气囊、防抱制动系统等世界先进水平技术与装备，还可根据需要选装卫星导航系统和语音声控系统等，从而填补了国产轿车多项技术空白。

与无级变速器相比，液力自动变速器最大的不同是在结构上，它是由液压控制的齿轮变速系统构成。因此，液力自动变速器并不是真正的无级变速，还是有挡位的。其所能实现的是在两挡之间的无级变速。而无级变速器则是两组变速轮盘和一条传动带组成的，因此，其比传统自动变速器结构简单，体积更小。另外，它可以自由改变传动比，从而实现全程无级变速，使汽车的车速变化平稳，没有传统变速器换挡时那种"顿"的感觉。

无级变速器无级变速原理的关键是两个传动滑轮和联接此两个滑轮的传动带，每个滑轮都由一对彼此合成V形槽的锥体组成，通过传动带联接两滑轮，利用液压操纵机构移动锥体的开合，使传动带离滑轮轴心的径向位置发生变化，从而获得二滑轮之间的传动比一般最大范围可达5:1。自动变速器多挡化虽能扩大自动变速的范围，但它并非安全迅速，只在有级变速与无级变速之间，理想的无级变速器是在整个传动范围内能连续的、五挡比的切换变速比，使变速器始终按最佳换挡规律自动变速。无级化是对自动变速器的理想追求。

现代无级变速器传动效率提高，油门反应快、油耗低，随着汽车技术的进步，已经越来越不满足于液力自动变速器，希望彻底改进无级变速器，从实现汽车从有级变速阶段向无级变速阶段的飞跃。福特、菲亚特、奥迪等企业纷纷推出了能够匹配大排量发动机的无级变速器。目前国内自动挡轿车的自动变速器基本上全是液力自动变速器，只有奥迪采用了无级变速器。奥迪无级/手动一体式变速器，其就在原有的无级变速器基础上，进行多项技术上的创新、改进和提高。

无级变速装备有自动控制装置，行车中可根据车速自动调整挡位，无需人工操作，省去许多换挡及踏踩离合器的工作。其不足之处在于价格昂贵、维修费用很高，而且使用起来比手动挡车费油，因为自动变速器的动力传递上通过液压来完成的，在工作中会造成动力损失。尤其是低速行驶或堵车中走走停停时，更会增大油耗。

现代汽车变速器的发展趋势是向着可调自动变速器或无级变速器方向发展。采用无级变速器可以节约燃油，使汽车单位油耗的行驶里程提高30%。通过选择最佳传动比，能够使发动机保持在很窄的转速范围内运转，从而获得最有利的功率输出，无级变速器传动比传统的自动变速器轻，结构更简单而紧凑。

近年来，随着微电子技术的飞速发展，以及用户对它的操纵性能、舒适性、安全性能等方面的苛刻要求，世界上许多汽车生产厂家不断投入人力和财力，大力加强自动变速器的技术研究，电子控制自动变速器的问世，给汽车带来了更理想的传动系统。机电一体化技术进入汽车领域，推动了汽车变速装置的重大变革。自动变速器装置均出现了电子化的趋势。

1.1.2 现代轿车自动变速器的发展方向

（1）电子控制全域锁止离合器及液力缓速装置：为了提高传动效率，改善经济性能，轿车用自动变速器普遍采用了变矩器锁止离合器，并进行电子控制以保持其换挡的平顺性。锁止式液力变矩器其功能特点决定了自动变速器由液力耦合器—液力变矩器—锁止式液力变矩器的变化过程。液力变矩器除了能传递转矩外，还能增大发动机的转矩，吸收扭转振动的作用，液力耦合器却不能。带锁止离合器的液力变矩器，克服了液力变矩器输出轴与输入轴之间存在滑动而使液力变矩器传动效率降低的缺点，这种锁止装置实际上是全自动离合器。锁止离合器时，变矩器将不起作用。这对改善燃料的经济性和降低变速器的温度有益处。如日产汽车公司的公爵牌及荣光牌轿车。在一些重型汽车及公共汽车上装有液力缓速装置将得到大多数驾驶员的拥护，它可以大大提高行车安全性及制动系统零件的寿命。

（2）适合于整车驱动系统的电子控制智能型自动变速器：智能型的电子控制自动变速

器的电子系统可以在汽车行驶过程中，对汽车的运行参数进行控制，合理地选择换挡点，而且在换挡过程中对恶化的参数进行修正。如：摩擦片的摩擦系数、油的粘度、车辆的负荷变化等。同时具有自动诊断系统，可以将汽车运行中的故障记录下来，便于维护。

电子控制技术利用微机控制变速器，不仅使换挡程序更加符合驾驶员的意愿，而且还能利用模糊控制理论，解决特殊情况下变速程序的复杂问题，使自动变速器的控制能力及可靠性大幅度提高。现代电子控制自动变速器的主要特点是一机（微机）多参数、多规律性的控制。多参数指输入微机的控制参数多元化，即控制参数不仅有发动机转速、车速、节气门开度等信号，而且又反映发动机、变速器工作环境和行驶等信号。可见控制参数多元化，更能全面地反映发动机和变速器的实际工况；多规律是指控制微机中间时存储多种不同的换挡规律，如最佳经济性、动力性，各种加速行驶时的最佳经济性、最佳排放量等，驾驶员可按需要调用相应的规律实现最佳控制。总之电子控制能实现多参数、多规律性的控制，使发动机和变速器在不同油门开度和各种行驶环境下都能处于最佳工作状态。

日本丰田凌志牌高级轿车应用了智能型发动机-变速器综合控制系统。该系统利用计算机控制系统进行综合控制。在变速时，使发动机扭矩临时降低，与此同时，控制离合系统油压，使变速平稳。在离合系统油压控制中，检测与预计最优化值的偏差，并利用新开发的线性电磁阀进行修正反馈控制。

（3）电子控制无级变速器：无级变速器能够自由改变速比，故能进行理想的变速控制，比多挡位齿轮传动机构更优越。自动变速器多挡化虽能扩大自动变速的范围，但它并非安全迅速，只在有级变速与无级变速之间。理想的无级变速器是在整个传动范围内能连续的、无挡比的切换变速比，使变速器始终按最佳换挡规律自动变速。无级化是对自动变速器的理想追求。

但是无级变速器存在着体积大、笨重和传动效率低的问题，而且也缺少解决耐久性问题的相应措施。但随着电子技术的应用，电子控制的V型金属带型无级变速器在西欧及日本得到重视，正在积极开发市场，以希望其一步到位。目前研制开发并在微型轿车上采用此类变速器的有日本富士重工公司及荷兰VDT公司等。

由于电子技术的不断发展和进步，特别是微机控制功能的进一步增加，各种传感器和执行机构性能的改善，所以在自动变速器上也开始大量采用。1969年出现的程序式变速器是电子技术在自动变速器中的首次应用。进入80年代后，大规模集成电路技术的发展，使得由微机控制发动机和变速器自动换挡成为可能。在我国，上海通用公司在其生产的别克轿车上装备了4T65-E电控自动变速器，这是我国第一家汽车公司将自动变速器作为标准装置装于轿车，该变速器于1998年10月份正式下线生产。

（4）自动预选式换挡系统：近来ZF公司又开发了一种自动预选式换挡系统，它可以使驾驶员体会到驾驶车辆的快感，又不需要紧张费力的操作。这种自动预选式换挡装置，是全自动换挡系统的基础，它的性能包括：电子控制自动选挡，换挡时刻由驾驶员确定（驾驶员不需要手操作换挡）；主动和被动保护装置；诊断屏幕实现系统监督。

自动变速器除采用无级变速作用的变矩器外，其齿轮数也在不断增多，从而使变速范围不断加宽。这有助于改善发动机的燃油经济性和动力性，使发动机工况进一步向最佳化逼近。

（5）小型化：减轻重量、缩短动力传递路线，能使汽车节油，自动变速器的小型化正起着这种作用。70年代以来微型车急剧增多，从而为自动变速器小型化提供了前提条件。此外，自动驱动桥（即把变速器与驱动桥合为一个整体）的趋势十分突出，小型化又推动了FF化和自动驱动桥的发展。

电子控制与液压控制相比，具有明显的优势：电子控制可以实现以前由液压控制难以实现的更复杂多样的控制功能，使变速器的性能得到提高。电子控制可以极大地简化液压控制结构，减少生产投资等。电子控制功能借助于软硬件结合才能实现，由于软件易于修改，可使产品具有适应结构参数变化的特性。随着汽车电子化的发展，汽车传动系的电子控制可以与发动机、制动系、安全气囊等系统通过总线联网，资源共享，实现整体控制，进一步简化控制结构。

当今世界各大汽车公司对无级变速器的研制都十分活跃。不久的将在，可望电子控制式的无级变速器将得到广泛的应用和发展。

1.2 自动变速器的类型及应用形式

1.2.1 自动变速器的结构分类

一般车用变速器可分为手动变速器和自动变速器两大类。自动变速器是指不依靠人的手力，而能自动实现换挡功能的变速器。目前汽车上常用的自动变速器的类型有：液力自动变速器、液压传动自动变速器、电力传动自动变速器、有级式机械自动变速器和无级式机械自动变速器等。

自动变速器按照汽车驱动方式的不同，可分为后驱动自动变速器和前驱动自动变速器即自动驱动桥。后驱动自动变速器的变矩器和齿轮变速器的输入轴及输出轴在同一轴线上，发动机的动力经变矩器、变速器、传动轴、后驱动桥的主减速器、差速器和半轴传给左右两个后轮。

前驱动自动变速器在自动变速器的壳体内还装有主减速器和差速器。纵置发动机前驱动变速器的结构和布置与后驱动自动变速器基本相同；横置发动机前驱动变速器由于汽车横向尺寸的限制，要求有较小的轴向尺寸，通常将输入轴和输出轴设计成两个轴线的方式，变矩器和齿轮变速器输入轴布置在上方，输出轴布置在下方，减少了变速器总体的轴向尺寸，但增加了它的高度。

自动变速器按前进挡的挡位数不同，可分为2个前进挡、3个前进挡、4个前进挡、5

个前进挡。新型轿车装用的自动变速器基本上都是4个前进挡,没有超速挡。目前已经开发出装有5个前进挡自动变速器的轿车。

无级变速器是自动变速器的一种手动变速器,结构简单、准确有效,但是,也存在操纵复杂、长期使用容易疲劳,换挡时冲击较大等不足之处。自动挡(又称无极变速)装备有自动控制装置,行车中可根据车速自动调整挡位,无需人工操作,省去了许多换挡及踏踩离合的工作。

无级变速器可以从一种扭矩(或转速)平稳地转变为另一种扭矩(或转速),在变化过程中不是一级一级(或一挡一挡)地跃变,而是稳定、缓和地渐变。无级变速器有液力式无级变速器(亦称液力变扭器)和机械式无级变速器两种。

电控自动变速器主要由液力变矩器、行星齿轮机构、液压控制系统和电控系统四大部分组成。

机械式无级变速器按其作用又可分为冲击式和摩擦式两种。冲击式为一种断续的传动,即跳动式的,构造非常复杂,且工作时要产生很大的冲击载荷,应用在汽车上尚有很多困难。摩擦式则为一种连续的传动,发动机的扭力系借摩擦扭矩的变化而匀顺地传到后面,其构造比较简单,目前已经应用在汽车上。

1.2.2 自动变速器的应用

现代车用自动变速器的应用,主要有以下两种形式:

(1)液压控制式自动变速器:这是一种利用车速和加速踏板踏入量之间的关系所决定的传动比,通过油压控制机构进行自动控制的变速器。常用的液压控制式自动变速器一般由液力耦合器或变矩器、液压操纵系统和行星齿轮传动系统组成。液力耦合器利用液体流动,把发动机的动力传递给齿轮传动系统,行星齿轮传动系统可以利用本身的传动特点,改变发动机的转速和转矩,起着换挡的作用。液压操纵系统可以根据汽车行驶的实际需要操纵行星齿轮系统,使其加挡、减挡或倒车,从而改变汽车的行驶速度和方向。

液力变速器由三个工作轮,即泵轮、涡轮和固定不变的液流导向装置——导轮(又称反应器)组成。为了保证液力变扭器的性能及液流很好地循环,三个工作轮的叶片都弯成一个角度,这是与液力耦合器的叶片不同的。泵轮和涡轮为冲压件,导轮为铝合金精密铸造件。泵轮与变速器壳体连成一体,固定于发动机曲轴后端的凸缘上,导轮装在自由轮机构上,自由轮内座花键孔径经导轮固定套管固定在壳体上,涡轮通过轮毂的花键孔与从动轮连接,导轮浮动于泵轮和涡轮之间,并保持一定轴向间隙。在工作过程中轴向力较大,导轮端装有止推垫片,涡轮与壳体装有聚甲醛塑料垫片。变扭器壳体的外面装有供启动机的齿圈,三个工作轮在液力变扭器装配好之后形成环形的内腔,其纵向端面称为变扭器的循环圆。

液力变扭器和液力耦合器一样,正常工作时贮于环形内腔的工作液,除有绕变扭器轴线的圆周运动外，还有在循环圆内的循环流动，故能将扭矩由泵轮传到涡轮上。液力变扭器在传动作用上不同于液力耦合器的是：液力耦合器只能将扭矩大小不变地传给涡轮，即只能起离合器的作用；但液力变扭器则不仅能传递扭矩，而且能在泵轮扭矩不变的情况下，随着涡轮的转速（反映着汽车的行驶速度。不同面能自动地改变涡轮轴上的输出扭矩数值，故能兼起离合器和变速器的变扭作用。

液力变扭器虽然能在一定范围内无级地改变扭矩比，但由于它存在着变扭能力与效率之间的矛盾，目前应用的液力变扭器一般变扭系数都不够大，难以满足汽车使用要求，故在高级轿车上，广泛采用的是液力变扭器与齿轮式变速器联合组成液力机械式无级变速器。与液力变扭器配合使用的齿轮式变速器有行星齿轮式变速器和固定轴线式齿轮变速器两种。国产红旗牌高级轿车上采用的就是液力变扭器与行星齿轮式变速器联合的液力机械式变速器，它由一个四元件（泵轮、涡轮、第一导轮与第二导轮）的综合液力变扭器与可以自动换挡的两行星齿轮变速器所组成。

工作中驾驶员踏下油门的位置或发动机进气管的真空度和汽车的行驶速度，能指挥液压操纵系统工作，液压操纵系统利用液体压力控制行星齿轮系统的离合器和制动器，并改变行星齿轮传动的状态。以上过程完全是在变速器内部进行的，不需要驾驶员的操作，即所谓的自动换挡。在这里液力变矩器的作用是：增大汽车起步的转矩以提高车辆的起步性能，可减少变速冲击，隔断发动机输出转矩的振动，但却存在输入轴和输出轴流动空转打滑引起发动机功率损失的问题，因而在其后又引入了锁止机构，虽然解决了一些问题，但由于受各控制元件的制约，变矩器的作用难以充分发挥，特别是减小发动机转矩变动的问题还需解决。况且这种锁止离合器只能在发动机转矩变小的高转速范围内起作用，因此不能充分提高燃油的经济性，为解决这一问题，世界上各大汽车公司采取了种种措施，如采用锁止离合器微量滑动方式；采用粘性连轴器吸收振动的方式等，但效果并不是很理想，后来人们把电子技术引进汽车领域，于是作为一种新型的自动变速器，电子控制式自动变速器应运而生。

（2）电子控制式自动变速器：常规的汽车自动变速器中锁止式变矩器均靠液压传动，但随着电子技术在汽车上的推广应用，采用微型电子计算机等装置作为自动变速器的液压控制装置，再用某些液压控制装置对变速器换挡机构进行操纵控制，这样不仅使换挡时间更加精确、换挡更加平稳，而且操纵自如灵活；另一方面可以使变速挡尽量与驾驶员的意愿相结合；其次采用电子控制，通过选择适合行驶状态的最佳传动比，可以提高汽车的动力性，提高乘坐的舒适性，并与发动机控制相结合，相应提高燃油的经济性。

电子控制式自动变速器是利用油压回路的电磁线圈通电和断电，来控制变速器的变速定时及变速时的过渡特性。其电子控制系统主要有：变速点控制、自锁控制、变速时过渡特性控制、油压控制、变速时锁止控制等。在电子控制式自动变速器中，由车速传感器和节流阀开度传感器将车速和节流阀开度转换成电信号后，作为电子控制装置 ECU 的输入信号，经变速器中的 ECU 计算处理后，再适时输出信号给电磁阀，利用这些电磁阀来控制油压回路。显而易见，液压控制式自动变速器与电子控制式自动变速器的不同之处在于利用电子技术检测方式和对油压的控制方式上，电子控制式自动变速器是采用传感器来检测车速和节流阀开度，利用电子技术对电磁阀进行控制，从而实现对汽车自动变速器进行更迅速、适时和更精确的控制。

1.2.3 自动变速器的特点

汽车自动变速器一般和变矩器一起使用，带有液力传动的特点，可以弥补机械变速器的一些缺点。它可以根据发动机的工况和车速情况，自动选择挡位，而且具有下列显著特点：

（1）整车具有更好的驾驶性能：汽车驾驶性能的好坏，除与汽车本身的结构有关外，还取决于正确的控制和操纵。自动变速器能通过系统的设计，使整车自动去完成这些使用要求，以获得最佳的燃油经济性和动力性，使得驾驶性能与驾驶员的技术水平关系不大，因而特别适用于非职业驾驶。

（2）良好的行驶性能：自动变速装置的挡位变换不但快而且平稳，提高了汽车的乘坐舒适性。通过液体传动和微电脑控制换挡，可以消除或降低动力传递系统中的冲击和动载，这对在地形复杂、路面恶劣条件下作业的工程车辆、军用车辆尤为重要。试验表明，在坏路段行驶时，自动变速器的车辆传动轴上，最大动载转矩的峰值只有手动变速器的20%～40%。原地起步时最大动载转矩的峰值只有手动变速器的50%～70%，且能大幅度延长发动机和传动系零部件的寿命。

（3）高行车安全性：在车辆行驶过程中，驾驶员必须根据道路、交通条件的变化，对车辆的行驶方向和速度进行改变和调节。以城市大客车为例，平均每分钟换挡3～5次，而每次换挡有4～6个手脚协同动作。正是由于这种连续不断的频繁操作，使驾驶员的注意力被分散，而且容易产生疲劳，造成交通事故增加；或者是减少换挡，以操纵油门大小代替变速，即以牺牲燃油经济性来减轻疲劳强度。自动变速的车辆，取消了离合器踏板和变速操纵杆，只要控制油门踏板，就能自动变速，从而减轻了驾驶员的疲劳强度，使行车事故率降低，平均车速提高。

（4）降低废气排放：发动机在怠速和高速运行时，排放的废气中，CO或CH化合物的浓度较高，而自动变速器的应用，可使发动机经常处于经济转速区域内运转，也就是在较小污染排放的转速范围内工作，从而降低了排气污染。

（5）可以延长发动机和传动系的使用寿命：因为自动变速器采用液力变矩器和发动机"弹性"连接，外界的冲击负荷可以通过耦合器缓冲，有过载保护的功能。在汽车起步换挡、制动时能吸收振动，相应减小了发动机和传动系的动载荷。

（6）操纵简单：只需设置液压工作阀的位置，自动变速器就可以根据需要进行自动加挡和减挡，省去了起步和换挡时踏离合器、更换变速杆位置和放松油门等复杂的操作规程，大大减小了驾驶员的劳动强度。

（7）提高了汽车的平顺性：因采用液力变矩器在汽车起步时，车轮上的牵引力逐步增加，无振动并减少车轮滑动，使起步容易平稳。汽车在行驶中的稳定车速也可以降到最低，甚至为零。行驶阻力增大时，发动机也不会出现熄火。

（8）提高生产率：换挡时功率基本没有间断，可保证汽车有良好的加速性和较高的平均车速，使发动机的磨损减少，延长了大修间隔里程，提高了出车率。

与手动变速器相比，自动变速器结构较复杂，零件加工难度大，生产成本较高，修理也较麻烦。另外自动变速器的传动效率也不够高。然而这些缺点是相对的，由于大大延长了发动机和传动系的使用寿命，提高了出车率和生产率，减少了维修成本，提高了发动机功率的平均利用率，提高了平均车速，虽然燃油经济性有所降低，却提高了汽车整体使用经济性。此外，通过与发动机的匹配优化、增加挡位数等措施，可使自动变速器的传动效率接近手动变速器的水平。目前还采用一种带锁定离合器的液力变矩器，在一定行驶条件下，锁定离合器结合，使液力变矩器失去作用，输入轴与输出轴变为直接传动，传动效率可接近100%，这时液力自动变速器的传动效率与机械变速器的传动效率相近。

1.3 自动变速器的组成和功用

1.3.1 自动变速器的组成

由图1-1可见，汽车自动变速器在结构上，要远较普通的手动变速器复杂。一般来说，汽车自动变速器由液力变矩器、液压自动换挡控制系统、自动变速器电子控制装置（TCU）、行星齿轮机构、冷却装置和自动变速器油滤清器几部分组成。

1. 液力变矩器

（1）液力变矩器的组成

液力变矩器内有动力输入装置——泵轮，动力输出装置——涡轮，增矩装置——导轮。还有固定导轮的单向离合器和锁止的闭锁离合器。

（2）液力变矩器的作用

① 驱动油泵

大部分汽车由变矩器驱动毂直接驱动，少部分汽车由变矩器涡轮带动的油泵轴间接驱动。

② 低速区域内增矩

汽车起步时所需转矩很大，运行中逐渐减小，变速器低速时增矩，主要依靠变矩器。所以汽车在低速时速度上不去，中、高速后汽车加速良好，是典型的液力变矩器故障。

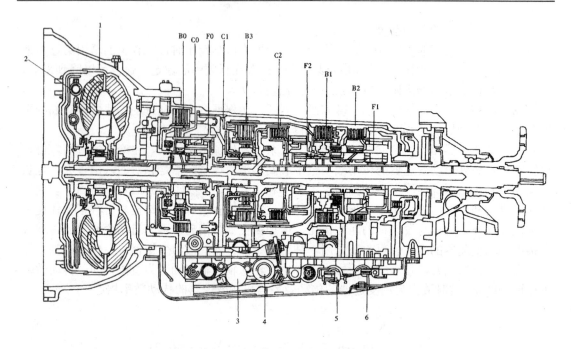

图 1-1 电控自动变速器的组成

1—变矩器；2—锁定离合器；3—锁定电磁阀；4—油压电磁阀；5—换挡电磁阀 B；6—换挡电磁阀 A；C0—直接离合器；C1—倒挡及高挡离合器；C2—前进离合器；B0—超速制动器；B1—2 挡制动器；B2—低挡及倒挡制动器；B3—2 挡强制制动器；F0—直接单向超越离合器；F1—低挡单向超越离合器；F2—2 挡单向超越离合器

③ 变矩器和挠性板一起充当发动机的飞轮

液力变矩器前端安装在挠性板上，挠性板设计得具有足够的弹性，以允许液力变矩器受热或受压时的膨胀以及冷却时收缩带来的前后移动。变矩器自身重量，变矩器内油液的重量及挠性板的重量一起相当于发动机的飞轮。

④ 柔和地传递转矩

液体在传力的同时，可以比机械传动更有效地吸收振动。变矩器与摩擦式离合器不同之处是在停车时不用脱开传动系，也能维持发动机的怠速工作。因为曲轴和泵轮是同步运转，曲轴转数低，泵轮转数也同样低。泵轮转数低，液流就无法驱动涡轮，动力就没有输出。

⑤ 启动发动机齿圈的位置

大部分汽车的启动齿圈焊在挠性板上，为数不多的汽车齿圈直接焊在变矩器壳上。

2. 液压自动换挡控制系统

（1）液压自动换挡控制系统的组成

液压自动换挡控制系统由变速器油泵、控制阀、伺服装置、蓄压器、制动器和离合器等组成。

（2）液压自动换挡控制系统的作用

根据驾驶员的意图和工况的需要，利用液压使离合器和制动器在一定条件下工作，并在单向离合器配合下，使行星齿轮机构实现自动换挡。

3. 自动变速器电子控制装置（TCU）

（1）电控装置的组成

电控装置由传感器、电子控制单元以及执行器三部分组成。传感器包括节气门开度传感器、车速传感器、冷却液温度传感器，变速器油温传感器等以及空挡开关，制动开关，强制降挡开关、超速挡开关、模式开关等。执行器则主要由各种作用的电磁阀组成。

（2）电控装置的作用

在换挡控制方面用电信号代替油压信号。用微机处理代替换挡阀进行换挡控制，可实现多换挡规律的最佳控制，使换挡及时、准确，更好的适应汽车的行驶要求，有利于改善发动机的工作状况，获得最佳的动力性、经济性以及较好地降低排放污染。

4. 行星齿轮机构

（1）行星齿轮机构的组成

① 行星齿轮机构由行星齿轮及行星架、太阳轮、齿圈组成。每一组行星齿轮机构又被称为1个行星排。

② 四速的自动变速器中有3个行星排，二速和三速的自动变速器都是2个行星排。

③ 两排行星齿轮共用一个太阳轮的叫辛普森机构。

④ 一长一短两排行星轮，一大一小两个太阳轮共用一个齿圈的叫拉威娜结构。

⑤ 行星齿轮机构是同轴、同向、减速增矩，结构紧凑。

（2）行星齿轮机构传动特点和作用

① 行星齿轮机构是常啮合传动，啮合量大，换挡时动力传递不中断，齿轮不承受换挡冲击（换挡冲击作用在离合器和制动器上），加速性好，简化了操作。

② 其作用是改变汽车的转速和转矩。

5. 冷却装置和自动变速器油滤清器

（1）冷却装置和自动变速器油滤清器的组成

冷却装置是和发动机散热器装置在一起的。由自动变速器由散热器以及与变速器连接的输油管和回油管组成。自动变速器油滤清器有滤网、毛毡和纸质的三种,装在控制阀的下面。

（2）冷却装置和自动变速器油滤清器的作用

① 冷却装置的作用

自动变速器油温度以保持在 80~90℃为最佳。但自动变速器油在传力过程中,因冲击和摩擦生热（离合器、制动器结合时表面工作温度通常在 200℃左右）温度会不断升高。温度的升高会降低传动效率。利用冷却器使自动变速器油在发动机散热器内或外部与冷却水或空气进行热量交换,使自动变速器油保持在正常温度。

② 自动变速器油滤清器的作用

它可以将工作中产生的金属或非金属磨料及时分离。

1.3.2 自动变速器的型号说明

变速器型号一般写在油底壳或油尺上或变速器壳某一特定位置上,从自动变速器的型号可以了解变速器的基本配置。以丰田 A-140E 变速器和通用汽车公司 4L80-E 变速器作说明,并适当地展开,以便了解自动变速器型号的意义。

1. 丰田 A-140E

（1）第一个字母：A——自动变速器。
（2）第一位数字：1、2、5——前轮驱动,3、4——后轮驱动。
（3）第二位数字：3——三速前进挡；4——四速前进挡。
（4）第三位数字：0——产品序列。
（5）最后一个字母：E——电子控制变速器；H——四轮驱动。

2. 通用 4L80-E

（1）第一个数字：4——四速前进挡。
（2）第一个字母：L——纵向安装（后轮驱动、四轮驱动）；T——横向安装（前轮驱动）。
（3）字母后的数字：80——产品系列。
（4）最后一个字母：E——电子控制变速器。

自动变速器型号中某些字母各汽车公司解释相同,但型号中的另外一些字母各汽车公司却有自己的解释。

如变速器型号中的"A",在丰田公司是表示自动变速器,但有的汽车公司则把"A"表示为四轮驱动汽车。

又如变速器型号中的"R",有的汽车公司把它表示为后轮驱动。"H"在丰田公司变速器型号中表示为四轮驱动，在宝马汽车上则表示为液压类型变速器。

3. 宝马 4HP24EH

（1）第一组数字：4——四速前进挡。
（2）第一个字母：H——液压类型变速器。
（3）第二个字母：P——齿轮类型，"6P"是行星类齿轮。
（4）第二组数字：20 或 24——额定转矩（变速器）。
（5）末字母：E——电控类变速器。
（6）末字母：EH——电控—液压类型变速器。

4. 三菱和现代共用的自动变速器

日本三菱汽车公司自动变速器的主导产品是 F4A33、W4A32 和 W4A33，这三个型号的自动变速器在结构上是完全一样的，只是在驱动方式上不一样。F4A33 是前轮驱动，而 W4A32 和 W4A33 是四轮驱动。韩国现代公司使用 KMl75、KMl76 和 KMl77 型自动变速器，实际上就是三菱汽车公司上述三种自动变速器变更了一下型号，其结构是完全一样的。三菱汽车公司的这些自动变速器同样还适应于美国克莱斯勒公司的某些车型上。

1.4　思考与练习题

1. 自动变速器有哪些优缺点？
2. 自动变速器主要由哪几个部分组成？
3. 自动变速器按汽车驱动方式可分为哪几种？
4. 自动变速器按其前进挡的挡位数可分为哪几种？

第2章 液力变矩器的结构原理

在动力传递过程中,若其中有用液体作为工作介质来传递动力,则在该传动系统中有液体传动。液体在运动中所具有的液体能一般表现为:动能、压力能和位能。在液体传动装置中,液体相对位置高度变化小,位能可忽略,能量变换主要表现为动能和压力能,故液体传动可分为液压传动和液力传动。

液压传动——传动系统中主要依靠工作液体压能的变化来传递动力,即为液压传动,利用工作液体压能的变化来传递或变换能量的液体元件称为液压元件,如液压泵、液压马达等。

液力传动——传动系统中主要依靠工作液体的动能的变化来传递动力,即为液力传动。利用工作液体动能的变化或变换能量的液体元件称为液力元件。如各种形式的液力耦合器和液力变矩器是液力传动的基本单元。液力元件常在两个或两个以上的叶轮组成的工作腔内,以液体作为工作介质。传动方式是依靠液体的动量矩变化来传递能量。

2.1 液力变矩器的作用及其结构

就汽车上广泛采用的三元件综合式液力变矩器而言,它有一个工作腔,其中有三个叶片,即泵轮、涡轮和导轮,如图2-1所示。

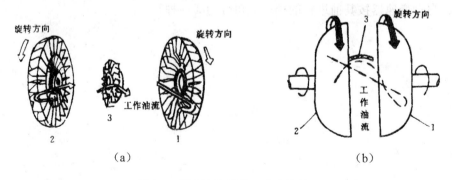

图2-1 液力变矩器的三个工作轮

1—泵轮;2—涡轮;3—导轮

泵轮与发动机曲轴相联接，把输入的机械能转变为自动变速器油的能量，使油液的动量矩增加，其作用类似离心泵的叶轮，所以称其为泵轮。涡轮与自动变速器中的行星齿轮变速器输入轴相联接。将自动变速器油的能量转变为机械能输出，涡轮因其使油液的动量矩减小，作用类似于水涡轮，故被称为涡轮。导轮不转动时，变速器壳体的反作用扭矩通过它作用于自动变速器油液，使油液的动量矩改变，换言之，导轮在液力变矩器中起导向作用，使自涡轮流出的油液改变方向后流向导轮，形成液体循环，所以称其为导轮。

液力变矩器的作用主要有：

1. 自动无级变矩、变速

液力变矩器的涡轮扭矩，能随着汽车行驶中负荷扭矩的增大而自动增大，同时，涡轮转速自动降低；而当负荷扭矩减小时，涡轮扭矩随之自动减小，同时，涡轮转速自动升高。

2. 自动离合

液力变矩器可借助于传递或不传递发动机发出的扭矩至行星齿轮变速器，起自动离合器的作用，从而在使用自动变速器的汽车上，取消了传统的螺旋弹簧式或膜片弹簧式离合器，大大减轻了驾驶员的负担。

3. 减振隔振

由于液力变矩器是通过液力作用进行耦合传动的装置，主、从动件之间无直接的机械传动关系，所以能通过自动变速器油的阻尼作用，减小发动机的扭振，并隔离这种扭转振动向底盘传动系统的传递，从而提高汽车发动机和底盘传动系统的使用寿命。

4. 使发动机转动平稳

由于工作时内部充满自动变速器油液的液力变矩器具有较大的转动质量，完全可以起到传统的飞轮使发动机转动平稳的作用，所以在装用自动变速器的汽车上，取消了发动机飞轮。为实现扭矩的传递，仅在发动机曲轴与液力变矩器之间安装一柔性联接板或驱动端盖。

5. 过载保护

当汽车行驶工况突然变化，出现过负荷时，使用液力变矩器，可以对发动机起保护作用。

6. 发动机制动

在汽车下长坡行驶时，可以通过液力变矩器的耦合传动，利用发动机的泵气损失来进行制动。

由图 2-2 可以了解到,在福特汽车公司 C5 型自动变速器中,液力变矩器的具体安装位置和结构。

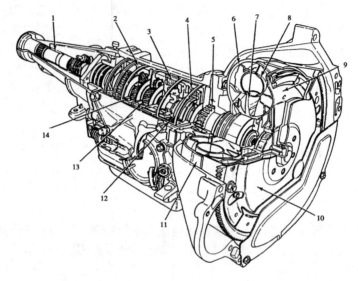

图 2-2　福特汽车公司 C5 型自动变速器及其液力变矩器

1—输出轴；2—一挡、倒挡制动器；3—前进挡离合器；4—三挡、倒挡离合器；5—油泵；
6—泵轮；7—导轮；8—涡轮；9—锁止离合器及减振器组件；10—柔性联接板；
11—液力变矩器；12—二挡制动器；13、14—前、后行星排

典型的汽车自动变速器液力变矩器,由封装在变矩器壳体中的泵轮、涡轮和导轮三个主要部分组成。变矩器的壳体,一般用钢板冲压而成,分前、后两段,前面一段用螺栓与柔性联接板或驱动端盖相接,并固定在发动机曲轴后端的凸缘上；后面一段,往往直接在其内壁上固定泵轮叶片面成为泵轮。由于液力变矩器装配完毕后,通常将其壳体前、后两段焊接成一体,所以,工作时泵轮是经由变矩器壳体而被发动机曲轴直接驱动的。在液力变矩器中,涡轮与行星齿轮变速器的输入轴,也即液力变矩器的输出轴之间用花键联接,作为与主动件泵轮相对应的从动件,涡轮也是薄钢板冲压件,其内装有许多弯曲的叶片。

如前所述,与一般机械装置不同的是,主动件泵轮与从动件涡轮之间,并无机械联接或传动。而且装合后,两者的端面相对,中间留有一定的间隙,其值约为 3～4 mm。工作时,通过自泵轮循环流入涡轮的自动变速器油的耦合作用,实现主动件与从动件之间的传动任务。由图可见,在液力变矩器中,还有一主要部分,这就是起变扭作用的,并通过一单向离合器安装在与变速器壳体相联的支承轴管上的导轮。导轮多是用铝合金压力铸造而成。

装配后的液力变矩器，其壳体前、后两段通常焊合在一起，使用、维修过程中不可拆开。仅从外形上来看，液力变矩器很像是一只小号的充气救生圈。由于在装用自动变速器的汽车上，液力变矩器还起传统的发动机飞轮的作用，所以，液力变矩器在制造时要求其质量分布均匀，并经过平衡检验，必要时，在壳体外缘上加焊平衡片，以防其高速转动时产生过大的附加载荷和振动。在自动变速器解体检修时，注意不要磕碰液力变矩器壳体，对其上遗失的平衡片，应及时补焊。

另外，因装用自动变速器的汽车上无发动机飞轮，所以，为满足用启动机启动发动机的需要，如图2-2所示，通常在经平衡后的柔性联接板或驱动端盖的外缘处，加装供启动用的外齿圈。

2.2 液力耦合器

2.2.1 工作原理

液力耦合器是一种液力传动装置，其结构如图2-3所示。

在发动机曲轴1的凸缘上，固定着耦合器外壳2，叶轮与外壳2做刚性连接而与曲轴一起旋转为耦合器的主动元件，称为泵轮3；与从动轴5相连的叶轮4为耦合器的从动元件，称为涡轮；泵轮与涡轮统称为工作轮。在工作轮的环状壳体中，径向排列着许多叶片。涡轮装在密封的外壳2中，其端面与泵轮端面相对，两者端面间留有约3～4 mm间隙。泵轮与涡轮装合后成一整体，其轴线断面一般为圆形，内腔有工作油液。

当工作轮旋转时，其中的工作液也被叶片带动一起旋转。在离心力作用下，工作液从叶片内缘向外缘流动。因此，叶片外缘处压力较高，而内缘处压力较低，其压差决定于工作轮的半径和转速。

由于泵轮涡轮的半径是相等的，故当泵轮的转速大于涡轮的转速时，泵轮叶片外缘的液压大于涡轮叶片外缘的液压，于是，工作液不仅随着工作轮绕轴1和5的轴线做圆周运动，并且在上述压力差作用下，沿循环圆依箭头所示方向做循环流动。液体质点的流线形成一个首尾相连的环形螺旋线（如图2-4）。

泵轮对工作液做功，使之在从泵轮叶片内缘流向外缘的过程中，其圆周速度和动能渐次增大，而在从涡轮叶片外缘流向内缘的过程中，其圆周速度和动能则渐次减小。故液力耦合器的传动过程是：泵轮接受发动机传来的机械能，传给工作液，使其动能提高。然后再由工作液将动能传给涡轮。因此，液力耦合器实现传动的必要条件是工作液在泵轮和涡轮之间有循环流动。而循环流动的产生，是由于两个工作轮转速不等，使两轮叶片的外缘处产生液压差所致。故液力耦合器在正常工作时，泵轮转速总是大于涡轮转速，如果二者转速相等，液力耦合器则不起传动作用。

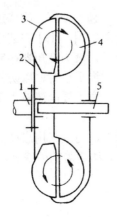 

图 2-3 液力耦合器　　　　图 2-4 液力耦合器中的液流运动图

汽车起步时，可将变速器挂上一定挡位。启动发动机驱动泵轮旋转，而与整车牵连着的涡轮暂时仍处于静止状态，工作液立即产生绕工作轮轴线的圆周运动和循环流动。当液流冲到涡轮叶片上时，其圆周速度降低到零而对涡轮叶片造成一个冲击力，因而对涡轮作用一个绕涡轮轴线的力矩，力图使涡轮与泵轮同向旋转。对于一定的耦合器，发动机转速越大，则作用于涡轮的力矩也越大。

加大发动机的供油量，使其转速增大到一定数值时，作用于涡轮上的转矩足以使汽车克服起步阻力，汽车起步。随着发动机转速的继续增高，涡轮连同汽车也不断加速。

由于液力耦合器是用液体作为传动介质，泵轮与涡轮之间允许有很大的转速差。因此装用液力耦合器，可以保证汽车平稳地起步和加速，能够衰减传动系中的扭转振动并防止传动系过载，从而延长传动系和发动机各机件的寿命，并且显著减少了需要换挡的次数，甚至在暂时停车时不必脱开传动系也能维持发动机怠速运转。

由液力耦合器工作原理可知，液体在循环流动过程中，没有受到任何其他附加外力。故发动机作用于泵轮上的转矩与涡轮所接受并传给从动轴的转矩相等。即液力耦合器只起传递转矩作用，而不起改变转矩大小的作用，故必须有变速机构与其配合使用。此外，由于液力耦合器不能使发动机与传动系彻底分离，故在采用以移动齿轮或接合套换挡方法的普通齿轮变速器时，仅仅为了使换挡时将发动机与变速器彻底分离，以减少轮齿冲击。在液力耦合器与变速器之间还必须装一个离合器。在此情况下使用液力耦合器，虽然具有使汽车起步平稳、减少传动系中冲击载荷等优点，但未能完全免除操纵离合器的动作，还会使整个传动系的重量增大，纵向尺寸增加。此外由于液力耦合器中存在液流损失，传动系效率比单用离合器时要低。目前，液力耦合器在汽车上的使用正日益减少。

2.2.2 液力耦合器的工作特性

根据上述液力耦合器的结构和工作原理可知，在液力耦合器中只有泵轮和涡轮两个工作轮,液体在循环流动过程中,没有受到任何其他的附加力,故发动机作用于泵轮上的输入转矩与涡轮所接受并经输出轴输出的转矩是相等的。液力耦合传动的特点是仅起传递转矩的作用而不起变矩的作用。

液力耦合器在传递能量过程中,必然有能量损失,其传动效率 η 可由下式确定

$$\eta = \frac{M_W n_W}{M_B n_B}$$

因为液力耦合器仅起传递转矩作用,$M_W = M_B$,则有

$$\eta = \frac{n_W}{n_B} = i \tag{2-1}$$

式中 M_B——泵轮轴输入转矩;

M_W——涡轮轴输出转矩;

n_B、n_W——泵轮、涡轮转速;

i——液力耦合器传动比,即输出轴转速与输入轴转速之比。

由式(2-1)可见,液力耦合器的传动效率是涡轮转速与泵轮转速之比。因为液力耦合器在正常工作时,泵轮转速大于涡轮转速,故其传动效率随涡轮与泵轮之间转速差而变。两者转速差越大,传动效率越低;反之,两者转速比较接近,传动效率较高。具体言之,在汽车起步之前,涡轮转速 $n_W = 0$,此时传动效率为零。当汽车稳步之后,涡轮转速 n_W 逐渐增加,二者转速差逐渐缩小,其传动效率亦随之提高。这是液力耦合器的一个重要特性,即传动效率随传动比增大而提高。

但必须指出的是,根据式(2-1),当传动比 $i = 1$ 时,传动效率 η 为100%。但实际上这是不可能的,当涡轮转速等于泵轮转速时,泵轮叶片出口与涡轮叶片入口处,液体压差为零,不存在环流,因而液力耦合器已失去传递动力的作用,所以当传动比 i 接近等于 1 时,传动效率突然降为零,这说明液力耦合器的传动效率永远达不到100%。

2.3 液力变矩器工作原理

由于液力耦合器仅能起传递动力的作用,不能改变转矩,因此,现代汽车上已很少采用。目前,液力传动汽车上广泛采用的是液力变矩器。

液力变矩器工作原理

液力变矩器转换能量、传递动力的原理与液力耦合器相同,其根本区别就在于液力变矩器增加了一个工作轮——导轮。由于多了一个固定不动的导轮,在液体循环流动的过程中,固定导轮给涡轮一个反作用力矩,从而使涡轮输出转矩不同于泵轮输入转矩,具有"变

矩"功能。下面简述其变矩工作原理。

为了方便起见,用液力变矩器工作轮的展开图来说明液力变矩器的变矩工作原理。现沿循环圆的中间流线展开成一直线,于是泵轮 B,涡轮 W 和导轮 D 便成为三个沿展开直线顺次排列的环形平面,如图 2-5 所示,从而使各工作轮叶片在纸面上清楚地展示出来。

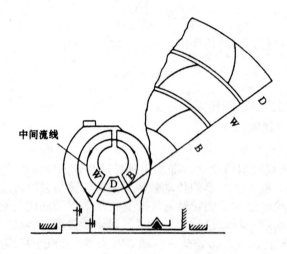

图 2-5 液力变矩器工作轮展开图

为了便于说明,现假设发动机的转速和负荷不变,即液力变矩器的泵轮转速 n_B 和转矩 M_B 为常数。

1. 汽车起步时

在汽车开始起步时,涡轮转速 $n_W = 0$。液力变矩器内的工作油液在泵轮叶片带动下,以一定的绝对速度 v_B 冲向涡轮叶片,如图 2-6 所示。

因此时涡轮静止不动,液流沿涡轮叶片流出冲向导轮叶片,如图中箭头 v_W 所示。这既是液流质点在涡轮叶片的相对速度,也是液流质点的绝对速度。然后液流再沿固定不动的导轮叶片沿箭头 v_D 方向流回泵轮中。液流流经导轮叶片时,因受叶片作用,使液流的方向发生变化,设泵轮、涡轮和导轮对液流的作用力矩分别为 M_B、M_W 和 M_D。根据液流力矩平衡条件,可得

$$M_W + M_B + M_D = 0 \tag{2-2}$$

由于工作轮对液流的作用力矩 M_W 与液流对工作轮冲击力矩 M'_W 方向相反,大小相等,因而在数值上,涡轮扭矩 M'_W 等于泵轮扭矩 M_B 与导轮扭矩 M_D 之和。

$$M'_W = M_B + M_D \tag{2-3}$$

由式（2-3）可见，液流对涡轮的冲击力矩 M'_W（即输出力矩）大于泵轮输入力矩 M_B。这是由于涡轮不但受来自泵轮液流冲击，而且受因导轮改变流向的液流的反作用力矩，所以液力变矩器起了增大力矩的作用。导轮反作用力矩的大小及作用方向都随涡轮转速的变化而变化，故液力变矩值也随之变化。

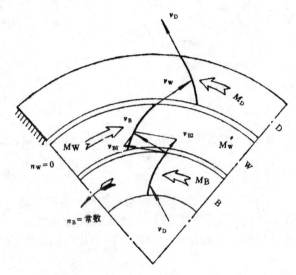

图 2-6 液力变矩器工作原理图（当 n_B = 常数，n_W = 0 时）

2. 汽车起步后

当涡轮输出力矩，经传动系传到驱动轮上所产生的驱动力足以克服汽车起步阻力矩时，汽车即起步并开始加速。因而与之相连的涡轮转速 n_W 也从零逐渐增加。在涡轮转动之后，液流在涡轮出口处不仅具有沿叶片方向的相对速度 v_{W2}，而且具有沿圆周切线方向牵连速度 v_{W1}，所以，此时冲向导轮叶片的液流速度 v 是上述两者的合成速度，如图 2-7 所示。

假设泵轮转速不变，则液流在涡轮出口处相对速度 v_{W2} 不变。在汽车起步之后，涡轮转速变化，故其牵连速度 v_{W1} "变化"。由图 2-7 可见，冲向导轮叶片液流的绝对速度 v_W 将随涡轮转速 n_W 的增加（即牵连速度 v_{W1} 增加）而逐渐向左倾斜。冲向导轮叶片液流方向愈向左倾斜，导轮所受冲击力愈小，导轮对液流反作用力矩亦愈小，液力变矩器增矩值随之减少。这就说明，液力变矩器增矩值随涡轮转速的提高而减少。

当涡轮转速增大至某一数值时，涡轮出口处的液流绝对速度 v_W 方向与导轮叶片平行，即正好沿导轮叶片出口的方向。由于从涡轮流出的液流流经导轮后其流向不变，导轮对液流反作用力矩为零（即 M_D = 0）。由式（2-3）可得 $M'_W = M_B$，即涡轮的输出力矩等于泵轮对液流的作用力矩。在这种情况下，液流变矩器已由变矩工况转化为耦合工况。

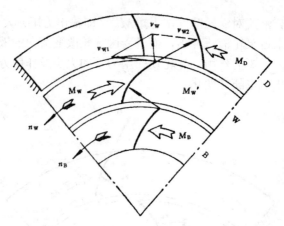

图 2-7 液力变矩器工作原理图（当 n_B = 常数，n_W 逐渐增大时）

3．涡轮转速进一步增大时

如果涡轮转速进一步增大，涡轮出口处液流绝对速度 v 方向将进一步向左倾斜如图 2-8 所示。当涡轮转速超过前述耦合工况的转速时，液流便冲击到导轮叶片的背面，此时导轮对液流反作用力矩的方向与泵轮对液流作用力矩方向相反，故涡轮输出力矩反而小于泵轮输入力矩。

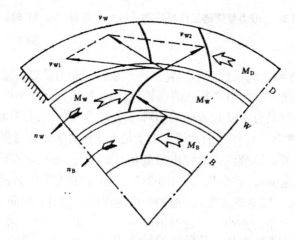

图 2-8 液力变矩器工作原理图（当 n_B = 常数，n_W 足够大时）

4．涡轮转速与泵轮转速相同时

当涡轮转数增大至转速相等时，油液在循环圆与泵轮中循环流动停止，液力变矩器失去传递动力的能力。

由上分析，可以得到如下三点重要的结论：

(1) 液力变矩器由泵轮、涡轮和导轮等三个工作轮组成，它们是转换能量，传递动力和变矩必不可少的基本元件。

泵轮——使发动机的机械能转换为液体能量；

涡轮——将液体能量转换为涡轮轴上机械能；

导轮——通过改变液流的方向而起变矩作用。

(2) 与液力耦合器一样，液力变矩器中液体同时绕工作轮轴线作旋转运动和沿循环圆的轴面循环旋转运动，轴面循环按先经泵轮，后经涡轮和导轮，最后又回到泵轮的顺序，进行反复循环。

(3) 液力变矩器变矩效率随涡轮的转速而变化。

① 当涡轮转速为零时，增矩值最大，涡轮输出力矩等于泵轮输入转矩与导轮反作用转矩之和。

② 当涡轮转速由零逐渐增大时，增矩值随之逐渐减少。

③ 当涡轮转速达到某一值时，涡轮出口处液流直接冲向导轮出口处，液流不改变流向，此时液力变矩器转化为液力耦合器，涡轮输出力矩等于泵轮输入力矩。

④ 当涡轮转速进一步增大时，涡轮出口处液流冲击导轮叶片背面，此时液力变矩器涡轮输出力矩小于泵轮输入力矩，其值等于泵轮输入力矩与导轮力矩之差。

⑤ 当涡轮转速与泵轮转速相同时，液力变矩器失去传递动力的功能。

2.4 液力变矩器的特性

液力变矩器的特性，可用几个与外界负荷有关的特性参数或特性曲线来评价。描述液力变矩器的特性参数主要有传动比、泵轮转矩系数、变矩系数、效率和穿透系数等。描述液力变矩器的特性曲线主要有外特性曲线、原始特性曲线和输入特性曲线等。在本节，仅就主要的特性参数和特性曲线作一概略介绍。

2.4.1 液力变矩器的特性参数

1. 转速比 i_{WB}

液力变矩器转速比 i_{WB} 是涡轮转速 n_W（输出转速）与泵轮转速 n_B（输入转速）之比，转速比用来描述液力变矩器的工况。其数学表达式为：

$$i_{WB} = \frac{n_W}{n_B} \tag{2-4}$$

2. 变矩系数 K

液力变矩器变矩系数 K 是涡轮转矩 M_W 和泵轮转矩 M_B 之比,变矩系数用来描述液力变矩器改变输入转矩的能力。其数学表达式为:

$$K = \frac{M_W}{M_B} \tag{2-5}$$

由上节变矩原理分析可知,变矩系数 K 是随涡轮转速 n_W,或者说是随转速比 i_{WB} 而变化的。当 $K>1$ 时,称为变矩工况;当 $K=1$ 时,称为耦合工况。当涡轮转速 $n_W=0$ 时,即转速比 $i_{WB}=0$ 时,这种工况相当于汽车起步之前,故称为零速工况(也称之启动工况,或制动工况),在此工况下变矩系数为最大(K 值一般为 1.9~5 左右)。目前,汽车常用液力变矩器的变矩系数约为 2~2.3 左右。

3. 效率 η

液力变矩器效率 η 是涡轮轴输出功率 N_W 与泵轮轴输入功率 N_B 之比,即

$$\eta = \frac{N_W}{N_B} \tag{2-6}$$

因为轴功率等于转速与转矩乘积,上式可改写为:

$$\eta = \frac{N_W}{N_B} = \frac{M_W n_W}{M_B n_B} = K i_{WB} \tag{2-7}$$

由式(2-7)可见,液力变矩器的效率等于变矩系数与转速比的乘积。

4. 穿透性

液力变矩器的穿透性是指变矩器和发动机共同工作时,在油门开度不够的情况下,变矩器涡轮轴上的载荷变化对泵轮动力矩和转速(即发动机工况)影响的性能。当涡轮轴上转矩和转速变化时,能保持泵轮上转矩不变或大致不变,称该变矩器为非透穿性的。变矩器与发动机共同工作时,不管外界负荷如何变化,发动机始终在同一工况下工作。要改变发动机工况,只有通过改变发动机的供油才能实现。若泵轮力矩 M_B 随转速 n_W 的增大而减小,则称为正透穿性的。若 M_B 随转速 n_W 的增大而增大,则称为反透穿性的。若 M_B 开始随转速 n_W 的增大而增大,随后即随转速 n_W 的增大而减小,则称为混合透穿性的。

非透穿性的液力变矩器应用于内燃机车、工程机械等在标定功率下使用的车辆。正透穿性液的力变矩器被汽车自动变速器广泛采用。它的特性可使汽车在行驶阻力减小时,涡轮轴转速升高,而泵轮上的力矩即发动机的扭矩随之下降,这符合汽车的使用要求。反透穿性的变矩器在涡轮轴上负荷减小时,涡轮轴转速增加而泵轮力矩反而增大。从发动机角

度看,在一定车速情况下外负荷减小,而发动机的节气门要开大,这种变矩器无法在汽车上使用的。在低速比时可能会出现反透穿性,如果反透穿性范围较小,而在其他常用的转速比性能范围内是非透穿性或正透穿性的,这种变矩器也为某些汽车所采用。

2.4.2 液力变矩器的特性曲线

1. 外特性及外特性曲线

外特性是指泵轮转速(力矩)不变时,液力元件外特性参数与涡轮转速的关系。

一般称泵轮转矩不变,涡轮转矩与涡轮转速或转速比的关系曲线为外特性曲线。图 2-9 表示泵轮转矩 M_B 和泵轮转速 n_B 为定值时,涡轮转矩 M_W 与涡轮转速 n_W 的关系。由图 2-9 可见,液力变矩器涡轮输出转矩 M_W 随涡轮转速 n_W 的变化而变化。实际上,涡轮的转速是随汽车的行驶阻力大小而变化的,当行驶阻力增大则涡轮转速 n_W 减小,而涡轮输出转矩 M_W 增大;当行驶阻力减小,则 n_W 增大而 M_W 减小,液力变矩器这种外特性对汽车是特别适合的,当汽车起步时,此时涡轮转速 $n_W = 0$,M_W 达到最大值,使汽车驱动轮获得最大驱动力矩,保证汽车克服较大的起步阻力而顺利起步。当汽车上坡或遇到较大行驶阻力时,这时车速降低,涡轮转速亦随之降低,涡轮输出转矩 M_W 增大,保证汽车能克服较大行驶阻力。液力变矩器的这种外特性,能够自动地适应汽车行驶情况的需要,这是液力变矩器的一个很重要特性——自动适应性。所以,液力变矩器是一种在一定范围内能够随汽车行驶情况自动改变转矩的无级变速器。

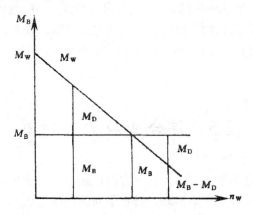

图 2-9 液力变矩器的外特性曲线

如能合理地选择变矩系数,在行驶阻力变化时,可保证发动机基本稳定在选定的工况附近工作,甚至遇到很大外阻力而使汽车停止前进时发动机也可以做到不熄火,从而提高了汽车的生产率和动力性。

2. 原始特性曲线

原始特性曲线是泵轮转速不变时,变矩系数 K 和效率 η 随转速比 i_{WB} 变化的规律曲线,如图 2-10 所示。$K=f(i_{WB})$ 和 $\eta=f(i_{WB})$ 也称为变矩特性曲线和效率特性曲线。

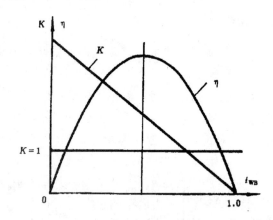

图 2-10 变矩效率特性曲线

由式(2-7)可知,液力变矩器的效率 η 等于变矩系数 K 与转速比 i_{WB} 的乘积,所以液力变矩器的效率是 η 随 i_{WB} 而变化的抛物线。由图 2-10 可见,当 $i_{WB}=0$(即 $n_W=0$)时,变矩系数 K 达到最大值,因涡轮转速 $n_W=0$,输出功率 $N_W=0$,故传动效率 $\eta=0$。当 $i_{WB}=1$ 时,即涡轮转速与泵轮转速相同,已失去传递动力的功能,故 K,η 皆等于零。液力变矩器的效率在某一工况达到最大值,偏离该工况时效率下降,所以液力变矩器是在一定转速比范围内具有较高的效率。

2.5 综合式液力变矩器

目前液力变矩器的结构形式很多,这一方面反映了它在结构方面的进步与发展,另一方面也反映了不同车辆在使用变矩器时,对它不同的性能要求。

名词解释:

元件——与液流发生作用的一组叶片所形成的工作轮称为元件,如泵轮、涡轮和导轮等。

级——指安置在泵轮与导轮或导轮与导轮之间刚性相连的涡轮数。

相——借助于某些机构作用,使一些元件在一定工况下改变作用,从而改变了变矩器的工作状态,这种状态数称为相。

上两节介绍的液力变矩器是三元件单相液力变矩器,它只在中等转速比范围内具有较高效率,但汽车经常需要在高传动比情况下行驶,此时,液力变矩器的效率反而下降,这对于实际使用时是很不利的。为了避免这一缺陷,汽车上通常采用两相液力变矩器,即综合式液力变矩器。

2.5.1 三元件综合式液力变矩器

典型轿车用三元件综合式液力变矩器如图 2-11 所示。它由泵轮 8、涡轮 5 和导轮 9 组成。最大变矩系数(即涡轮转速为零时的变矩系数)为 1.9~2.5。

变矩器壳体 7 由前后两半焊接而成。壳体前端连接着装有启动齿圈 6 的托盘,并用螺栓固定在曲轴后端凸缘 4 上。为了在维修拆装后保持变矩器与曲轴原有的相对位置,以免破坏动平衡,螺栓在圆周上的分布是不均匀的。

泵轮 8 装有径向垂直叶片,焊在泵轮外壳上的泵轮轮毂 12 可自由转动,涡轮 5 有倾斜的曲面叶片,与涡轮壳体铆钉连接的涡轮毂 3,以花键与变矩器输出轴 13 相连。泵轮及涡轮的叶片和壳体均为钢板冲压件,叶片和内环采用点焊连接,与外壳采用铜焊连接,导轮用铝合金铸造,并与自由轮的外座圈 10 固定连接。

1. 三元件综合式液力变矩器工作原理

单相三元件液力变矩器中导轮是固定不动的,泵轮 8 装有径向子直叶片。焊在泵轮外壳上的泵轮轮毂 12 可自由转动。涡轮 5 有倾斜的曲面叶片。与涡轮壳体铆钉连接的涡轮毂 3,以花键与变矩器输出轴 13 相连。泵轮及涡轮的叶片和壳体均为钢板冲压件,叶片和内环采用点焊连接,与外壳采用铜焊连接。导轮用铝合金铸造,并与自由轮的外座圈 10 固定连接。

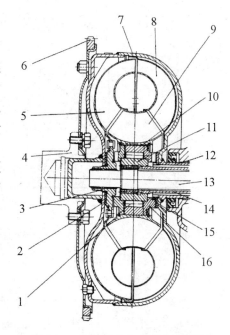

图 2-11 三元件综合式液力变矩器

综合式液力变矩器的导轮,由于单向离合器的作用,只能沿一个方向转动。当涡轮转速较低时,涡轮出口处液流冲击导轮叶片正面,此时单向离合器处于结合状态,导轮锁止不动。此状态仍与单相液力变矩器相同,起增大转矩的作用。

当涡轮转速升高到一定值时,涡轮出口处液流冲击导轮叶片的背面,此时单向离合器处于分离状态,导轮可以朝涡轮转向相同的方向转动。此状态时导轮对液流作用转矩$M_D \approx 0$,也可把导轮与涡轮合成一个整体来看待。故涡轮转矩基本上与泵轮转矩相等,液力变矩器转化为液力耦合工作状态。

由上分析可知,综合式液力变矩器通过单向离合器的作用有两种工况,即变矩器工况和耦合器工况。液力变矩器可能有的工况数称为液力变矩器的相数。在上一节讲述的三元件液力变矩器只有"变矩"工况,故称为单相三元件液力变矩器,综合式液力变矩器具有"变矩"和"耦合"两种工况,故称为两相三元件液力变矩器,其"综合"的含意也正在于此。

2. 三元件综合式液力变矩器的特性

综合式液力变矩器具有变矩器和耦合器两种工作状态,因此,可以将液力耦合器效率特性与单相三元件液力变矩器原始特性画在一起,如图2-12所示。

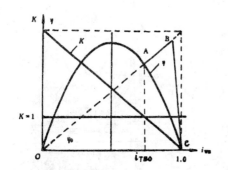

图2-12 三元件综合式液力变矩器特性曲线

由图2-12可见,变矩器效率特性曲线(η)与耦合器C效率特性曲线(η_0)相交于A点,此时转速比$i_{WB} = i_{TB0}$,在此工况,变矩器效率与耦合器效率相等,即$\eta = \eta_0$,$K=1$。当转速比$i_{WB} < i_{TB0}$时,变矩器效率高于耦合器效率,即$\eta > \eta_0$、$K > 1$。当转速比$i_{WB} > i_{TB0}$时,变矩器效率低于耦合器效率,即$\eta < \eta_0$、$K < 1$。

合理地选择综合式液力变矩器工作轮的设计参数,使转速比$i_{WB} < i_{TB0}$时,变矩器按变矩工况工作。当i_{WB}升高到i_{TB0}开始,变矩器便转入耦合工况工作。这样其效率特性为OAB曲线,在$i_{WB} \geq i_{TB0}$区间变矩器效率提高很多,扩大了高效的工作范围。所以,综合式液力变矩器"综合"了单相液力变矩器和液力耦合器的优点,结构简单,性能可靠,最高效率达92%,在转为耦合器工作时,高传动比区的效率可达96%。因此,它在高级轿车上应用极广,在大型客车、自卸车及工程车辆上的应用也逐渐增多。

2.5.2 四元件综合式液力变矩器

某些启动变矩系数大的变矩器,若采用上述三元件综合式变矩器,则在最高效率工况到耦合器工况始点之间的区段上效率显著降低,为避免这个缺点,可将导轮分割成两个,分别装在各自的自由轮上,而形成四元件综合式液力变矩器。

图2-13为四元件综合式液力变矩器的示意图。当涡轮10转速较低时,涡轮出口处液流冲击在两导轮叶片的凹面上,方向如图2-13所示,此时,两导轮的自由轮机构均被锁住,

导轮固定,按变矩器工况工作。当涡轮转速增加到一定程度,液流速度为 v_2 时,液流对第一导轮的冲击力反向,第一导轮便因自由轮机构松脱而与涡轮同向旋转,此时只有第二导轮仍起变矩作用。当涡轮转速继续升高到接近泵轮转速即液流速度为 v_3 时,第二导轮也受到液流的反向冲击力而与涡轮及第一导轮同向转动,于是变矩器全部转入耦合器工况。

四元件综合式液力变矩器的特性是两个变矩器特性和一个耦合器特性的综合,如图 2-14 所示。在传动比 $0 \sim i_1$ 区段,两个导轮固定不动,二者的叶片组成一个弯曲程度更大的叶片,以保证在低传动比工况下获得大的变矩系数。在传动比 $i_1 \sim i_{K=1}$ 区段,第一导轮脱开,变矩器带有一个叶片弯曲程度较小的导轮工作,因而此时可得到较高的效率。当传动比为 $i_{K=1}$ 时,变矩器转入耦合器工况,效率按线性规律增长。

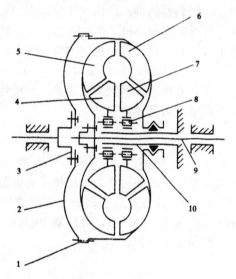 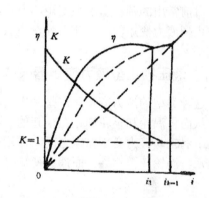

图 2-13 四元件综合式液力变矩器　　图 2-14 四元件综合式液力变矩器的特性曲线

1—启动齿圈;2—变矩器壳;3—曲轴凸缘;
4—第一导轮(Ⅰ);6—泵轮;7—第二导轮(Ⅱ);
8—单向离合器机构;9—输出轴;10—导轮固定套管

2.6 锁止型液力变矩器

理论研究和试验表明,即使是在液力变矩器处于耦合状态时,也仍有少量的转速差,大约为 3%~6%,存在于涡轮与泵轮之间,如果采取措施消除该转速差,则汽车在公路上中、高速行驶时的燃料经济性可提高 5%,而且由于两轮窄隙处油液剪切而产生的自动变速器油,温升也可降低。因此,出现了在液力变矩器内安装锁止离合器,通过它在一定工况下将涡轮与泵轮锁止在一起,实现发动机和变速器直接机械连接的锁止型液力变矩器。

当汽车起步或在坏路面上行驶时,可将锁止离合器分离,使变矩器起作用,以充分发挥液力传动自动适应行驶阻力剧烈变化的优点。当汽车在良好道路上行驶时,应接合锁止离合器,使变矩器的输入轴和输出轴成为刚性连接,即转为直接机械传动。此时,变矩器系数 $K=1$,变矩器效率 $\eta=1$,这就提高了汽车的行驶速度和燃油经济性。

实际上,某些早期的汽车自动变速器中,就有了这种液力变矩器的机械锁止装置。例如,1949年和1950年推出的两种美国产汽车自动变速器,就已装用了在高挡时将涡轮与泵轮锁止在一起的液力变矩器锁止离合器。但是,由于这类装置增加了汽车的生产成本。同时,当时的石油价格很低,人们也不去过多地关心燃料经济性,所以几年后,它们竟被取消了。到1978年,迫于石油危机的压力,美国克莱斯勒汽车公司又带头重新搞起了装用锁止离合器的液力变矩器。从那时起,事实上差不多所有装用自动变速器的新型汽车,都采用了锁止型液力变矩器。

目前常用的锁止型液力变矩器有三种类型,一种是液压锁止型液力变矩器,一种是离心锁止型液力变矩器;除此之外,还有一种黏性锁止型液力变矩器。

2.6.1 液压锁止型液力变矩器

这种类型的液力变矩器,是利用自动变速器液压系统中的油液压力来使锁止离合器接合,从而将涡轮和泵轮锁止在一起。如图2-15(a)所示,锁止离合器的主要部件是一个置于涡轮与液力变矩器盖之间,作用类似于普通离合器压盘的活塞。此活塞中心有一花键孔,与涡轮花键相连,而液力变矩器盖,则与泵轮固定在一起。

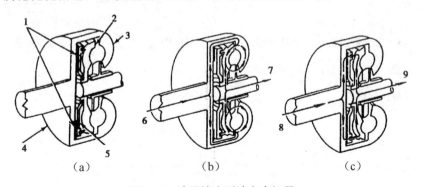

图2-15 液压锁止型液力变矩器
1—摩擦材料;2—涡轮;3—泵轮;4—变矩器盖;5—活塞;6、8—动力输入;7、9—动力输出

当未锁止时,如图2-15(b)所示,该液力变矩器的工作就如同不带锁止离合器的一样。这时,来自泵轮的油液流向涡轮,然后经导轮返回,发动机与变速器之间是靠液力耦

合作用传递动力的。为了锁止液力变矩器，液压油进入涡轮和活塞之间，如图 2-15（c）。从而向前推动活塞，使其压紧在变矩器盖上。通过活塞或变矩器盖之间摩擦材料的作用，将涡轮与变矩器盖，也即泵轮连接在一起，这样一来，动力直接以机械方式从变矩器盖，经活塞传至涡轮，而在动力传递的过程中，油液不再起耦合传动作用。

早期的锁止离合器动作，完全由滑动柱塞阀所提供的油压来控制；其后，某些设计采用了简单的电气开关和一个锁止离合器电磁线圈来控制加在锁止离合器上的油压。目前，几乎所有的汽车自动变速器都使用一个电子控制系统来控制液力变矩器锁止离合器电磁线圈的通电和断电，这里所提及的液压及电控系统，将在有关章节中予以讨论。

另外，许多早期的锁止离合器，仅仅是在高挡位时才执行锁止任务，而在汽车低挡行驶时则不予锁止。这主要是因为一旦在低挡时锁止，液力变矩器将无法产生为最大的加速性能所必需的增扭作用。然而，目前用于绝大多数液压锁止型液力变矩器的电子控制系统，则允许在特定的工况下，低挡位时产生锁止。

虽然各种液压锁止型液力变矩器的工作方式相同，但就其机械结构设计而言，也还是有一些细微的差别。例如，在图 2-16 所示的克莱斯勒汽车公司生产的液压锁止型液力变矩器中，变矩器的内表面上敷有摩擦材料，而活塞则通过 10 个扭转减振弹簧与涡轮外缘的前表面相连。此处，扭转减振弹簧的作用是缓和刚刚锁止时发生的接合冲击，并且在产生锁止后，对发动机动力输出的波动加以衰减。

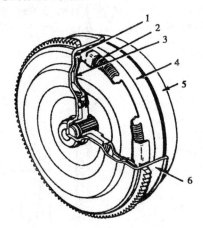

图 2-16　克莱斯勒公司的液压锁止型液力变矩器图
1—摩擦材料；2—扭转减振弹簧；3—活塞；4—涡轮；5—泵轮；6—变矩器盖

这种液力变矩器在汽车低挡行驶时，油液进入活塞前面的油腔，后推活塞，使锁止离合器分离。当自动变速器换入高挡且车速较高时，油液自活塞前面的油腔中排出，而自动变速器主油路油压进入涡轮与锁止活塞之间，推动活塞前行，使其与变矩器盖内表面上涂敷的摩擦材料接触，将涡轮与泵轮锁在一起。另外，在发动机节气门部分开启或全开降挡的，或汽车行驶速度低于给定值时，该锁止离合器变会自动地产生分离。

图 2-17 所给出的福特汽车公司液压锁止型液力变矩器，虽然工作方式与克莱斯勒公司的相似，但在结构上，则与日本丰田汽车公司的产品更为接近。福特与丰田公司的产品中，活塞的外缘前端面上设有一圈摩擦材料。此外，在与涡轮花键相连的活塞毂与活塞盘之间，有一弹簧式扭转减振器，以吸收锁止离合器接合时的冲击，并在锁止后衰减发动机输出动力的波动。对丰田汽车公司的产品，当车辆以中速至高速（约为 60 km/h）行驶时，液压油被送入锁止离合器活塞的后部，强制活塞紧靠在变矩器盖内表面上，而活塞前面原来使锁止离合器分离的油液，则通过与涡轮花键相连的行星齿轮变速器输入轴中的油道排出。

就一般的汽车自动变速器或自动变速桥来说，液力变矩器中的锁止离合器，只是在 D 工况直接挡（对 3 挡自动变速器来说就是第三挡），或 D 工况超速挡（对 4 挡自动变速器来说就是第四挡时），才发生啮合，产生锁止。

通用汽车公司的锁止型液力变矩器，仅在 1980 年才作为选装件开始采用，其产品特点在于锁止离合器活塞除了在其前端面的外缘处有一圈摩擦材料外，在活塞前端面的中部，也设有几块附加的摩擦材料，其作用在于当活塞在油压作用下压紧变矩器盖内表面时，给活塞以额外的支撑。该活塞的背面如图 2-18 所示，活塞毂与涡轮之间用花键相连，出于与其他公司产品同样的考虑，在活塞毂和活塞盘之间，也装有扭转弹簧减振器，该减振器允许活塞相对于涡轮朝正反两个方面的极限转动角度为 45°。在装用柴油发动机的通用汽车公司车型上，由于发动机的压缩比很高，所以这种减振器组件中还包括有一对提升型压力泄放阀。若发动机制动大到足以使减振器组件转过一限定位置后，则减振器外侧的斜台将使提升阀离座，从而开启一对节流孔，使活塞两侧的油压相等，锁止离合器分离，发动机制动作用减轻。

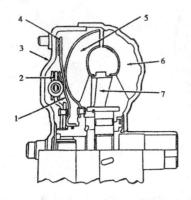

图 2-17　福特公司的液压锁止型液力变矩器

1—锁止活塞；2—减振组件；3—变矩器盖；
4—摩擦材料；5—涡轮；6—泵轮；7—导轮

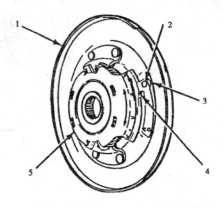

图 2-18　液压锁止离合器的活塞

1—离合器活塞；2—提升阀；3—节流孔；
4—斜面；5—减振组件

2.6.2 离心锁止型液力变矩器

就结构特点而言，离心锁止离合器中的主要部件是一离合器盘，该盘上设有弹簧型扭转减振器。而且通过一单向离合器与液力变矩器的涡轮花键相连，在离合器盘的外侧，装有若干离心蹄块，蹄块外侧敷有摩擦材料。不工作时，蹄块由复位弹簧拉紧在离合器盘的外侧。

当汽车的行驶速度，即液力变矩器的涡轮转速升高时，作用在离心蹄块上的惯性离心力将使它们向外张开，当涡轮转速升高到一定程度时，蹄块上的摩擦材料与变矩器盖的内圆表面接触，并使涡轮相对于泵轮锁止。若车速低于一定程度，则复位弹簧的拉力克服离心蹄块上的惯性离心力，将蹄块从变矩器盖的内圆表面上拉回，以除液力变矩器的锁止。

在现代汽车自动变速器中，离心蹄块被设计得可以在液力变矩器盖内圆表面上滑转，以便为在变矩器已经锁止时，为汽车加速或增大车轮驱动力而产生相应的增扭作用。

相比较而言，离心锁止离合器比液压锁止离合器要简单一些，而且，只要液力变矩器中的涡轮转速超过了设计的锁止转速，它就会在任何一个前进挡时起作用。当然，这种结构也有其缺点，例如，它不能像液压锁止离合器那样被精确地控制，同时，其锁止转速和锁止力也会随离心蹄块上摩擦材料的磨损而发生变化。另外，这种锁止机构所允许的摩擦副较大的滑转量，还会造成较多的摩擦材料颗粒脱落，从而污染自动变速器油。

2.6.3 黏性锁止型液力变矩器

在通用汽车公司卡迪拉克轿车装用的 THM440-T4 型自动变速器中，由于对动力传递的平稳性要求极高，所以，装用了一种液力变矩器的黏性锁止离合器。该锁止离合器如图 2-19 所示，其活塞组件主要由一个活塞盖和一个活塞体，以及一个内转子组成，锁止离合器的摩擦材料敷在活塞盖上，同时，活塞盖与活塞体连接在一起，至于内转子，则与液力变矩器的涡轮用花键相连。如图 2-19 所示，活塞体和转子相对的端面上，各置有一系列交错的圆环槽。在这种结构中，最重要的一点是，活塞的组件内部完全充满了特殊的硅油。

如图 2-20 所示，液力变矩器的锁止离合器接合时，图中黑色区域为锁止接合油压，而有黑点的区域为硅油所占据，发动机的动力自活塞盖传至活塞体，经硅油到转子，然后送至涡轮和行星齿轮变速器的输入轴。硅油允许活塞体和转子间有少量的滑转，以吸收接合时的冲击，并在液力变矩器被锁止后衰减发动机输出扭矩的波动。

从技术的角度来看，这种黏性锁止离合器其实是不能完全地锁止液力变矩器的。然而，由于其中所采用的特殊硅油的黏度随活塞体与转子之间转速差的增大而自动地增高，所以其滑转被控制在最低限度。例如，实际使用中这种黏性锁止离合器的滑转量在车速为每小时约 97km 时，仅有 40r/min，从而在具有最佳的平稳性的同时，又具有良好的燃料经济性。

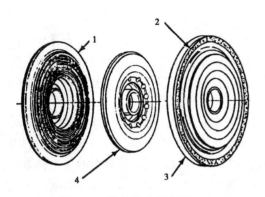 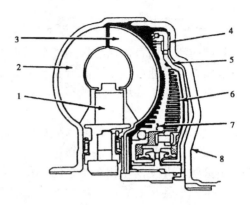

图 2-19　黏性锁止离合器

1—活塞体；2—摩擦材料；3—活塞盖；4—转子

图 2-20　黏性锁止离合器的工作过程

1—导轮；2—泵轮；3—涡轮；4—摩擦材料；5—活塞；6—转子；7—活塞体；8—变矩器盖

2.6.4　液力机械分流传动变矩器

出于增加传动效率，提高燃料经济性的目的，福特汽车公司的 ATX 型自动变速桥，使用了如图 2-21 所示液力机械分流传动变矩器，这种分流传动变矩器，除了多出一个行星齿轮机构外，与一般的液力变矩器相差不多。通过该行星齿轮机构，便可根据自动变速器所处的挡位，以液力和机械相结合的方式来传递发动机的扭矩和功率。

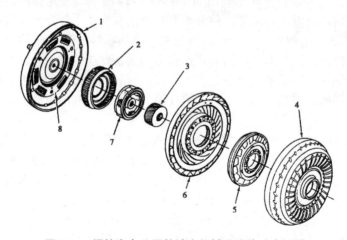

图 2-21　福特汽车公司的液力机械分流传动变矩器

1—变矩器盖；2—齿圈；3—中心轮；4—泵轮；5—导轮；6—涡轮；7—行星架组件；8—减振器组件

例如，汽车以倒挡或一挡行驶时，如同一般液力变矩器那样，发动机所发出扭矩的 100%

通过泵轮与涡轮之间的油液耦合作用来传递；二挡时，扭矩的38%由液力方式传递，余下的62%则由机械方式传递；而三挡时，仅有7%的扭矩由液力方式传递，而靠机械方式传递的扭矩却占了发动机扭矩的93%。由于二挡和三挡时，相当一部分发动机扭矩是由机械方式传递的，所以在变矩器盖内加装了一个弹簧型扭转减振器，以衰减这些挡位时发动机扭矩的脉动。

液力机械分流传动的特点，是将发动机功率和扭矩的一部分用液力耦合作用的方式传递，而另一部分则直接用机械方式加以传递，这样可以兼有液力传动的各种优点，同时，也弥补其传动效率略低的不足，使汽车的燃料经济性得以提高。在液力机械分流传动变矩器中，为实现各种不同的分流，可将液力变矩器与布置在其输入或输出端的行星齿轮机构加以组合。

常见的这类装置中，行星齿轮机构一般都布置在液力变矩器的输入端，这时的行星齿轮机构中，一个构件与发动机曲轴相连，另一个构件用于驱动液力变矩器的泵轮，剩下的第三个构件则与液力变矩器的涡轮相连，起将机械方式传递的功率和扭矩与液力方式传递者汇合后共同输出的作用。

当然，也有将行星齿轮机构布置在液力变矩器输出端的例子。在这种情况下，行星齿轮机构中的一个构件与装置的输出轴相连，另一构件为变矩器的涡轮所驱动，剩下的第三个构件则与发动机曲轴和变矩器泵轮同时相连。

上述两种液力机械分流传动方案的比较结果表明，按第二种方案，即输出分流方案，在其他条件相同的情况下，具有较大的力矩系数，因而有可能采用有效直径小的液力变矩器。但是，这种方案也存在着不容忽视的问题，即其失速扭矩比K_{max}与最高传动效率η_{max}同时减小。至于第一种方案，即输入分流方案的优缺点，则刚好与其相反。权衡之下，可以得出结论，将行星齿轮机构布置在液力变矩器输入端的液力机械分流传动方案，具有一定的优越性。

2.7　思考与练习题

1. 液力耦合器的结构有哪些特点？
2. 液力耦合器是怎样进行工作的？
3. 液力变矩器的结构有哪些特点？
4. 液力变矩器是怎样进行工作的？
5. 液力变矩器的三个特性参数是什么？
6. 如何分析液力变矩器的外特性曲线？
7. 综合式液力变矩器的结构有何特点？
8. 带锁止离合器的综合式液力变矩器的结构有何特点？

第 3 章 行星齿轮变速器的结构与原理

汽车工况很复杂，所需的转矩比要求也不一样，液力变矩器虽能在一定范围内自动地、无级地改变转矩比和转速比，但由于液力变矩器存在变矩能力和效率矛盾，所以变矩能力有限，目前较矩比一般在 1～3 范围内。实际应用的轿车自动变速器的最高转矩比仅为 1.70～2.50 难以达到汽车的使用要求，因而在自动变速器中，在液力变矩器后串联机械变速器（见图3-1），增大转矩比范围，可以达到达 2～4 倍。辅助变速器可以是固定轴式齿轮变速器，但通常用的行星齿轮变速器，具有体积小、结构简单、操作容易、变矩范围大等优点，故大都采用行星齿轮机构。

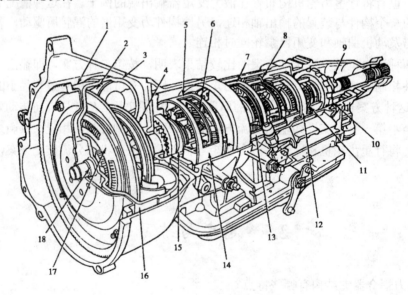

图 3-1 福特汽车公司 A4LD 型自动变速器

1—液力变矩器；2—涡轮；3—泵轮；4—导轮；5—直接挡离合器；6—直接挡单向离合器；7—三挡—倒挡离合器；8—前进挡离合器；9—调速器阀；10—驻车制动齿轮；11—单向离合器；12—一挡—倒挡制动器；13—二挡制动器；14—超速挡制动器；15—油泵；16—液力变矩器盖；17—锁止离合器和减振器组件；18—输入轴

3.1 行星机构的基本组成及形式

3.1.1 单排行星齿轮机构的结构与齿轮啮合方式

行星齿轮机构有很多类型,最简单的行星机构是由太阳轮、齿圈和带有行星轮的行星架组成(如图3-2)称之为行星排,太阳轮位于中心又称中心轮,行星轮在行星架上绕行星轴旋转,同时绕太阳轮旋转,所以称之为行星轮,车辆上使用的行星传动机构通常有单排和多排单排行星齿轮啮合方式有以下几种,而单排又分为单行星排和多行星排两种。

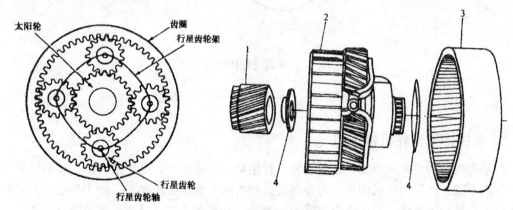

图 3-2 单排行星齿轮机构

1—中心轮;2—行星架;3—齿圈;4—齿推垫圈

单排行星齿轮啮合方式有:

(1)如(如图3-3)属外啮合,可扩大传动范围,做工复杂,装配精度要求高。两个外啮合齿轮相互啮合旋转时,它们以相反方向旋转。

(2)一个外齿轮与一个内齿轮相互啮合旋转,属于内啮合式(如图3-4),内啮合式行星齿轮机构紧凑、传动效率较高,两个齿轮以相同方向旋转。

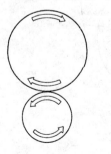   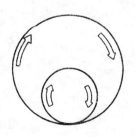

图 3-3 齿轮外啮合   图 3-4 齿轮内啮合

（3）在主动轮与从动齿轮之间加入另一中间齿轮时，各齿轮相互接触，各以相反方向旋转，因此从动齿轮的旋转方向和主动齿轮相同（如图3-5）。

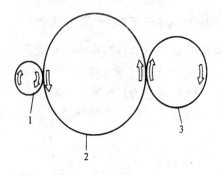

图 3-5　中间齿轮外啮合

1—主动齿轮；2—中间齿轮；3—从动齿轮

3.1.2　单排行星齿轮机构类型

行星齿轮机构通常由齿圈、行星齿轮、行星架和太阳轮组成（如图3-6），按照齿轮的啮合方式不同，行星齿轮机构可分为外啮合式和内啮合式（如图3-7），由于外啮合方式机构体积大，传动效率低，而内啮合方式机构紧凑，传动效率高，故常采用内啮合方式。

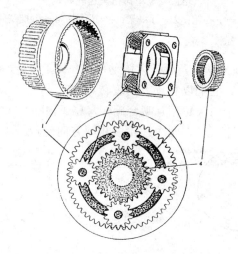

图 3-6　行星齿轮机构

1—齿圈；2—行星齿轮；3—行星架；4—太阳轮

第 3 章 行星齿轮变速器的结构与原理

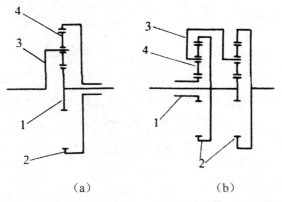

（a）内啮合行星齿轮机构　（b）外啮合行星齿轮机构

图 3-7　行星齿轮啮合方式

1—太阳轮；2—齿圈；3—行星架；4—行星齿轮

3.1.3　单排齿轮机构变速原理

图 3-8 所示为单排行星齿轮机构的示意图，并标出各元件的受力。

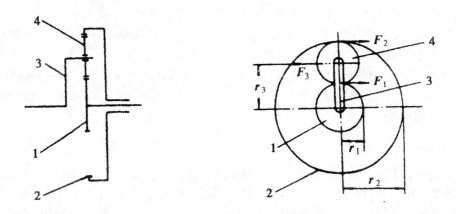

图 3-8　单排行星齿轮机构及作用力分布

1—中心轮；2—齿圈；3—行星架；4—行星轮

作用于中心轮 1 上的力矩：

$$M_1 = F_1 r_1$$

作用于齿圈 2 上的力矩：
$$M_2 = F_2 r_2$$

作用于行星架 3 上的力矩：
$$M_3 = F_3 r_3$$

令齿圈与中心轮的齿数比为 α，则 $\alpha = r_2/r_1 = Z_2/Z_1$，（$r_2 > r_1$），所以 $\alpha > 1$。

因此
$$r_2 = \alpha r_1$$

又
$$r_3 = (r_1 + r_2)/2 = r_1(1+\alpha)/2$$

式中：r_1——太阳轮的节圆半径；

r_2——齿圈的节圆半径；

r_3——行星齿轮与太阳轮的中心距；

Z_1——太阳轮的齿数；

Z_2——齿圈的齿数。

根据行星齿轮 4 的力平衡条件 $F_1 = F_2$ 和 $F_3 = 2F_2$。

因此太阳轮、齿圈、和行星架上的力矩分别为：
$$M_1 = F_1 r_1, \quad M_2 = \alpha F_1 r_1, \quad M_3 = -(1+\alpha) F_1 r_1$$

根据能量守恒定律，三个元件上输入和输出功率的代数和等于零，即
$$M_1 \omega_1 + M_2 \omega_2 + M_3 \omega_3 = 0$$

ω_1、ω_2、ω_3 分别为中心轮、齿圈和行星架的角速度。

将前述的中心齿轮、齿圈和行星架的三个零件中，可任选两个分别作主动件和从动件，而使另一个零件定不动或使其运动受到一定约束，则整个轮系即以一定的传动比传递动力，实现不同挡位速度的变化，传动比为主动齿轮与从动齿轮的转速之比，如果两齿数已知则传动比=主动齿轮转速/从动齿轮转速=从动轮齿数/主动轮齿数，下面以转速 n 代替角速度 ω 共有下面分别讨论的五种情况。

1. 减速运动

(1) 太阳轮 1 为主动件，行星架 3 为从动件，齿圈 2 固定（制动），当太阳轮顺时针旋转，行星架将绕太阳轮公转，即顺时针旋转（如图 3-9a）。采用这种方案传动，输出轴只有输入轴转速的 $1/(1+\alpha)$，是一种增扭减速的传动，且行星架的转动方向与太阳轮转动方向一致。

(2) 齿圈 2 为主动件，行星架 3 为从动件，太阳轮 1 固定（如 3-9b）图，则传动比为：
$$i = \frac{n_2}{n_3} = \frac{1+\alpha}{\alpha} > 1$$

此方案也是一种增矩减速传动，但与第一种方案相比，减速比较小，即输出轴转速较

高,行星架转动方向与齿圈转动方向一致。

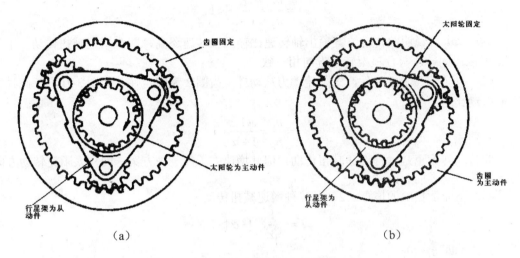

图 3-9 低速挡行星齿轮机构变速原理示意图

(3) 下面的倒挡中情形（1）也是一种减速情况,由于 $i=|-\alpha|>1$, $i=\dfrac{n_1}{n_2}=|-\alpha|>1$, 所以 $n_1>n_2$, 为减速传动。

2. 超速传动（增速传动）

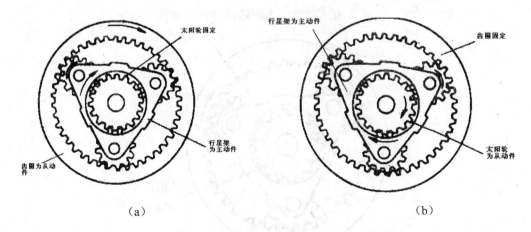

图 3-10 超速挡行星齿轮变速原理示意图

(1) 太阳轮 1 固定,行星架 3 为主动件,齿圈 2 为从动件（如图 3-10a）。此种情况的

传动比:

$$i = \frac{n_3}{n_2} = \frac{\alpha}{1+\alpha} < 1$$

即$n_3 < n_2$，说明此传动方案输出轴转速比输入轴转速还高，即为增速减扭传动，由于$i > 0$所以齿圈转速与行星架转速方向相一致。

（2）行星架 3 为主动件，太阳轮 1 为从动件，齿圈 2 为固定件（如图 3-10b），此种情况的传动比为：

$$i = \frac{n_3}{n_1} = \frac{1}{1+\alpha} < 1$$

此传动方案也是一种增速减扭传动，但其增速大于前一种方案，同样太阳轮转动方向与行星架转动方向一致。

（3）下面倒挡中的情形（2）是一种增速减扭传动

$$i = -\frac{1}{\alpha}, \quad |-\alpha| > 1$$

所以$i < 1$，即$n_2 < n_1$。

3. 倒挡

（1）太阳轮 1 为主动件，行星架 3 固定，齿圈 2 为从动件，此情况的传动比为：$i = \dfrac{n_1}{n_2} = -\alpha$

此处的"-"代表齿圈与太阳轮转动方向相反，由于$|i| = |-\alpha| > 1$所以$n_1 > n_2$，仍为一种减速增扭传动。

（2）行星架 3 固定，齿圈 2 为主动件，太阳轮从动件（如图 3-11）

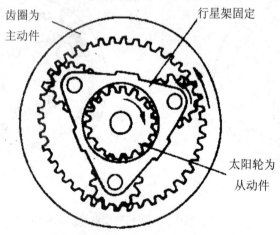

图 3-11　倒挡变速原理示意图

各行星齿轮只有自转而无公转,此时它们仅为惰轮工作,使齿圈与太阳轮反向旋转,此情况的传动比为:

$$i = \frac{n_2}{n_1} = -\frac{1}{\alpha}$$

这儿"-"代表转动方向相反

由于$|i| = |-\frac{1}{\alpha}| < 1$,所以$n_2 < n_1$为增速减扭转动。

4. 直接挡传动

若使$n_1 = n_2$或$n_2 = n_3$或$n_1 = n_3$,由特性方程可得$n_1 = n_2 = n_3$,太阳轮 1、行星架 3 和齿圈 2 三者中,任两个元件连成一体转动时,则第三个元件必然与前二者转速相同,形成直接传动,传动比$i=1$。整个行星轮机构将成为一个整体而旋转。输入与输出转动速度相等。

5. 空挡

如果所有零件都不受约束,即都可以自由转动,则行星齿轮机构完全失去传动作用。从而得到空挡。

3.1.4 单排行星齿轮机构各情况下的传动比

行星齿轮的动作取决于给定的条件,即取决于每个部件的转速和方向,单排行星齿轮工作机构有两个自由度,因此没有固定的传动比,不能直接用于变速传动,必须将太阳轮、齿圈和行星架三个元件中的一元件固定或使其运动加以约束,也可将两个元件互相连在一起,使行星排变为一个自由度的机构,获得确定的传动比(见表3-1)。

表3-1 单排行星齿轮机构的传动方案

方 案	主动件	从动件	固定件	传动比	备 注
1	太阳轮	行星架	齿圈	$1+\alpha$	
2	齿圈	行星架	太阳轮	$\frac{1+\alpha}{\alpha}$	减速增扭
3	太阳轮	齿圈	行星架	$-\alpha$	
4	行星架	齿圈	太阳轮	$\frac{\alpha}{1+\alpha}$	增速减扭
5	行星架	太阳轮	齿圈	$\frac{1}{1+\alpha}$	增速减扭

（续表）

方案	主动件	从动件	固定件	传动比	备注
6	齿圈	太阳轮	行星架	$-\dfrac{1}{\alpha}$	减速增扭
7	任意两个连成一体			1	直接传动
8	无任一元件制动且无任二元件连成一体			三元件自由转动	不传递动力

3.1.5 多排行星齿轮机构

单排行星齿轮的速比范围有限，常常不能满足汽车的实际要求，汽车上所用的行星齿轮机构都是由几个行星排组成的，多排行星齿轮机构是由几个单排行星齿轮机构组成，多排行星齿轮机构可以比单排得到更多的挡位。双行星排所示有两个相互联接行星轮（如图3-12）。分别与两个太阳轮啮合，这是为了获得更大的传动比才采用的，且能以较少齿轮组成变速器的排挡，但结构复杂，单行星排的变速原理和传动比的计算方法同样适用于这种多排行星轮机构。只要多排机构自由度经约束后变成自由度为1的机构，约束的基本元件和约束方式不同时，机构的传动比也会不同，组成不同的挡位，传动比可通过由各个单行星排齿轮机构的运动特性求得。

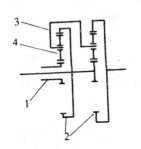

图3-12 双排行星齿轮机构
1—太阳轮；2—齿圈；
3—行星架；4—行星轮

3.1.6 行星传动的特点和优点

自动变速器中广泛应用行星齿轮传动机构，通常采用单排行星机构的某种组合。当然也有采用双行星排机构，但因为其结构较复杂，传动效率也略低，所以只有少数几种变速器采用。行星齿轮变速机构具有以下独特的优点。

（1）行星传动是一种常啮合传动，其传动比变换可通过操纵离合器或制动器来实现，易于实现自动换挡和动力换挡。这是它广泛用于自动变速器的主要原因之一。

（2）行星传动是共轴式传动，与定轴式传动相比，可明显地缩小变速器径向尺寸；由于是多点啮合传动。故在传递同样力矩时可采用较小的齿轮模数，达到尺寸小，与定轴式传动相比，重量可减轻 1/2～1/6 的效果。此外，多点啮合的对称性，不仅使径向力相互平衡，且使其运动平稳，抗冲击和振动能力强，寿命长。

（3）当无外部力矩支点时，行星传动具有二自由度，便于动力汇流与分流。不仅能与液力元件或液压元件组成双流液力或液压机械传动，而且也是回收制动能壁与合理调节发动机负荷（间歇工作时）必不可少的机械传动部件。

（4）通过增减行星排内行星齿轮的数目、行星排的数目，改变排与排之间的排列、组合以及构件之间的连接和控制方式等，不仅可以得到较为理想的传动比，而且为积木式的系列设计创造了有利条件。

缺点：结构复杂，制造和安装比较困难。

3.2 行星齿轮机构结构及变速原理

不同车型自动变速器在结构上往往有较大差别，如前进挡的挡数不同，离合器、制动器的数目和布置方式不同，所采用机构的类型不同。自动变速器的行星齿轮机构常用 2 个前进挡或 3 个前进挡，新型轿车自动变速器采用 4 个前进挡。前进挡数目愈多，行星机构的离合器、制动器及单向离合器的数目就越多。离合器、制动器单向离合器的布置方式主要取决于自动变速器前进挡的挡数及所采用的行星机构的类型。了解各种不同类型行星齿轮机构的结构及工作原理，是掌握各种不同车型自动变速器结构和工作原理的关键。

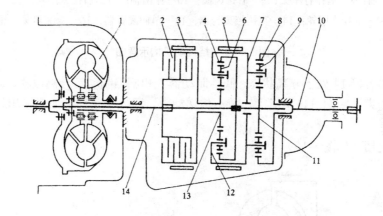

图 3-13　红旗 CA7560 型轿车传动机构示意图

1—液力变矩器；2—直接挡离合器；3—低速挡制动器；4—前排齿圈；5—倒挡制动器；6—前排行星轮；7—后排行星架；8—后排齿圈；9—后排行星轮；10—变速器第二轴；11—后排中心轮；12—前排行星架；13—前排中心轮；14—变速器第一轴

当今轿车上常用的复合式行星机构主要有行星齿轮机构系统，辛普森式（simpson）和拉维奈尔式（Ravigneaux），及带有超速挡的行星齿轮系统。

3.2.1 红旗牌轿车行星齿轮系统工作分析

红旗牌高级轿车采用的液力机械变速器是由一个四元件综合式液力变矩器和可自动换挡的两挡行星齿轮变速器组成（图3-13）。齿轮变速器动力由1传入，经液力变矩器第二轴传给行星齿轮变速器，装合后的液力机械变速器部件用螺钉固定在发动机缸体后端面上。它具有一个空挡，二个前进挡和一个倒挡。二个前进挡为低速挡和高速挡（直接挡）。

（1）空挡（如图3-14）

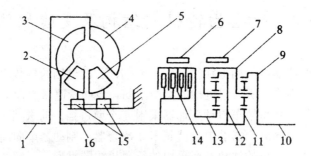

1—液力变矩器输入轴；2—第一导轮；3—涡轮；4—泵轮；5—第二导轮；6—低速挡制动器；
7—倒挡制动器；8—后排行星架；9—后排齿圈；10—输出轴；11—后排太阳轮；12—前排齿圈；
13—前排太阳轮；14—直接挡离合器；15—单向离合器；16—变速器第一轴

图3-14 空挡传动机构示意图

直接挡离合器14处于分离状态，低挡制动器6和倒挡制动带分离放松，此时两排齿轮机构都不受约束，它们可自由运动，故不传递动力，即处于空挡。如果输出轴锁住即为停车挡。

（2）低速挡（如图3-15）

图3-15 低速挡传动机构示意图

离合器 14 分离，倒挡制动带 7 松开，低挡制动器 6 工作，将前排中心轮固定不动，液力变矩器由轴 1 输入动力，一部分从前排齿圈 12 传给后排行星轮，另一部分是直接传至后排太阳轮 11 再传至后排行星轮，两部分汇合后由后排齿圈 9 输出。现在计算一下低速挡的传动比：设前排齿圈与太阳轮齿数比为 α_1，后排齿圈与太阳轮齿数比为 α_2，前排的太阳轮、齿圈、行星架和后排的太阳轮、齿圈的转速为分别 n_{13}、n_{12}、n_8 和 n_{11}、n_9。因制动带收紧，太阳轮 13 固定，即 $n_{13}=0$，由前述的运动特性方程：

$$n_{13}+\alpha_1 n_{12}-(1+\alpha_1)n_8=0,$$

故得行星架转速：

$$n_8=\frac{\alpha_1}{1+\alpha_1}n_{12},$$

再由后排同理可列出方程式：

$$n_{11}+\alpha_2 n_9-(1+\alpha_2)n_8=0,$$

所以可得到：

$$n_{11}+\alpha_2 n_9-\frac{(1+\alpha_2)\alpha_1}{1+\alpha_1}n_{12}=0,$$

由图 3-15 可知后排太阳轮 11 与前排齿圈 12 连成一体，故 $n_{11}=n_{12}$，所以上式可简化为：

$$(\frac{\alpha_1\alpha_2-1}{1+\alpha_1})n_{11}=\alpha_2 n_9,$$

则该行星齿轮低速传动比

$$i_{k1}=\frac{n_{11}}{n_9}=\frac{(1+\alpha_1)\alpha_2}{\alpha_1\alpha_2-1}$$

该传动比为 1.72。

（3）直接挡（如图 3-16）

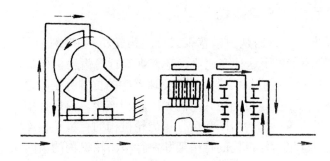

图 3-16 直接挡传动机构示意图

低速挡和倒挡制动带都放松，离合器接合。于是前排中心轮与第一轴和前排齿圈连成一体，行星架被联锁。后排中心轮与前排齿圈连成一体，后排行星齿轮机构也被联锁。第二轴与后排齿圈花键连接，因此第一轴与第二轴便连成一体转动，传动比为1。

（4）倒挡（如图3-17）

图3-17 倒挡传动机构示意图

倒挡制动带工作，倒挡制动鼓和行星架固定，离合器仍分离，前后排行星架被制动，低速挡制动带也松开，前排齿圈和太阳轮空转，即前排行星齿轮机构不工作。动力由第一轴输入后排中心轮。因行星架固定，故动力由后排齿圈输出，一轴与二轴旋转方向相反，即倒挡。其传动比为2.39。

机械变速器总传动比为液力变矩器变矩系数K与齿轮变速器传动比I的乘积。K是连续变化的，而I是有级的，二者相结合使变速器在几个范围内无级变速，又称为部分无级变速器。红旗牌轿车采用的自动变速器在低速挡工作时，总传动比可在1.72～4.2之间连续变化；在直接挡工作时，总传动比可在1～2.45内连续变化；倒挡工作时总传动比可为2.39～5.85。行星齿轮变速器可以由驾驶员强制操纵，也可以自动操纵。

3.2.2 行星齿轮系统（辛普森式）

辛普森式行星齿轮变速器是由辛普森式行星齿轮机构和换挡执行元件组成的（如图3-18a），现今大多数轿车采用这种变速器。辛普森式行星齿轮机构是一种著名的双排行星齿轮机构（如图3-18b），根据这两排齿轮在变速器中的位置分别称之为前行星齿轮机构和后行星齿轮机构，这两组齿轮机构由共用的太阳轮相连接。前后行星齿轮机构有两种连接方式，一种是前行星齿轮机构的齿圈和后行星齿轮机构的行星架相连称为前齿圈和后行星架组件；另一种是前行星齿轮机构的行星架和后行星齿轮机构的齿圈相连，称为前行星架和后齿圈组件。该机构成为一个具有四个独立元件的行星齿轮机构。其显著特点就是两组行星齿轮共用一个太阳轮。根据前进挡位数不同，可将辛普森齿轮变速器分为三速和四速两种。

第3章 行星齿轮变速器的结构与原理

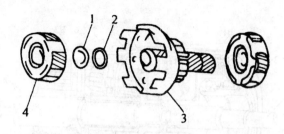

(a) 辛普森行星齿轮机构实物示意图

1—推力轴承；2—止推垫圈；3—共用太阳轮；4—前行星轮

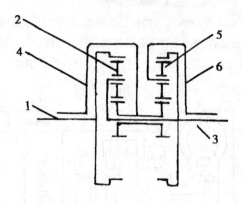

(b) 辛普森行星齿轮机构啮合方式

1—前齿圈；2—前行星齿轮；3—前行星架；
4—前、后太阳轮组件；5—后行星齿轮；6—后行星架；

图3-18 辛普森行星齿轮

(1) 辛普森3挡行星齿轮变速器结构（如图3-19a）与工作原理

辛普森行星齿轮变速器是以霍华稽·辛普森的名字命名的，早期的轿车自动变速器多采用3挡行星齿轮机构，其最高挡3挡是传动比为1的直接挡，在辛普森式行星齿轮机构中设置5个换挡执行元件。如图3-19b所示（其中有2个离合器：C1——倒挡及高挡离合器，C2——前进离合器，另外有，B1——2挡制动器、B2——低挡及倒挡制动器、F1——2挡单向超越离合器）；C1用于连接输入轴和前后太阳轮组件，C2用于连接输入轴和前齿圈离合器，B1用于固定前后太阳轮组件，制动器B2和2挡离合器F1的组合用于限制后行星架逆时针转动，这些换挡执行元件相互配合，就可以获得不同的挡位，制动器B1和制动器B2可以采用带式或片式，工作规律见表3-2。

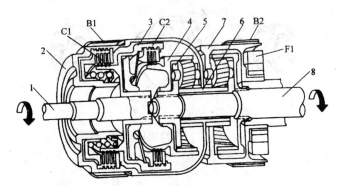

(a) 辛普森式 3 挡行星齿轮变速器结构示意图

1—输入轴；2—倒挡及高挡离合器毂；3—前进离合器毂和倒挡及高挡离合器毂；4—前进离合器毂和前齿圈；5—前行星架；6—前后太阳轮组件；7—后行星架和低挡及倒挡制动器毂；8—输出轴

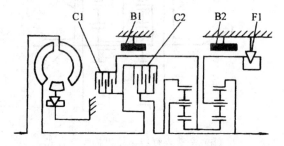

(b) 换挡执行元件布置示意图

C1—倒挡及高挡离合器；C2—前进离合器；B1—2 挡制动器
B2—低挡及倒挡制动器；F1—低挡单向超越离合器

图 3-19 辛普森 3 挡行星齿轮变速器

表 3-2 辛普森 3 挡行星齿轮机构换挡执行元件工作规律

操纵手柄位置	挡 位	换挡执行元件				
		C1	C2	B1	B2	F1
D	1 挡		O			O
	2 挡		O	O		
	3 挡	O	O			
R	倒挡	O			O	
"S" 位（或 2 位）	1 挡		O		O	
L 位（或 1 位）	2 挡		O		O	

"O" 表示接合、制动或锁定

（2）改进后的辛普森3挡行星齿轮变速器（换挡执行元件结合规律见表3-3）

如图3-20，前后太阳轮作为一个整体转动，前行星齿轮架与后行星齿轮圈各自通过花键与中间轴连接，前进离合器C1，连接输入轴与前齿圈；直接挡离合器C2连接输入轴与前、后太阳轮；2挡强制制动器B1锁定前、后太阳齿轮，使之不能顺时针转动也不能逆时针转动；2挡制动器B2锁定前、后太阳轮，使之在制动器动作时不能逆时针方向旋转；1挡及倒挡制动器B3锁定后行星齿轮架，使之不能顺时针也不能逆时针方向旋转；1号单向离合器F1在B2工作时，锁定前、后太阳齿轮，使其不能逆时针方向转动；2号单向离合器F2锁定后行星齿轮架，使之不能逆时针转动。

表3-3　改进后3挡自动变速器换挡执行元件换挡结合表

换挡手柄位置	挡位	换挡执行元件					
		C1	C2	B1	B2	B3	F1	F2
D	1	O						O
D	2	O			O		O	
D	3	O	O		O			
R	倒挡		O			O		
2	1	O						O
2	2	O			O			
L	1	O				O		O
P	停车			O				

注："O"表示接合、制动或锁定

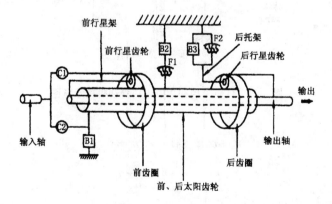

图3-20　3速行星齿轮机构

C1—前进挡离合器；C2—直接挡离合器；B1—2挡强制制动器；B2—2挡制动器；
B3—1挡及倒挡制动器；F1—1号单向离合器；F2—2号单向离合器

① D 位 1 挡或 2 位 1 挡时运动

辛普森 3 挡行星齿轮变速器换挡手柄在 D 位、1 挡时,发动机无制动作用;但换挡手柄在 L 位或 1 位或变速器在 2 挡时,发动机会产生制动作用。所以汽车在下陡坡时利用发动机怠速运转阻力实现发动机制动,可以使汽车减速。

由图 3-21 可看出,C1、F2 起作用,D 位或 2 位(1 挡)时,前进离合器 C1 接合,连接输入轴与前齿圈,单向离合器 F2 工作,使后行星齿轮架不能逆时针方向转动。输入轴与液力变矩器输出轴相联接,由于汽车载荷的作用,它的运动受到约束,起步前该转速为 0,即 $n_1 = 0$ 设太阳轮的转速为 n_3,内齿圈的转速为 n_2,行星架的转速为 n_1,由公式

$$n_3 + \alpha_1 n_2 - (1+\alpha_1)n_1 = 0$$

可得 $n_3 = -\alpha n_2$,"—"代表方向相反,即太阳轮向逆时针方向转动,左右太阳轮相固联接,对右行星架产生逆时针方向的转矩,同时单向离合器 F2 作用,因此右行星架固定不动 $n_6 = 0$。

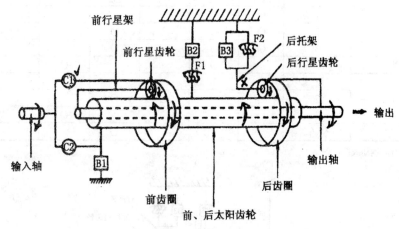

图 3-21 D 位 1 挡和 2 位 1 挡传动机构示意图

同理:

$$n_3 + \alpha_2 n_4 + (1+\alpha_2)n_6 = 0 ,$$

$$n_4 = -\frac{1}{\alpha_2}n_3 = \frac{\alpha_1}{\alpha_2}n_2$$

由于右内齿圈与输出轴相联,又

$$n_4 = n_5$$

所以

$$n_5 = \frac{\alpha_1}{\alpha_2}n_2$$

即传动比

$$i = \frac{n_2}{n_5} = \frac{\alpha_1}{\alpha_2}$$

因此驱动输出轴转动，汽车起步。此时的左排行星架以低速顺时针转动。所以动力传递路线为：

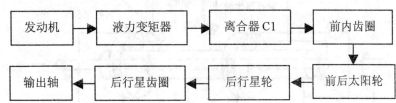

② L 位一挡（图 3-22）：L 位一挡传动路线与 D 位一挡是完全相同的，只是它在工作过程中，用一挡兼倒挡制动器（B3）代替单向离合器 F2 工作，使右行星架在顺时针和逆时针方向都不能转动。自动变速器 L 位一挡具有发动机制动作用的状态，当操纵手柄位于"1"或"L"位时而行星齿轮变速器处于一挡时，前进离合器 C1 和制动器 B3 同时工作。当动力从发动机传往驱动轮时，行星齿轮机构各元件的工作状态及传动比与 D 位一挡时相同，前行星小齿轮一面绕前、后太阳齿轮顺时针方向转动，一面绕各自轴线顺时针方向转动。这样就将顺时针方向转动传送到前行星齿圈与输入轴。当松开加速踏板，发动机转速将下降到怠速，但汽车由于惯性的作用仍以原来较高车速作滑行，这时汽车驱动轮将通过自动变速器的输出轴驱动行星齿轮机构，因 B3 固定，此时左行星架——右内齿圈组件变为输入件，前齿圈则成为输出件，导致与变速器输入轴连接的变矩器涡轮的转速高于与发动机相连的变矩器泵轮转速。显然发动机怠速运转的阻力将使汽车驱动轮的转速下降，实现了发动机制动的作用。所谓发动机制动是指汽车连续下坡时会因其重力的分力作用而持续加速，因而需要频繁地使用脚制动；随着时间的延长，车轮制动器将发生过热和制动性能热衰退，所产生的后果是危险的。如果驾驶员将操纵手柄置于"2"位，并在确保发动机不熄火的前提下松开油门踏板，此时发动机转速降至怠速。汽车在惯性作用下仍以原来车速前进，驱动轮将通过自动变速器输出轴反向带动行星齿轮机构运转，这样可以利用发动机内部的压缩阻力来起到一定的汽车制动效果。

③ D 位二挡（前进二挡）和 2 位二挡

D 位二挡（如图 3-23）和 2 位二挡工作状态是相同的，参加工作的元件，D 位二挡有：前进离合器 C1，2 挡制动器 B2 和单向离合器 F1；2 位二挡有：前进离合器 C1，2 挡制动器 B2，动力经输入轴和前进挡离合器 C1 传给左内齿圈，使其顺时针转动。在前内齿圈的驱动下，前排行星架按顺时针转动，同时前行星轮做顺时针自转，那么推动太阳轮逆时针转动，但太阳轮被制动器 B2 和单向离合器 F1 固定（2 位二挡时由 B1 固定），由力的作用力与反作用力原理,前行星架只能作顺时针转动,因此输出轴向顺时针方向转动,此时右行星排处于自由转动状态。

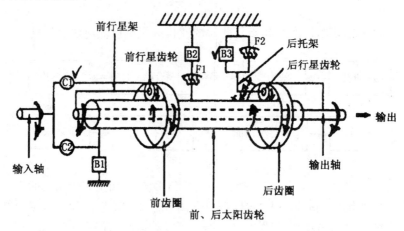

图 3-22　L 位一挡传动示意图

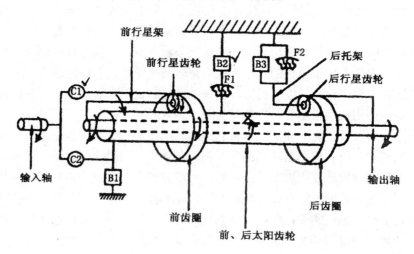

图 3-23　D 位二挡传动示意图

同情况①理可推出传动比为:

$$i_2 = \frac{1+\alpha_1}{\alpha_2}$$

2 位二挡与 D 位二挡有区别工况是:在 D 位二挡,由于单向离合器 F1 只能锁左右太阳轮组件不作逆时针方向转动,当汽车松开油门时作滑行行驶,无法利用发动机来制动;而在 2 位二挡时由于 B1 作用,双向制动,汽车下坡时,产生的反向驱动力,可经过行星

齿轮变速器传到发动机，由于作用力与反作用力的效果，可实现利用发动机制动。动力传递路线为

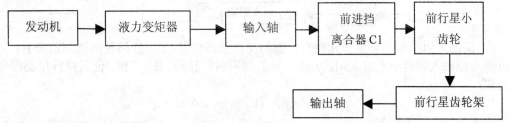

④ D 位三挡（直接挡）

如图 3-24 所示，参加工作的元件有：前进挡离合器 C1，倒挡及高挡离合器 C2，输入轴同时与左行星排的内齿圈、太阳轮连接。

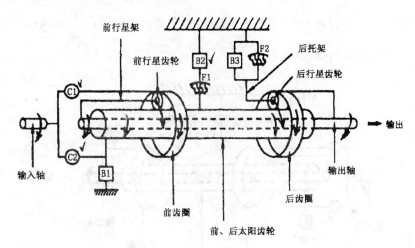

图 3-24 D 位三挡传动示意图

由于输入轴与内齿圈、太阳轮相连 $n_1 = n_3$

由公式 $n_1 + \alpha_1 n_2 - (1+\alpha_1)n_3 = 0$，

式中：n_1——太阳轮的转速；

n_2——左内齿圈的转速；

n_3——左行星架的转速。

可得到 $n_2 = n_3$，

所以 $i = \dfrac{n_3}{n_2} = 1$

即为直接挡。右行星排处于空转状态。

动力传递路线：

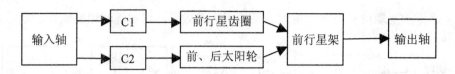

⑤ 倒挡（如图3-25）工作元件有：倒挡及高挡离合器C2，低挡及倒挡制动器B3。发动机动力经输入轴传至左右太阳轮组件，使其做顺时针转动，B3工作，使后排行星架固定，由公式：

$$n_1 + \alpha_1 n_2 - (1+\alpha_1)n_3 = 0$$

式中：n_1——太阳轮转速n_1；

n_2——后排内齿圈转速；

n_3——后排行星架转速。

由于行架固定，所以$n_3 = 0$，因此可得$n_2 = -\dfrac{1}{\alpha_1}n_1$，传动比$i = \dfrac{n_2}{n_1} = -\alpha_1$。

"—"代表转动方向相反。

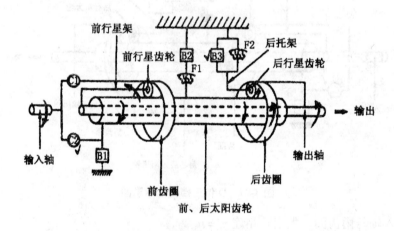

图3-25 倒挡传动示意图

⑥ 空挡（N）

空挡时，离合器、制动器都不工作，液力变矩器的动力不能传到左右行星排的任何元件，变速器处于空挡。

⑦ 停车挡（P）

停车挡时，所有换挡执行元件不工作，且手柄的联杆机构推动停车闭锁凸轮，使停车锁爪上的齿嵌入输出轴外齿中，如图3-26所示，输出轴不能随意转动，从而锁住了驱动轮。即变速器为停车挡。

（3）辛普森4挡变速器的结构和工作原理

由于进入80年代后，随着发达国家对汽车燃油经济性的要求日趋严格，越来越多的轿车自动变速器采用了4挡行星齿轮机构。其最高挡4挡是传动比小于1的超速挡。这种自动变速器燃油经济性好，发动机经常处于较低速范围运转，因而减少噪声，延长了发动机的使用寿命。因此带有超速挡的这种自动变速器被许多品牌高档轿车所采用。

辛普森4挡行星齿轮变速器是在辛普森3挡行星齿轮机构原有的双行星排的基础上再增加一个单排行星齿轮机构，用3个行星排组成4挡行星齿轮机构，如图3-27所示，日本丰田公司的A340型自动变速器就是这种类型的，如图3-28所示。

丰田A340型4挡行星齿轮变速器挡位分析（见表3-4）：

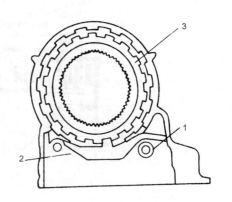

图3-26　停车挡锁止机构

1—闭锁凸轮；2—停车闭锁爪；3—输出轴

表3-4　辛普森式四速行星齿轮变速器换挡执行元件的工作规律

换挡手柄位置	挡位	换挡执行元件									
		C0	C1	C2	B0	B1	B2	B3	F0	F1	F2
D	1		O						O		O
	2	O	O				O		O	O	
	3	O	O	O			O		O		
	4	O	O	O	O				O		
		C0	C1	C2	B0	B1	B2	B3	F0	F1	F2
2	1	O	O						O		O
	2	O	O			O	O		O	O	
	3	O	O	O		O			O		
L	1	O	O					O	O		
	2	O	O				O			O	
R	倒挡	O						O			
P	停车	O									

"O"为执行元件

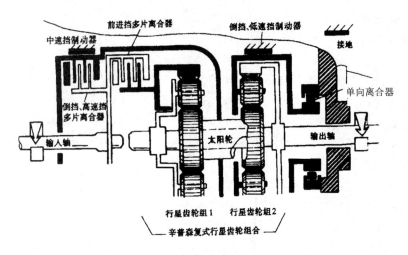

图 3-27　辛普森 4 挡行星齿轮变速器示意图

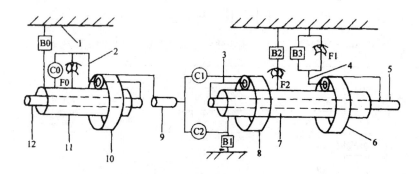

图 3-28　丰田 A340 型 4 挡行星齿轮变速器结构示意图

1—变速器壳体；2—超速挡行星架；3—前行星架；4—后行星架；5—输出轴；6—后齿圈；7—共用太阳轮；8—前齿圈；9—输入轴；10—超速挡齿圈；11—超速挡太阳轮；12—超速挡输入轴；C0—超速挡离合器；C1—前进挡离合器；C2—倒挡及高速挡离合器；B0—超速挡制动器；B1—2 挡滑行制动器；B2—2 挡制动器；B3—倒挡制动器；F0—超速挡单向离合器；F1—低速挡单向离合器；F2—2 挡单向离合器

这种 4 挡行星齿轮变速器是在不改变辛普森式 3 挡行星齿轮变速器的主要结构和大部分零部件的情况下，再增加一个行星齿轮机构和相应的换挡执行元件来产生超速挡；安装在行星齿轮变速器的前端，其行星架是主动件，与变速器输入轴连接，该自动变速器的前部增加一个超速排，称为超速行星排。超速行星位于原行星前端，其行星架是主动件，与变矩器输出轴连接，齿圈作为超速行星排的从动件，与变速器输入轴相连。超速行星排由超速制动器 B0 和离合器 C0 及单向离合器 F2 作用来控制，超速行星排的行星架是主动件，与变矩器输入轴连接，齿圈作为从动件，与后方的辛普森行星齿轮机构的输入轴相连。单向超越离合器 F1 与倒挡制动器 B3 并联安装，作用是防止后行星架 4 的逆时针转动。超速单向离合器 F0 与 C0 并联，可防止超速挡太阳轮 11 逆时针转动。

按超速行星排传动比辛普森 4 挡行星齿轮变速器挡位可分为两种情况：

（1）超速行星排传动比为 1 的状态：当离合器 C0 用于连接超速行星排的行星架和太阳轮，一个行星排中有两个元件相连接，整个行星将整体运转，超速行星排处于传动比为 1 的直接传动状态，输入的动力大小不变地传给辛普森行星齿轮机构。除了超速挡以外所有挡位下，直接挡离合器 C0 都是接合的。

① 一挡

C0、F0、C1、F1 起作用

● 超速行星排

对超速行星排而言，输入轴与行星架相连，因为 C0、F0 起作用，太阳轮与行星架转速相同，因此内齿轮的转速等于输入轴的转速，整个超速行星排整体顺时针转动，所以该速比为 1。

● 三挡变速器

汽车起步时，输出轴 5 因汽车惯性作用下，暂且不动，前进挡单向离合器 C1 工作，动力由前超速行星排经输入轴 9 传到前内齿圈，前内齿圈作顺时针转动，由于前行星架 3 与输出轴 5 相连，所以前行星架 3 处于固定状态。

由行星排公式：

$$n_7 + \alpha_1 n_8 - (1 + \alpha_1)n_3 = 0$$

又 $n_3 = 0$，可得：$n_7 = -\alpha_1 n_8$，前内齿圈作顺时针转动，所以共用太阳轮 7 作逆时针转动，同时单向离合器 F1 处于自锁状态即 $n_4 = 0$，因而后行星架 4 固定，由行星排公式：

$$n_7 + \alpha_2 n_6 - (1 + \alpha_2)n_4 = 0$$

由于 $n_4 = 0$，可得

$$n_6 = -\frac{n_7}{\alpha_2} = -\frac{-\alpha_1 n_8}{\alpha_2} = \frac{\alpha_1}{\alpha_2}n_8$$

$$n_6 = n_5$$

因此输出轴作顺时针转动（以下各挡分析中，如有类似情形，则不重复，请读者自己推导），动力由输出轴输出，汽车得以起步。起步后，输出轴 5 开始转动，由于前行星架没有完全固定，所以前齿圈 8 除带动前行星轮顺时针转动外，还促使前行星架 3 也发生顺时针转动。前后行星排共同将动力传至输出轴，形成降速增矩的效果，满足了汽车起步是需要较大动力以克服阻力的要求。

动力传递路线：

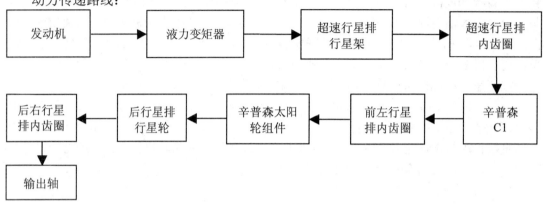

② 2挡

若在前进挡（D）时，发动机增大节气门或行驶阻力减少，车速达到一定的程度后自动进入2挡行驶，参加工作的元件有：C0、C1、B2、F0和F2。

● 超速行星排

C0与F0工作，超速行星排一起整体转动，传动比为1。

● 三挡变速器

前进挡离合器C1合上，动力由输入轴9经C1传入前齿圈8，使得其顺时针转动，并促使前行星轮也同方向转动，B2和F2的工作，共用太阳轮7被锁住，无法逆时针转动。前行星轮顺时针自转的同时又在围绕太阳轮作顺时针公转，就带动前行星轮架和输出轴顺时针转动，同时后行星排无执行元件，因为B3、F1未起作用行星架空转，而轮系不起作用，处于空转状态，动力全部经前行星排传至输出轴。

动力传递路线：

③ 三挡

三挡即直接挡。当汽车行驶车速更高时自动变速器自动转入三挡。

参加工作的元件有：C0，F0，C1，C2，B2

● 超级行星排

因为C0，F0起作用，传动比$i=1$。

● 三挡变速器

对于前太阳轮系而言，因为 C1、C2 起作用，动力分别传至前内齿圈 8 和共用太阳轮 7，二者与输入轴连成一整体，F2 不工作。太阳轮与前内齿圈一起以相同角速度顺时针转动，这时前行星架也以相同角速度转动。后行星轮系因为 B3、F2 未起作用行星架空转，而轮系不起作用，所以传动比 $i=1$。

● 总传动比
总传动比 $i=1×1=1$
动力传递路线：

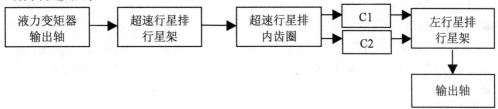

④ 倒档
C0、F0、C2、B3 起作用
● 超速行星排
因为 C0、F0 起作用，传动比＝1。

● 三挡变速器
因为 C2 起作用，C1 不起作用，动力由输入轴 9 通过 C2 传给共用太阳轮 7，使之作顺时针转动，内齿无约束，该行星轮系不传递扭矩，处于空转状态。在后行星排中，由于 B3 的作用，行星轮相当于内齿圈与太阳轮的中间轮，使得后内齿圈逆时针转动，即动力从输出轴输出，转向是逆时针方向，形成倒挡。
动力传递路线：

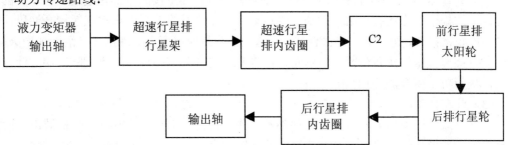

（2）超速行星排传动比小于 1 的状态：超速挡即 O/D 档汽车行驶速度更高时，按下超速挡开关后，自动转入超速挡。参与工作元件有：B0、C1、C2、B2 和 F2。
● 超速行星排
因为 B0 起作用，因此太阳轮固定，超速挡行星架 2 的运动引起超速挡行星轮自转，并将动力传至超速挡齿圈 10，进而促使输入轴 9 顺时针旋转，由行星轮系工作特性：

由于太阳轮固定即

$$n_{11} + \alpha n_{10} - (1+\alpha)n_2 = 0$$

$$n_{11} = 0$$

所以

$$n_{10} = \frac{1+\alpha}{\alpha} n_2 > n_2$$

做超速运动

$$n_9 = n_{10}$$

因此输入轴 9 做顺时针转动。

- 三挡变速器

前行星轮系，因为 C1、C2 作用，输入轴 9 与前内齿圈、共用太阳轮以及输出轴作整体转动，所以传动比 $i=1$，右行星轮系由于 B3、F2 不起作用，处于空转状态。

- 总传动比

总传动比

$$i = \frac{\alpha}{1+\alpha} \times 1 = \frac{\alpha}{1+\alpha} < 1$$

因此传动系作超速转动。动力传递路线：

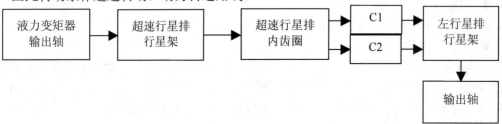

单向离合器 F0 是保护直接离合器 C0 的重要元件，因直接离合器在超速挡位以外的任何挡位下均处于工作状态，由于发动机刚启动时，变速器的油泵尚未建立起较高油压，离合器不能正常接合，可能处于半接合状态，这就很容易使得离合器摩擦片打滑而加剧磨损。如果在直接离合器处并列布置一个单向离合器 F0，它会限制超速行星排太阳轮逆时针方向转动，从而防止离合器 C0 打滑。

（3）驻车挡（P）

与行星齿轮机构相关的各执行元件都不工作，机构处于空挡状态，同时机械锁止机构将输出轴上外齿锁住，因而自动变速器的输出轴和汽车的驱动轮无法转动，处于驻车制动工况，故又称驻车挡。

（4）空挡（N 挡）

空挡时各挡执行机构动作和驻车挡相同，各执行元件都不参加工作，发动机虽然传入动力，但输出轴没有动力输出。

3.2.3 拉维奈尔赫式行星齿轮变速器

拉维奈尔赫式行星齿轮变速器由拉维奈尔赫式行星齿轮机构及相应的操纵执行元件组成,如图 3-29 所示,拉维奈尔赫式从 20 世纪 70 年代起用于奥迪、福特等公司设计的自动变速器中,如图 3-30 所示的是拉维奈尔赫式 4 挡行星齿轮机构。与 3 挡拉维奈尔赫式行星齿轮机构相比,仅仅在输入轴和行星架之间增加了一个高速挡离合器 C4,在输入轴和太阳轮之间增加一个前进强制离合器 C3,在前进离合器 C1 从动部分与后太阳轮增加一个单向离合器 F2,使之成为具有超速挡 4 挡行星齿轮变速器。拉维奈尔赫式行星齿轮机构采用双行星排组合。拉维奈尔赫式四挡行星齿轮变速器各挡执行元件工作情况(见表 3-5)。

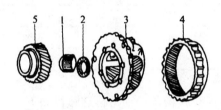

图 3-29 拉维奈尔赫式行星齿轮变速器

1—小太阳轮;2—推力轴承;3—行星齿轮;4—内齿圈;5—大太阳轮

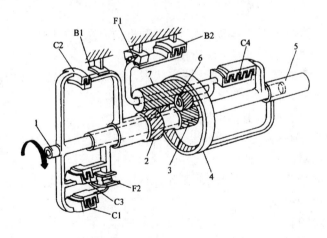

图 3-30 拉维奈尔赫式行星齿轮变速器传动原理图

1—输入轴;2—前太阳轮;3—后太阳轮;4—齿圈;5—输出轴;6—短行星轮;7—长行星轮;
C1—前进离合器;C2—倒挡离合器;C3—前进强制离合器;C4—高挡离合器;B1—2 挡及 4 挡制动器;
B2—低挡及倒挡离合器;F1—低挡单向离合器;F2—前进挡单向离合器

表 3-5 拉维奈尔赫式行星齿轮变速器执行元件工作情况

换挡手柄位置	挡位	换挡执行元件							
		C1	C2	C3	C4	B1	B2	F1	F2
D	O	O						O	O
	O	O				O			O
D	O	O			O				O
	X	O			O	O			
R		O	O				O		
S、L 或 2、1				O			O		
				O		O			
				O					

"O"为元件接合、制动或锁定

拉维奈尔赫式 4 挡行星齿轮机构各挡动力传递路径如下:

（1）前进挡 1 挡、2 挡（D 位 1 挡、2 挡）

前进挡离合器 C1 接合，动力经 C1 和前进挡单向离合器 F2 传至后太阳轮。

1 挡时，因行星架被单向离合器 F1 锁止，发动机动力经短行星轮、长行星轮传至齿圈和输出轴。

2 挡时，因前太阳轮被制动器 B1 制动，发动机动力经由 C1 传至后太阳轮传至短行星轮、长行星轮、行星架，再传至齿圈和输出轴。

当汽车滑行时，单向离合器 F2 处于脱离状态，后太阳轮可自由转动，行星齿轮机构失去反向传递动力的能力，前进 1 挡和 2 挡均没有发动机制动作用。

（2）前进低挡 2 挡、前进低挡 1 挡

前进挡强制离合器 C3 结合，发动机动力经 C3 直接传至后太阳轮，此时 C3 的作用与拉维奈尔赫式 3 挡行星齿轮变速器的前进离合器 C1 相同。

手动 1 挡时，低挡及倒挡制动器 B2 工作，行星架被固定，动力传递路线与 1 挡相同，但在汽车滑行时，可利用发动机制动。

手动 2 挡时，2 挡制动器 B1 工作，前太阳轮被制动，动力传递路线与前进挡 2 挡相同。在汽车滑行时，可利用发动机制动。

（3）前进挡 3 挡

前进离合器 C3、高挡离合器 C4 同时结合，后太阳轮与行星架被联结成一体，形成直接挡，发动机动力由输入轴经离合器 C1、C4 至后太阳轮、短行星轮、长行星轮、齿圈最后至输出轴。

当汽车滑行时，单向离合器 F2 处于脱离状态，后太阳轮可自由转动，故该挡也没有发动机制动作用。

（4）前进低挡 3 挡

前进挡强制离合器 C3、高速挡离合器 C4 均结合，后行星排中两个元件连接，成为直接挡，动力由离合器 C3 和 C4 传递，其路径与前进 3 挡相同。

离合器 C3 与 C4 均能反向传递动力，故可用发动机产生制动作用。

（5）前进挡 4 挡

高速挡离合器 C4 结合，输入轴与行星架连接，制动器 B1 工作，前太阳轮被固定。动力经由离合器 C4 传至行星架，长行星轮被行星架带动作顺时针自转和公转，并带动齿圈和输出轴顺时针转动，它的传动比小于 1，故为超速挡。

（6）倒挡

倒挡离合器 C2、低挡及倒挡制动器 B2 同时工作，传动比和传动路线与三挡拉维奈尔赫式相同。

3.3 思考与练习题

1. 单排行星齿轮机构由哪些元件组成？
2. 哪些元件与传动比有关？
3. 行星传动机构有哪些特点和优点？
4. 简要叙述一下行星传动的特点和优点？
5. 简要叙述：单排齿轮机构变速原理。
6. 叙述一下辛普森 3 档变速器 D 位二档传动路线？
7. 阐述：拉维奈尔赫式行星齿轮变速器工作原理。

第 4 章　自动变速器的执行机构

执行机构一般有离合器和制动器，对于只有一个自由度的行星机构才能传递动力。二个自由度的行星机构必须同时施加一个约束条件，当然三个自由度的行星机构必须同时施加二个约束条件才能传递动力。行星齿轮变速器所有齿轮都处于常啮合状态，挡位变换是通过以不同的方式对行星齿轮机构进行约束实现，完成这些操纵约束的操纵元件称为换挡执行机构。液力机械自动变速器除了力传动装置、齿轮变速机构外，换挡执行机构也是重要组成部分，换挡执行机构主要有离合器、制动器和单向离合器，基本作用就是连接、固定和锁止。换挡执行元件通过一定规律对行星齿轮机构的某些元件进行连接、固定或锁止，让行星齿轮机构获得不同的传动比，他们是通过摩擦零件产生足够的传动力矩或制动力，以实现换挡。

4.1　离　合　器

离合器在自动变速器中具有连接和连锁作用，即将行星齿轮变速器的输入轴和行星排的一个基本元件连接，使之成为主动件，或将行星排的两个基本元件连接在一起，使之成为一个整体，实现直接传动。

4.1.1　离合器的结构和原理

在自动变速器的换挡执行机构中，目前采用的离合器多是多片湿式离合器（如图4-1）。通常由活塞、回位弹簧、弹簧座、一组钢片、一组摩擦片、调整垫片、离合器毂、几个密封圈、卡环等组成一个整体（如图 4-2）。钢片和摩擦片交错排列，统称为离合器片，钢片的外花键齿安装在离合器毂的内花键齿圈上，可沿齿圈键槽做轴向移动；摩擦片由其内花键齿与离合器毂的外花键连接，也可沿键槽做轴向移动。摩擦片两面均为摩擦系数较大的铜基粉末或合成纤维层，受压力和温度变化影响较小。有些离合器在活塞与钢片之间装有一个碟形环，它具有一定的弹性，可以在离合器钢片结合时，减缓冲击力（如图 4-3）。

第4章 自动变速器的执行机构

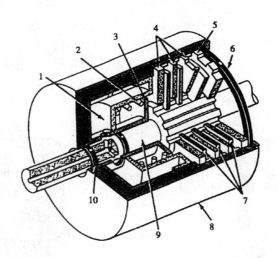

图 4-1 湿式多片离合器

1—摩擦片；2—弹性挡圈；3—压盘；4—钢片盘；5—复位弹簧座圈；6—活塞复位弹簧；
7—液压活塞；8—输入轴；9—离合器毂；10—密封圈

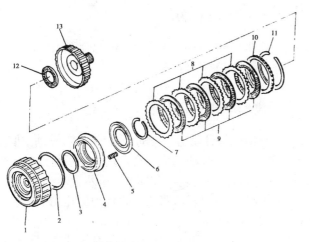

图 4-2 离合器元件示意图

1—离合器鼓；2,3—密封圈；4—离合器活塞；
5—回位弹簧；6—弹簧座；7,11—卡环；8—钢片；
9—摩擦片；10—挡圈；12—止推轴承；13—离合器毂

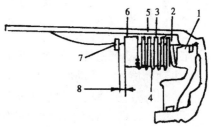

图 4-3 离合器挡圈和碟形环

1—离合器活塞；2—碟形环；3—钢片；
4—摩擦片；5—离合器鼓；6—挡圈；
7—卡环；8—离合器自由间隙

其工作原理如图 4-4 所示，多片离合器既可作为驱动元件也可作为锁止元件，钢片的外花键齿安装在离合器鼓的内花键齿圈上，从而与涡轮轴相连或与其连成一体，实现主动片与涡轮同步转动。摩擦片由其内花键齿与离合器毂的外花键齿连接，也可沿键槽做轴向移动。

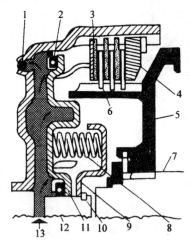 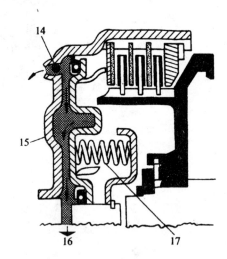

图 4-4　湿式多片离合器的工作原理

1—单向球阀落座；2—密封圈；3—与鼓花键相连的钢片；4—压盘；5—离合器毂；
6—与鼓花键相连的摩擦片；7—输出轴；8—被压缩的回位弹簧；9—回位弹簧座；
10—挡圈；11—活塞；12—输入轴；13—进油；14—单向球阀开启；
15—离合器鼓；16—泄油；17—张开的回位弹簧

结合状态：当工作油压增大时，液压力克服弹簧预紧力，推动活塞 11 向右移动，使得主动钢片与被动摩擦片 3 接合压紧，这样离合器主、被动部分接合，动力由涡轮经输入轴 1、经主动摩擦片、从动摩擦片到行星变速机构的行星齿轮，如图 4-5 所示。

分离状态：分离时，只要工作油路与回路直接相通，活塞 2 在弹簧力的作用下左移，主被动部分分离，从而中断动力的传递，如图 4-6 所示。

分离状态时，为了保证分离彻底，离合器应满足如下要求：压板与摩擦片之间有一定的轴向间隙，每片间隙通常为 0.25～0.38 mm，总间隙一般为 2～5 mm，以保证钢片与摩擦片之间无轴向压力，称之为自由间隙，其规定值取决于离合器的片数、离合器在变速器中的位置，当然不同厂家也有差别。

离合器处于分离状态时，活塞左端的离合器液压缸内不可避免的残留有少量自动变速器油，由于离心力的作用，自动变速器油会在液压缸的外壁产生一定油压，在离合器毂的高速转动下，油压推动活塞压向离合器片导致分离不彻底，为了防止出现这种情况，在离合器左端的壁面上设有一个带有单向球阀的出油口，单向球阀的作用是控制辅助泄油通道的开关。当压力油被撤除时，球体在离心力作用下离开阀座，开启辅助泄油通道，使压力油迅速而充分地撤除，保证离合器的彻底分离。最后为确保变速器的换挡品质，离合器的工作必须安静、平稳。离合器的工作性能与变速器油类型、从动片摩擦材料的性质、离合器工作灵敏度以及是否采用波形片等因素有关。波形片是表面光滑的钢片，通常安装在压盘与主、从动片之间，使离合器接合更柔和。有些离合器采用碟形弹簧代替波形片，也可起到同样效果。

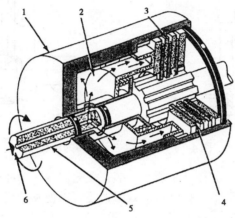

图 4-5 接合状态下的湿式多片离合器

1—离合器鼓转动；2—压紧的活塞；3—从动片；4—主动片；5—转动的输入轴；6—工作油压

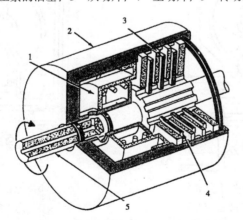

图 4-6 分离状态下的湿式多片离合器

1—松开的活塞；2—离合器鼓固定不动；3—与鼓花键相连的从动片；
4—与轴花键相连的主动片；5—转动的输入轴

丰田汽车公司的自动变速器将单向阀装在离合器活塞中，也可产生同样的泄油作用。如图 4-7 所示，有些汽车不设此类单向阀，而是在离合器毂或活塞上设计一计量孔，以完成与单向阀相同的作用。

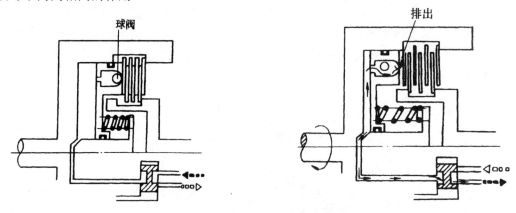

图 4-7 单向阀装在活塞中的离合器

还有一种锁止离合器，如图 4-8 所示，装在变矩器内，功能是使变矩器锁止，使动力不经液力直接传给行星变速器，提高传动效率，还可以使发动机起到制动作用，这儿不作介绍。

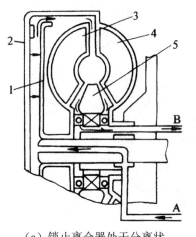
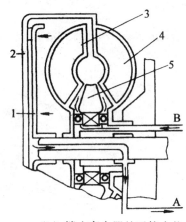

（a）锁止离合器处于分离状态的锁止式液力变矩器　　（b）锁止离合器处于接合状态的锁止式液力变矩器

图 4-8 装有锁止离合器的液力变矩器

1—压盘；2—变矩器壳；3—涡轮；4—泵轮；5—导轮；A、B—锁止离合器控制油道

4.1.2 多片湿式离合器的特点

由于其表面积较大，所传递的转矩较大，离合器摩擦片表面单位面积压力分布均匀，摩擦材料磨损均匀，不易产生主动与被动片间运转间隙，能通过增减片数和改变压力的大小来调节工作转矩能力。工作过程中压力逐渐增加，摩擦生热速度较慢，通过冷却油可以把热量带走。其缺点是分离时空转摩擦功率较大。

离合器传递动力的影响因素有以下几点。

（1）离合器的摩擦片材料

离合器主要靠摩擦传递动力，摩擦材料的使用影响离合器的工作和寿命，主要是摩擦材料的耐磨性，通常有铜基烧结粉末冶金和纸质浸树脂两种，纸质材料与钢压板组成的摩擦副时，其动摩擦系数约为 0.14，而用粉末金属与钢压板组成的摩擦副时，其动摩擦系数仅约为 0.5。

（2）摩擦片的结构

摩擦片上通常有开槽，其作用一是破坏油膜，提高滑摩时的摩擦因数；二是保证油流通过，冷却摩擦表面，金属型材料通常采用菱形网格槽（见图 4-9）。

（3）自动换挡的接合时间

自动变速使用过程中，如果变速器油不够，或变质，或油路系统漏油等时，造成离合器接合时油压不足，离合器打滑或接合时间长，摩擦片过热而引起摩擦材料的烧伤和过度磨损。

（a）网格油槽　　　　　　　　　（b）平行油槽

图 4-9　摩擦衬面开槽

4.2　制　动　器

制动器是用来约束制动作用的基本元件，将行星齿轮机构中一元件与变速器壳体相连，使该元件约束而制动，从而改变齿轮的组合，形成不同的传动比。

目前在液力自动变速器中常采用的是片式制动器和带式制动器。

4.2.1 制动器的种类及结构

（1）圆式湿式多片制动器

湿式多片制动器由制动器鼓、制动器活塞、回位弹簧、钢片、摩擦片及制动器毂密封圈、挡圈等组成，如图 4-10 所示。其结构和工作原理与湿式多片离合器基本相同，区别在于离合器壳体是一个主动部件，而制动器壳体和油缸固定不转。其钢片通过外花键安装在变速器壳体的内花键齿圈上，摩擦片则通过内花键齿和制动毂上的外花键连接。制动器毂与行星齿轮机构的元件相连，当湿式多片制动器的钢压板和摩擦片处于结合状态时，即对摩擦片联接的构件起制动约束的作用。当制动时，压力油进入制动器的液压缸时，克服活塞弹簧预紧力，使活塞移动，制动器盘片与制动器片压紧在一起，制动器毂以及与其相连的元件被固定而不能旋转。当压力油排出时，活塞在弹簧的作用下回位，制动器解除。当液压缸中没有压力油时，制动器毂可以自由旋转，片式制动器的工作平顺性较好，可以通过增减摩擦片的片数来满足不同排量发动机的要求，在轿车自动变速器中使用越来越多。

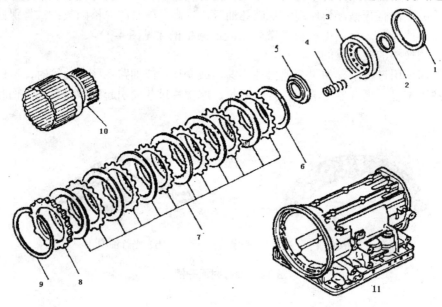

图 4-10 湿式多片制动器

1、2—密封圈；3—制动器活塞；4—回位弹簧；5—弹簧座；6—碟形环；7—钢片和摩擦片；8—挡圈；9—卡环；10—制动毂；11—变速器壳

（2）带式制动器

自动变速器中的带式制动器，由制动鼓、制动带、液压缸及活塞组成，如图 4-11 所示。制动带包绕在制动鼓外圆表面，一端固定在变速器壳体上，另一端通过杆与制动液压缸中

活塞相连，带式制动器装在旋转元件的外圆表面，是执行机构中的锁止元件，由制动带及其伺服装置（控制液压缸）组成，如图 4-12 所示。具有径向尺寸小，结构简单，便于安装和可以缩短变速器的长度，但也有在使变速器壳体上产生局部的高应力区和制动带磨损后需调整等缺点。

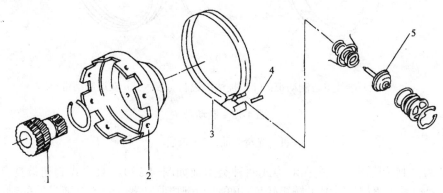

图 4-11 带式制动器

1—太阳轮；2—制动鼓；3—制动带；4—销钉；5—制动缸活塞

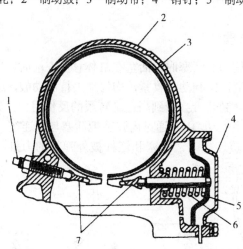

图 4-12 制动带伺服机构

1—支承销；2—变速器壳体；3—制动带；4—油缸盖；5—活塞；6—回位弹簧；7—摇臂

制动带内有摩擦材料，为开口式环形钢带，按变形能力可分为刚性制动带和挠性制动带。刚性制动带比挠性制动带厚，具有较大的强度和热容性。缺点：不能产生与制动鼓相适应的变形。挠性制动带在工作时可与制动鼓完全贴合，价格低廉。

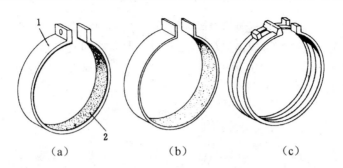

（a）刚性单边制动带；（b）挠性单边制动带；（c）双边制动带

图 4-13 制动带

1—光滑表面；2—镀层

按结构，制动带有单边式和双边式两种类型（如图 4-13）。双边式制动带具有自行增力功能，制动效果更好，多用于转矩较大的低挡和倒挡制动器。为了保证足够的制动力矩，对于不同挡位，制动带内表面镀层的材料也不相同，低挡采用金属材料，而高挡用有机耐磨材料，防止制动鼓过度磨损。

4.2.2 制动带工作原理

制动时，当液压油施加于活塞时，活塞在缸体移至左端时，压缩外弹簧，连杆带动活塞移动，推动制动带的一端，使制动带收紧，均匀地夹持制动鼓，达到制动效果（如图4-14）。因为此时鼓以高速旋转，制动带会受到高速旋转毂的反作用力，如果杆与活塞连在一起，活塞会因这反作用力而产生振动，因此通过内弹簧把活塞与杆连在一起，以缓冲这个反作用力。当液压进油与出油管直接连接时，活塞和连杆被外弹簧的力推回，制动带放松制动鼓。

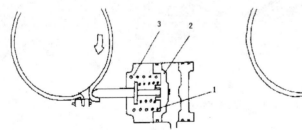 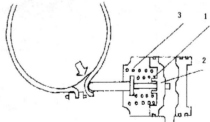

（a）当液压油施加于活塞时；　　（b）当制动带受到反作用力时

图 4-14 带式制动器工作原理

1—内弹簧；2—活塞；3—外弹簧

4.3 单向离合器

单向离合器广泛应用在行星齿轮机构中，可以有一个或几个单向离合器。跟离合器、制动器作用类似，单向离合器可以控制一基本元件，但与离合器制动器不同的是，依靠其单向锁止原理起固定或连接作用，其固定只是单方向，使元件只能作单一方向转动，而不能反转，与之相连的元件受力方向与锁止方向一致时，元件被固定或连接；而当受力与锁止方向相反时元件即被放松。单向离合器的工作是根据相对运动情况而自动起作用的，不需另外的控制机构，所以得到广泛应用。

常见的类型有滚柱斜槽式和楔块式两种。

4.3.1 滚柱斜槽式单向离合器

滚柱斜槽式单向离合器由内座圈、外座圈、滚柱和回位弹簧等组成，如图4-15所示，内座圈通常用内花键和行星排的某个基本元件连接或和变速器壳体连接，外环通过外花键和行星排的另一个基本元件连接或与变速器外壳相连。外座圈上有与滚柱相同个数的楔形槽，楔形槽内装有滚柱和回位弹簧，弹簧的弹力将滚柱推向较窄的一端，当外座圈相对于内座圈作顺时针转动，如图4-16所示。

刚开始时滚柱就在弹簧力和摩擦力作用下卡死在较窄一端，内外座圈作为一个整体不能相互转动，此时单向离合器处于锁止状态。当外环反方向转动时，滚柱在惯性和摩擦力的作下，克服弹簧力向宽的一端，外环和内环可以相互转动，即被释放或脱离连接。

我国红旗CA770轿车采用过的这种单向离合器如图4-17所示。

单向离合器用在液力变矩器中，当涡轮转速低且与泵轮转速差较大时，从涡轮输出的液流冲向导轮叶片，力图使导轮按顺时针旋转，此时滚柱被卡紧较窄一端，液力变矩器起增大输入转矩的作用。当涡轮转速转到一定值时，液流对导轮冲击方向相反，导轮与外座圈转动相反，克服弹簧力而自由转动，此时导轮与涡轮同向转动，液力变矩器便成为液力耦合器的作用，如图4-18所示。

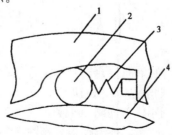

图4-15 滚柱式单向离合器局部
1—外座圈；2—滚柱；3—弹簧；4—内座圈

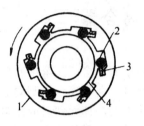 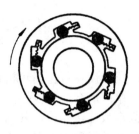

(a) 自由状态　　　　　　　　(b) 锁止状态

图 4-16　滚柱斜槽式单向离合器

1—外座圈；2—滚柱；3—回位弹簧；4—内座圈

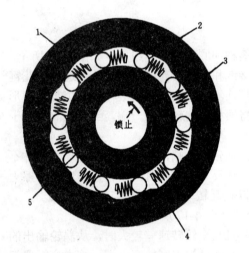 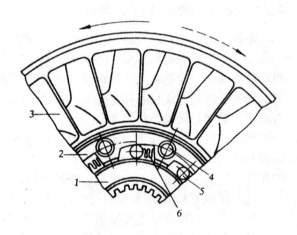

图 4-17　红旗 CA770 轿车采用过的单向离合器

1—外座圈；2—滚子；3—弹簧；
4—弹簧保持座；5—内座圈

图 4-18　液力变矩器的离合器

1—内座圈；2—外座圈；3—导轮；4—铆钉
5—滚子；6—弹簧

4.3.2　楔块式单向离合器

行星齿轮自动变速器上采用的单向离合器基本上都是楔块式单向离合器，楔块式单向离合器由外环（外座圈）、内环（内座圈）、楔块等组成，如图 4-19 所示。楔块 A 方向上尺寸略大于内外座圈之间距离 B，而 C 方向略小于 B，当外座圈相对于内座圈朝顺时针方向旋转时，楔块在摩擦力的作用下立起，被卡在内外座圈之间，此时单向离合器处于锁止状态；当外座圈相对于内座圈作相反运动时，楔块在摩擦力作用下倒下，自锁解除，内外座圈相对转动，单向离合器处于自由状态，如图 4-20 所示。

单向离合器的锁止方向取决于楔块的安装方向，不能装反，否则影响正常工作。

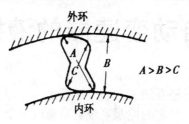

图 4-19　楔块式单向离合器

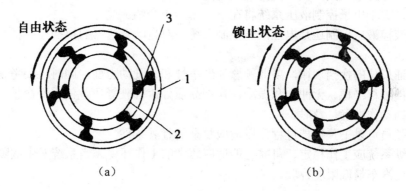

图 4-20　楔块式单向离合器的工作状态

4.4　思考与练习题

1. 辛普森行星齿轮机构由哪些元件组成？
2. 三挡辛普森行星齿轮自动变速器一般要使用几个换挡执行元件？
3. 辛普森行星齿轮机构的动力是如何输入的？
4. 自动变速器的发动机制动与什么因素有关？
5. 单向离合器的作用是什么？
6. 简述多片离合器的工作原理和工作过程？
7. 简述多片湿式离合器的特点和优点。
8. 简要叙述制动器的结构和工作原理？

第 5 章 自动变速器的液控液压系统

本书的前面章节里我们已经介绍了自动变速器的工作原理,而要完成变速器的换挡、加速等操作,需要一套准确、稳定的控制系统。目前汽车上常用的是液压控制系统,它由供油系统、执行机构、控制机构、冷却润滑系统和锁止系统等组成。根据控制机构工作原理的不同,又分为液控液压式和电控液压式两种类型。本章主要介绍液控液压系统的组成和工作原理,关于电子控制液压系统将在下一章给予介绍。

不管是液控液压控制还是电控液压控制系统,对自动变速器的换挡控制都有相同的基本要求:

(1) 保证最佳的换挡规律,要兼顾燃油经济性和行驶动力性,同时还要考虑低污染。
(2) 换挡过程平稳、无冲击和振动,换挡品质好,行驶舒适,使用寿命长。
(3) 换挡动作准确、及时。
(4) 驾驶员可以干预换挡过程,以适应复杂的行驶条件。
(5) 操纵系统应工作稳定、可靠。能适应恶劣的工作环境。当系统发生故障时,应有应急措施保证汽车最低限度行驶。

5.1 液控系统的工作原理

液控系统除实现对变速器的自动换挡外,还要具有为液力变矩器提供补偿压力油和保证变速器传动零件的润滑及冷却的功能。

虽然不同的自动变速器有不同的液控系统,但是其主要组成部分是相同的。在自动变速器液压控制系统中,工作介质是自动变速器油,系统则由油泵、主油路压力调节阀、节气门阀、调速器阀、手动阀、换挡阀及其他一系列辅助阀和控制油路等组成。

下面通过一个液控系统工作原理图 5-1 来解释其工作原理。

油泵 2 运转产生的液压油经压力调节阀 3 调压后,一部分流向液力变矩器,以调节变矩器动量矩。对于带锁止装置(如锁止离合器)的变矩器还可经锁止控制阀锁定锁止离合器。一部分则在控制系统的作用下流向手动阀 12 转换为工作压力,推动离合器 11 和制动器 10,实现换挡。还有一部分经润滑油道转换为润滑压力,以润滑各工作表面。

换挡阀 9 接受节气门阀 5、强制降挡阀 6 和速度阀 7 传过来的油压信号,进行比较和处理,并按预定的换挡规律控制手动阀 12 的动作,从而控制执行机构离合器 11 和制动器 10 的动作,实现自动变速器的换挡。

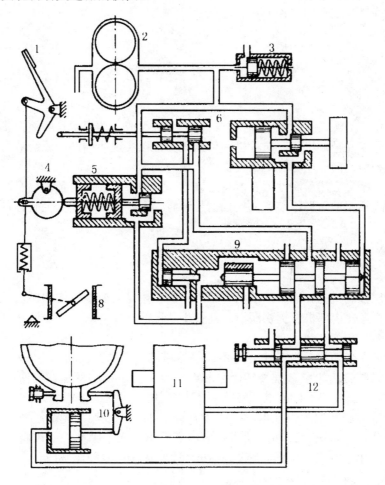

图 5-1　液压系统工作原理图

1—油门踏板；2—油泵；3—压力调节阀；4—凸轮；5—节气门阀；6—强制降挡阀；
7—速度阀；8—节气门；9—换挡阀；10—制动器；11—离合器；12—手动阀

节气门阀 5 和速度阀 7 用于将节气门开度和车速转换成液压信号,自动换挡根据这两个信号自动地实现换挡。

强制降挡阀 6 用于节气门全开或接近全开时,强制性地将自动变速器降低一个挡位,以获得良好的加速性能。

上述几部分是自动变速器的基本组成部分,除此之外,还包括其他辅助装置,如液力变矩器的油压补偿、油的冷却和运动部件的润滑及其他辅助调节装置。下面将详细分析自动变速器的组成及各部分的工作原理。

5.2 液控系统的组成

液控系统由动力源、执行机构和控制机构三部分组成。动力源是被液力变矩器泵轮驱动的油泵,它除了向控制机构、执行机构供给压力油以实现换挡外,还给液力变矩器提供油液进行冷却补偿,向行星齿轮机构提供油液进行润滑。

执行机构包括离合器、制动器及液压缸。这部分内容在前面章节中已有介绍。

控制机构包括主油路调压装置、换挡信号装置、换挡阀和缓冲安全装置、变矩器控制装置。

5.2.1 油泵

油泵是液压控制机构和液压油的动力源,它的作用是向控制机构和换挡机构提供一定的油压,并给变速器内部机件提供润滑。其技术状况的好坏,对自动变速器使用性能及寿命有很大的影响。

油泵通常装在变矩器后端,由变矩器的泵轮通过一个轴套驱动(与发动机同速)。常见的液压泵有内啮合齿轮泵、摆线转子泵和叶片泵。由于自动变速器的液压系统属于低压系统,其工作油压通常不会超过 2 MPa,所以,应用最广泛的是齿轮泵。需要强调的是:当车辆出现故障而被其他车辆拖拽时,由于发动机不工作,油泵无法运转,变速器内没有润滑油的循环流动,离合器和制动器片会出现严重磨损。因此,必须将拖拽的速度控制在 30 km/h 以内,拖拽距离不能超过 80 km。最好在拖拽故障车辆时让驱动轮脱离地面或拆掉传动轴。

(1) 内啮合齿轮泵

内啮合式齿轮泵具有结构紧凑、自吸能力强、流量脉动小和噪声低等优点,主要由小齿轮、内齿轮、月牙形隔板、泵壳、泵盖等组成,如图 5-2 所示。小齿轮为主动齿轮,内齿轮为从动齿轮,两者均为渐开线齿轮;月牙形隔板将小齿轮和内齿轮隔开,小齿轮和内齿轮紧靠着月牙形隔板,但不接触,有微小的间隙。泵体上有很多油道,还有进油口和出油口。泵盖上也有很多油道,泵盖和泵体用螺栓连接在一起。

内啮合齿轮泵的工作原理如图 5-3 所示,月牙形隔板将小齿轮和内齿轮之间的工作腔分隔为吸油腔和压油腔。吸油腔是指在齿轮转动时,齿轮的轮齿由啮合到分离的那一部分,其容积由小变大，如图中 4 所示；压油腔是指齿轮的轮齿由分离进入啮合的那一部分，其容积由大变小，如图中 5 所示。由于内齿轮和小齿轮的齿顶与月牙形隔板之间是紧密配合的，所以吸油腔和压油腔是互相密封的。

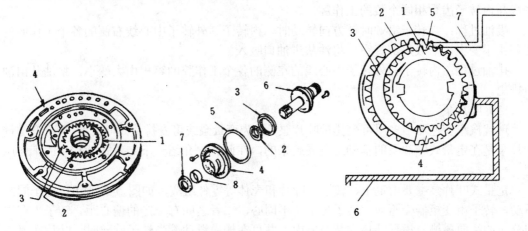

图 5-2　典型的齿轮泵　　　　　　　　　　图 5-3　内啮合齿轮泵工作原理图

1—月牙形隔板；2—小齿轮；3—内齿轮；4—泵体；　　1—小齿轮；2—内齿轮；3—月牙形隔板；
5—密封环；6—固定支承；7—油封；8—轴承　　　　　4—吸油腔；5—压油腔；6—进油道；7—出油道

发动机运转时，变矩器壳体后端的轴套带动小齿轮和内齿轮一起作顺时针方向旋转。此时，在吸油腔，由于小齿轮和内齿轮不断退出啮合，容积不断增加，以致形成局部真空，将液压油从进油口吸入，并且随着齿轮的旋转，齿间的液压油被带到压油腔；在压油腔，由于小齿轮和内齿轮不断进入啮合，容积不断减少，将液压油从出油口排出。油泵不停地转动，为液压控制系统提供一定压力和流量的液压油。

决定油泵使用性能的主要因素是油泵齿轮的工作间隙，特别是齿轮端面间隙影响最大。间隙越大、压力越高，泄漏量就越大。

（2）摆线转子泵

摆线转子泵是一种特殊齿形的内啮合齿轮泵，它具有结构简单、尺寸紧凑、噪音小、运转平稳、高速性能良好等优点。其缺点是流量脉动大，加工精度要求高。马自达 626 轿车的自动变速器就是采用这种油泵。

摆线转子泵由一对内啮合的转子、泵壳和泵盖等组成（如图 5-4 所示）。内转子为外齿轮，其齿廓曲线是外摆线；外转子为内齿轮，齿廓曲线是圆弧曲线。内外转子的旋转中心不同，两者之间有偏心距 e。一般内转子的齿数为 4、6、8、10 等，而外转子比内转子多一个齿。内转子的齿数越多，出油脉动就越小。通常自动变速器上所用摆线转子泵的内转子都是 10 个齿。

发动机运转时，带动油泵内外转子朝相同的方向转动。内转子为主动齿，外转子的转速比内转子的转速每圈慢一个齿。由于内外转子的齿廓是一对共轭曲线，它能保证在油泵运转时，不论内外转子转到什么位置，各齿均处于啮合状态，从而在内转子、外转子之间形成与内转子齿数相同个数的工作腔。

吸油过程：当转子沿顺时针方向转动时，内转子、外转子中心线右侧的各个工作腔的容积由小变大，形成局部真空，将油从进油口吸入。

排油过程：内转子、外转子中心线的左侧的各个工作腔的容积由大变小，将油从出油口排出。

（3）叶片泵

现代汽车变速器中多用可变排量叶片泵（称为变量泵或可变排量式叶片泵），可变排量叶片泵是在定量式叶片泵的基础上发展起来的，在此，先介绍一下定量式叶片泵的工作原理。

定量式叶片泵主要由定子、转子、叶片和壳体等零件组成，如图 5-5 所示。定子固定不动，转子由变矩器壳驱动。转子与定子不同心，二者之间有一定的偏心距。转子上有均匀分布的径向狭槽，矩形叶片安装在槽内，并可在槽内滑动。当转子旋转时，叶片在离心力和叶片底部的液压油压力的作用下向外滑出，紧靠在定子内表面上，并随着转子的转动，在转子叶片槽内做往复运动。当转子按图示方向旋转时，右边的叶片逐渐伸出，工作腔容积逐渐增大，形成局部真空，将油液从进油口吸入，此即吸油过程；而左边的叶片被定子的内表面逐渐压进槽内，工作腔容积逐渐减小，将油液从出油口排出，即为排油过程。

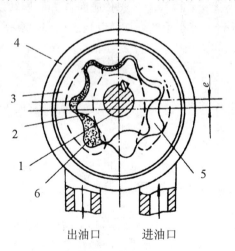

图 5-4 摆线转子泵

1—驱动轴；2—内转子；3—外转子；
4—进油腔；5—出油腔；e—偏心距

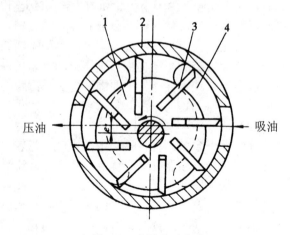

图 5-5 定量式叶片泵

1—转子；2—定子；3—叶片；4—配油盘

发动机在不同工况时的转速差别很大。如果在低转速时保证了所需的最低泵油量，则在高速运转时会使排量过大、油压增高，不但造成动力损失，还会造成换挡冲击和液压部件的早期损坏。因此，目前用于汽车自动变速器的叶片泵大都采用可变流量叶片泵。

这种叶片泵的工作原理如图5-6所示。可变排量叶片泵的定子不是固定在泵壳上，而是可以绕一个销轴作一定的摆动，从而改变了定子与转子的偏心距，也就改变了油泵的排量。在油泵运转时，定子的位置由定子侧面控制腔内来自油压调节阀的反馈油压来控制。当油泵转速较低时，泵油量较小，油压调节阀将反馈油路关小，使反馈压力下降，定子在回位弹簧的作用下绕销轴向顺时针方向摆动一个角度，加大了定子与转子的偏心距，油泵的排量随之增大；当油泵转速增高时，泵油量增大，出油压力随之上升，推动油压调节阀将反馈油路开大，使控制腔内的反馈油压上升，定子在反馈油压的推动下绕销轴朝逆时针方向摆动，定子与转子的偏心距减小，油泵的排量也随之减小，从而降低了油泵的泵油量，直到出油压力降至原来的数值。

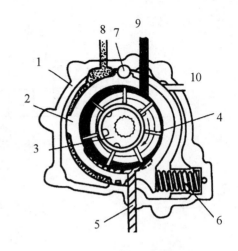

图5-6　可变排量叶片泵

1—泵体；2—定子；3—转子；4—叶片；
5—进油口；6—弹簧；7—销轴；8—反馈油道；
9—出油口；10—泄压口

5.2.2　主油路系统

液压油从油泵输出后，进入主油路系统。由于油泵是由发动机直接驱动的，油泵的理论泵油量和发动机的转速成正比。为了保证自动变速器的正常工作，油泵的泵油量应满足发动机处于最低转速（怠速）时自动变速器各部分的需要，防止油压过低使离合器、制动器打滑，影响变速器的动力传递。但如果只考虑怠速工况，由于发动机的怠速转速和最高转速之间相差太大，因此当发动机高速运转时，油泵的泵油量将大大超过自动变速器各部分所需的油量和油压，导致油压过高，增加发动机的负荷，并造成换挡冲击。为此要求供油系统提供给各部分的流量和油压是可以调节的。

自动变速器供油系统的油压调节装置是由主调压阀、副调压阀和安全阀等组成。

主调压阀又称一次调节阀，由阀芯、阀体和调压弹簧组成，如图5-7所示。它的作用是根据车速和节气门开度的变化，自动调节各液压系统的油压，保证各液压系统工作稳定。

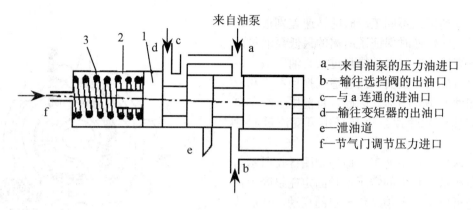

图 5-7 主调压阀的结构简图

1—阀体；2—阀芯；3—弹簧

来自油泵的压力油从进油口 a 进入，并作用在阀芯的右端。节气门调节压力则经进油口 f 作用在阀芯的左端。当发动机负荷较小，输出功率较小时，此时的节气门调节压力 p_a 也较低，作用在阀芯右端油液压力的作用力，将克服阀芯左端弹簧预紧力和节气门调节压力 p_a 对阀芯的作用力，推动阀芯向左移动。阀芯中部的密封台肩将使泄油口 e 露出一部分，来自油泵的油液有一部分经出油口 b 输往选挡阀，有一部分经出油口 d 输往变矩器，还有一部分经泄油口 e 流回油盘，所以调压阀以低于油泵输入压力的油压 p 输出。当节气门开度增大，输出功率增大，此时增大了的节气门调节油压将使阀芯向右移动，泄油口开度降低，泄油道减小，调节阀输入压力上升。节气门开度越大，调压阀输出的压力越高。因此，输往选挡阀和变矩器的油液压力将随所要传递的功率的增大而升高。同时可使油液压力保持在一个稳定的范围内，经主调压阀调节后的油路压力称为主油路油压，通常为 0.5 MPa～1 MPa。主油路油压是控制系统最重要的油压。

为了使主油路油压能满足自动变速器不同工况的需要，主调压阀还具备下列功能：

（1）发动机节气门开度较小时，自动变速器所传递的转矩较小，执行机构中的离合器、制动器不易打滑，主油路压力可以降低。而当发动机节气门开度较大时，因传递的转矩增大，为防止离合器、制动器打滑，主油路压力要升高。

（2）汽车在低速挡行驶时，所传递的转矩较大，主油路压力要高。而在高速挡行驶时，自动变速器传递的转矩较小，可降低主油路油压，以减小油泵运转阻力。

（3）倒挡的使用时间较少，为减小自动变速器尺寸，倒挡执行机构被做得较小。在倒挡时需提高操纵油压，以避免出现打滑。

副调压阀又称二次调压阀，如图 5-8 所示，作用是将主油路油压调节后送入液力变矩器，用于变矩器的润滑和冷却。副调节阀的工作原理与主调节阀相似。来自于主调压阀的主油路油压经节流减压后作用在副调压阀的上端，下端作用的是弹簧力和节气门阀的压力，依靠上、下端作用力的平衡来调节压力。当驾驶员踩下加速踏板时，下端作用力将大于上端的作用力，阀芯上移关闭了副调压阀中部的回油油道。与此同时，主油压的增加使得通向变矩器的油压也增加，当上端的作用力增大至使阀芯下移时，回油油道开启泄油，二次调压阀进油口处油压不再增加并稳定在与加速踏板相对应的数值上。由于进油口与变矩器的油道并联，通向变矩器的油压也会稳定在相同的数值上，从而变矩器的工作油压被调节。同理，如果放松加速踏板，调压阀的下端负荷油压减小使得阀芯下移，回油油道开度增大，变矩器油压下降，于是负荷的减小使主油压下降。当变矩器油压下降到一定程度时，调压阀阀芯将上移使变矩器油压不再继续下降，从而又稳定在与此时加速踏板相对应的油压值上。

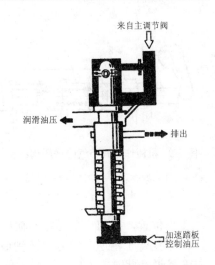

图 5-8 第二调节阀的结构及工作原理

安全阀的作用是限制油泵最高输出压力，保证操纵系统的安全。安全阀并联在油泵出油的油路上，当油泵出油口压力超过限定值时，打开阀门泄油，压力下降，因此安全阀是一个常闭的单向阀。

5.2.3 换挡控制信号及装置

为实现自动换挡，必须以某些参数作为控制的依据，而且这些参数可以用来描述车辆对动力传动装置各项性能和使用的要求，并且在结构上易于实现，能够准确可靠地获取。

现在自动变速器上常用的控制参数是车速和发动机节气门开度。以车速和节气门开度作为控制参数的系统称为双参数控制系统。

车速和节气门开度的变化要转换成油液压力变化的信号，输入到控制系统，这种转换装置，称为信号发生器或传感器。液压信号装置就是将车身和节气门开度的变化转换成液压信号的装置。常见的有节气门调压阀（简称节气门阀）和速度调压阀（简称速度阀或调速阀）两种。

（1）节气门阀

节气门阀将节气门开度的大小转换成液压信号，用于产生节气门油压，以便控制系统根据汽车油门（即节气门）开度的大小改变主油路油压和换挡车速，使自动变速器的主油路油压和换挡规律满足汽车的实际使用要求。节气门阀是由节气门开度所控制的，根据控制方式的不同，节气门调压阀可分为机械式节气门阀和真空式节气门阀两种形式。其中由于机械作用式节气门调压阀结构简单、工作可靠，所以使用最广泛。

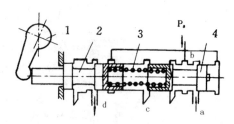

图 5-9 机械作用式节气门调压阀结构简图

1—摆臂；2—柱塞；3—弹簧；
4—阀芯；a—进油口；

图 5-9 是一种机械式节气门阀的结构简图。它由柱塞 2、阀芯 4、弹簧 3 和阀体等组成。

当踩下加速踏板，使节气门开度增大时，摆臂 1 沿逆时针方向转动，推动柱塞 2 右移，压缩弹簧 3，使弹簧力增大，弹簧力则推动阀芯 4 右移，使进油口 a 的开口量增大，而泄油口的开口量减小，于是通往控制装置的输出油压 p_a 上升。阀芯右端的油室与出油口 b 相通，压力油对阀芯 4 产生向左的液压推力。当压力油对阀芯的作用力与弹簧 3 的作用力相平衡时，阀芯就保持在某一工作位置，得到一个稳定的输出信号油压 p_a。

当摆臂 1 沿逆时针方向转到最大转角位置时，柱塞 2 移到右端位置，其环槽把油口 d 与 b 接通，此时输出压力达最大值 p_{amax}，并从 d 口输出，从而达到强制降挡的控制目的。

真空式节气门阀由真空膜片气室、推杆、滑阀等组成，如图 5-10 所示。利用与机械式节气门阀相似的节流原理，产生与节气门开度成正比的节气门油压。与机械式不同的是，控制滑阀在阀孔中轴向位置的推杆，不是经传动杆系或拉索与发动机节气门开度相连，而是直接由膜片 3 推动。由于发动机进气岐管真空度的变化影响着真空调节器中膜片的位置，因此也就控制了节气门阀输出的控制油压。

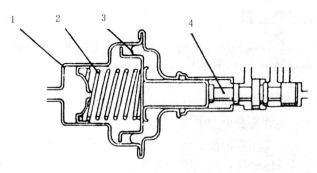

图 5-10 真空式节气门阀

1—壳体；2—弹簧；3—膜片；4—滑阀

与机械式节气门阀相比，真空式节气门阀的输出压力信号能够更准确地反映发动机负荷的大小。

目前，自动变速器经常采用多个节气门阀配合使用。比较常见的是采用两个机械式或一个机械式和一个真空式组合使用。除此之外，一些新型的自动变速器采用多个不同类型的节气门阀，分别控制节气门阀输出压力和换挡时刻。这种组合方式大大提高了自动变速器的换挡品质。

(2) 调速阀

调速阀也被称作速控阀,其作用是为自动变速器换挡阀提供一个随车速大小而变化的控制油压。调速阀一般安装在自动变速器的输出轴上,或安装在自动变速器壳体上,通过输出轴上的齿轮驱动,使其能感应出汽车行驶速度的变化,得到和车速相对应的输出油压,从而控制变速器的换挡时刻。

从结构上分,常见的调速阀有滑阀式和止回球式两种,其中滑阀式多直接安装在变速器输出轴上,止回球式多用于安装在变速器壳体上,由装在变速器输出轴上的齿轮间接驱动。

滑阀式调速阀(见图 5-11)主要由阀芯、内重块、外重块、弹簧和阀轴等组成。通过锁紧螺钉 12 固定在变速器输出轴 4 上。在输出轴一侧有滑阀 2,另一侧有内重块 5 和外重块 7 组成的重块组件。内重块装在外重块的内孔中,二者之间有弹簧 6,内重块可压缩弹簧推动外重块相对移动。滑阀与内重块用穿过输出轴的阀轴 11 连接。轴两端各有一个锁环 8。主油路压力油经调速阀盖上的 A 孔从入口 P 输入,再经阀体内的油道从 B 孔输出。显然,离心调速阀输出油压的大小由入口 P 的开度,即滑阀的轴向位置决定。当变速器输出轴旋转时,滑阀自身的离心力及油压作用力使滑阀向外(远离变速器输出轴轴心方向)移动,而另一侧重块组件的离心力却使滑阀向内(趋近轴心方向)移动。因此,任一时刻滑阀的轴向位置是由该时刻两侧作用力平衡条件决定的。当变速器输出轴转速很低时,重块组件产生的离心力很小,滑阀带动重块外移,入口 P 开度减小,调速阀输出较小的油压。随着输出轴转速逐渐升高,重块组件的离心力迅速增大,拉动滑阀向内移动,使入口 P 开度增大,调速阀输出的油压随之增大。

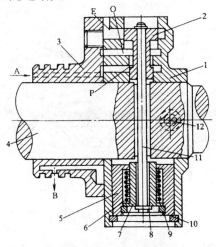

图 5-11 滑阀式调速阀

1—调速阀外壳;2—滑阀;3—调速阀盖;4—输出轴;5—内重块;6—弹簧;7—外重块;8、9、10—锁环;11—阀轴;12—锁紧螺钉;A—调速阀盖左端面小孔;B—轴径外环槽径向小孔;P—阀入口;O—阀出口;E—外壳左端面油道当车速达到 40 km/h 时，外重块被锁环 10 顶住而不能继续外移，内重块继续外移，滑阀的位置则由滑阀本身离心力、油压作用力与内重块离心力和弹簧力的平衡条件决定。由于内重块的离心力比较小，所以输出油压随车速提高而增大的趋势就较为平缓。输出油压随输出轴转速大小的变化规律如图 5-12 所示。

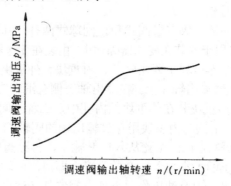

图 5-12 调速阀工作特性

止回球式调速阀安装在自动变速器壳体上，通过变速器输出轴上的齿轮间接驱动。从图 5-13 可以看到，调速阀由止回钢球、调速器轴、主重块、副重块及弹簧组成。

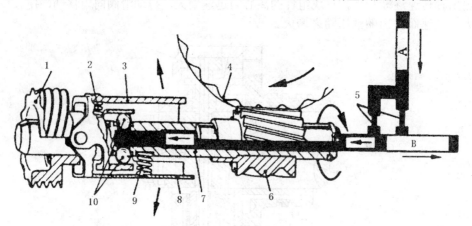

图 5-13 止回球式调速阀

1—车速表驱动齿轮；2、9—弹簧；3—主重块；4—调速器轴驱动齿轮；5—节流阀；6—调速器轴齿轮；7—调速器轴；8—副重块；10—球阀；A—主油路压力油；B—调速器输出压力油

主油路压力油由进油口 A 进入调速阀油路，并充满中心油道。在中心油道的上端加工两个泄油孔，如果外泄的油量大，则调速阀输出的控制油压就低；反之，油压就高。而泄

油口的开度大小，完全由球座中的两个止回球控制。调速阀转动时，重块在离心力作用下向外移动，压紧各自的止回球。副重块由另一弹簧协同工作，使得车速升高时，控制油压变化更加平稳。

当发动机没有运转时，调速阀不转动，由于重块不受离心力的作用，所以止回球不落座，进入调速阀的油液全部从泄油口泄掉，此时输出油压为零。当发动机开始运转时，调速阀开始转动，重块开始受到离心力的作用，使止回球部分落座，泄油口起一定的节流作用，从而建立起一定的输出油压。随着调速阀转速的提高，作用在止回球上的力也进一步加大，泄油口开度逐渐减小，输出油压逐渐升高。可见，输出油压与输出轴的转速成正比关系。当输出轴转速非常高时，重块离心力使两止回球都完全落座，这时没有油液外泄，输出油压与主油路压力相等。

5.2.4 换挡阀组

自动换挡控制装置主要用来按照换挡规律的要求，随着控制参数的变化，自动地选择最佳换挡点，发出换挡信号，换挡信号操纵执行机构，完成挡位的自动变换。自动换挡控制系统是由手动阀、换挡阀等主要元件来实现的。

（1）手动阀

手动阀又称选挡阀，是一种手动控制的多路换向阀，位于控制系统的阀板总成中。驾驶员通过选挡手柄，经机械传动机构移动阀芯，使自动变速器处于不同的挡位。在操纵手柄位于不同位置时，如位于停车挡（P）、空挡（N）、倒挡（R）、前进挡（D）、前进低挡（S、L或2、1）等位置时，手动阀也随之移至相应的位置，使进入手动阀的主油路与不同的控制油路接通，并让不参加工作的控制油路与泄油孔接通，从而使控制系统及自动变速器处于不同的工作挡位，实现油路的转换。

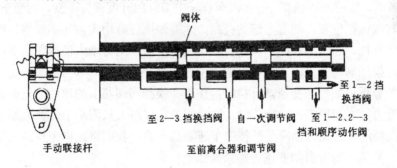

图 5-14 手动阀的结构及工作原理图

（2）换挡阀

换挡阀是弹簧液压作用式的方向控制阀，它有两个工作位置，可以实现升挡或降挡的自动变换。图 5-15 所示为一自动变速器换挡阀工作原理图。

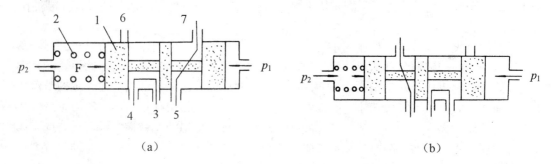

图 5-15　自动变速器换挡阀工作原理图

1—换挡阀；2—弹簧；3—主油路进油口；4—至低挡执行元件；
5—至高挡执行元件；6、7—泄油孔；p_1—调速器油压；p_2—节气门油压；F—弹簧力

　　在换挡阀的右端作用着来自调速阀的输出油压，左端作用着来自节气门阀的油压和换挡阀弹簧的作用力。换挡阀的位置取决于两端控制压力的大小。当右端的速控油压小于左端的节气门油压和弹簧弹力之和时，换挡阀移至右端；反之，当右端的速控油压大于左端的节气门油压和弹簧弹力之和时，换挡阀移至左端。在换挡阀移动过程中，开启或关闭油路，并改变油路方向，从而实现不同的挡位。当换挡阀移至左端时，变速器升高一个挡位；当换挡阀从左端移至右端时，变速器降低一个挡位。

　　由此可知，自动变速器的升挡和降挡完全是由节气门阀和调速阀产生的油压大小来控制的。节气门油压取决于节气门开度，开度越大，节气门输出油压越大。速控油压取决于车速，车速越高，速控油压越高。若在汽车行驶中节气门开度保持不变，则当车速较低时，换挡阀位于右端低挡位置。随着车速的提高，速控油压逐渐增大，换挡阀将移向左端高挡位置，变速器升挡。当汽车在高挡位行驶中，由于上坡或阻力增大使得车速下降时，速控油压也下降，换挡阀将移向右端低挡位置，变速器降挡。

　　从上面的分析可知，当变速器升挡时，作用在换挡阀阀芯上的速控油压需克服节气门阀油压和弹簧力，方能换挡；而降挡时，调速阀油压作用力只需小于弹簧力即可进行。所以低挡升至高挡的车速比高挡降至低挡的车速要高一些，我们将此称为换挡迟滞。这样可以避免在同一换挡点附近自动变速器频繁换挡。

　　因每个换挡阀只有两个工作位置，只能在两个挡之间变换，故对三挡自动变速器而言，要设置两个换挡阀，对四挡变速器而言，要有三个换挡阀。它们的工作原理完全一样，只是控制的挡位不同而已。

5.2.5 缓冲安全装置

为防止自动变速器在换挡时出现冲击，装有许多起缓冲和安全作用的液压阀和减振器。这类装置统称为缓冲安全系统。自动变速器的换挡品质取决于执行机构各元件的工作性能。为了控制换挡品质，液压系统的控制机构设置了缓冲安全系统，较常见的有缓冲阀、蓄能器、单向节流阀等。

(1) 缓冲阀

缓冲阀主要由滑阀、阀体和弹簧组成，如图 5-16 所示。经调速阀节流后的压力油流经油道 c 作用在滑阀左端面上，经节气门阀节流后的压力油作用在滑阀右端面上。在换挡时，主压力油经油道 a 进入滑阀的中间，同时也经节流孔 4 进入左端，并克服节气门调节油压的作用力和弹簧力使滑阀右移，使出油孔 b 开度减小，节制和缓冲了换挡执行机构油压的升高。

(2) 蓄能器

蓄能器也称为蓄压器或储能器，一般由活塞和弹簧组成，如图 5-17 所示，它与离合器或制动器并联安装。压力油进入离合器或制动器活塞工作腔的同时也进入蓄能器，将蓄能器活塞压下，减缓了工作腔压力的迅速增长，防止离合器片或制动器片快速接合时引起的冲击。

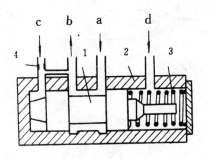
图 5-16 缓冲阀结构示意图

1—滑阀；2—阀体；3—弹簧；4—节流孔；
a、c—主油压输入油道；b—执行机构油压输出油道；
d—节气门调节压力输入油道

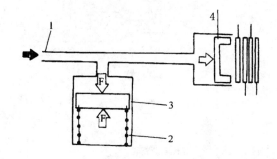
图 5-17 蓄能器工作原理

1—进油口；2—弹簧；3—活塞 B；4—活塞 A

(3) 单向节流阀

单向节流阀安装在换挡阀与执行元件之间，它只对流向换挡执行元件的液压油起节流作用。其作用是：在换挡执行元件接合时，通过节流减缓油压增大的速率，以减少换挡冲击；在换挡执行元件分离时，单向节流阀对换挡执行元件的泄油不起节流作用，以加快泄油过程，使换挡执行元件迅速分离。

单向节流阀有弹簧式和球阀节流孔式两种形式。弹簧节流阀工作原理如下：在充油时，节流阀关闭，液压油只能从节流孔通过，产生节流作用；在回油时，液压油将节流阀推开，节流孔不起作用，如图 5-18 所示。

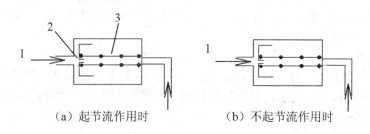

（a）起节流作用时　　　　　（b）不起节流作用时

图 5-18　弹簧式单向节流阀

1—换挡执行元件；2—节流孔；3—弹簧

球阀节流阀的工作原理如下：在充油时，球阀关闭，液压油只能从球阀旁边的节流孔通过，产生节流作用；在回油时，球阀开启，节流孔不起作用，如图 5-19 所示。

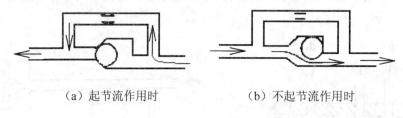

（a）起节流作用时　　　　　（b）不起节流作用时

图 5-19　球阀式单向节流阀

5.2.6　液力变矩器控制装置

自动变速器在液力工况下工作时，其内部的工作油液要传递发动机的大部分功率，而由于液力变矩器效率不够高，损失的功率转化成热的形式，使得油液的温度升高，过高的油温会加速油液的老化变质，破坏密封，甚至产生沸腾，影响正常工作。另外，变矩器工作轮中有些区域，工作液体的流速高，压力低，往往出现气蚀，使得传递的转矩减小。因此，液力变矩器控制装置的作用就是把变矩器中的高温油引出加以冷却，然后加压送回到变矩器进行补偿。如果是闭锁式液力变矩器，控制装置则还要控制变矩器中的闭锁离合器。

液力变矩器控制装置由压力调节阀、锁止继动阀（也称锁止中继阀）等阀及相应的油路组成。

（1）压力调节阀

变矩器的压力调节阀的作用是将主油路的压力油减压后送入变矩器，使变矩器内的油压保持在（0.2～0.5）MPa。许多自动变速器将变矩器压力调节阀与主油路调压阀做成一体，直接调节主油路输出的压力油，然后送往变矩器。变矩器内的热油经导轮与泵轮之间或导轮与涡轮之间的油道被送至散热器，冷却后的液压油用于行星齿轮变速器齿轮和轴承的润滑。

（2）锁止信号阀和锁止继动阀

液力变矩器内锁止离合器的工作是由锁止信号阀和锁止继动阀共同控制的，如图5-20所示。

锁止信号阀上方作用着调速阀压力，下方与超速挡换挡阀油路相通。当车速较低时，调速阀油压也较低，锁止信号阀在弹簧的作用下保持在上方位置，将通往锁止继动阀下端的主油路切断，从而使锁止继动阀在上方弹簧力及主油路油压的作用下保持在下方位置，变矩器的锁止离合器压盘左侧与变矩器压力调节阀的进油道相通，锁止离合器处于分离状态，发动机动力全部经液力变矩器传递，如图5-20a所示。

当汽车以超速挡行驶，且车速及相应的调速阀油压升高到一定数值时，锁止信号阀被推至下方位置，来自超速挡油路的压力油经锁止信号阀中部进入锁止继动阀下端，锁止继动阀阀芯在主油路油压的作用下上升，锁止离合器左侧油腔与泄油口相通，离合器接合。此时，发动机动力经锁止离合器直接传至涡轮轴输出（图5-20b）。

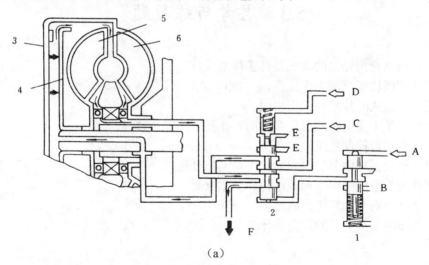

（a）

图5-20a　锁止信号阀和锁止继动阀

1—锁止信号阀；2—锁止继动阀；3—变矩器壳；4—锁止离合器；5—涡轮；6—泵轮；
A—来自速控阀的压力油；B—来自超速挡油路的压力油；C—来自第二调压阀的压力油；
D—来自主油路的压力油；E—泄油口；F—传至油底壳的压力油

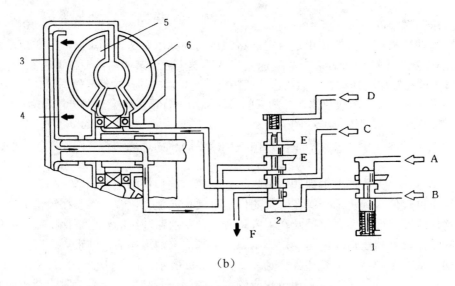

图 5-20b 锁止信号阀和锁止继动阀

5.3 思考与练习题

1. 简述内啮合齿轮泵的组成及其工作原理。
2. 简述摆线转子泵的工作原理。
3. 简述定量式叶片泵的工作原理。
4. 液控系统中主调压阀有什么作用?并阐述其工作过程。
5. 解释双参数控制系统。
6. 简述液控系统中节气门阀的作用和工作过程。
7. 简述液控系统中调速阀的结构和工作原理。
8. 简述换挡阀是如何工作的。
9. 设置缓冲安全装置的作用是什么?

第6章 自动变速器的电控液压系统

6.1 电子控制系统的工作原理

电子控制系统是由传感器、微电脑和执行元件组成。传感器将汽车及发动机的各种运动参数转变为电信号,微电脑根据这些电信号,按照设定的控制程序发出控制信号,通过执行元件(各种电磁阀)来完成各种控制的执行。如图 6-1 所示。

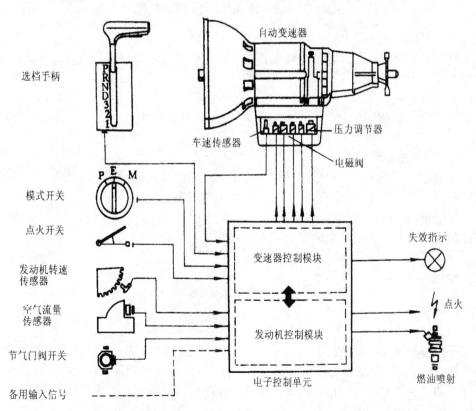

图 6-1 电子控制系统的工作原理图

与传统的液压控制系统相比,电子控制系统的不同之处在于:自动换挡的控制系统是由微电脑或称电子控制单元来进行的。更大的优点在于计算机能存储和处理多种换挡规律,所以能实现更复杂、更合理的控制,得到更理想的燃油经济性和动力性。此外,还可实现与整车其他控制系统的集成,如发动机控制等。因此,目前越来越多的轿车自动变速器都采用电子控制系统。

电子控制系统的工作原理可以通过图6-2加以说明。

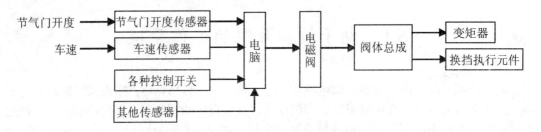

图 6-2 电子控制系统工作过程示意图

(1) 信号的产生

节气门开度信号、车速信号、油温信号、油压信号等通过传感器反馈给电脑,以及各种控制开关信号传给电脑(ECU)。

(2) 信号的处理

电脑(ECU)接收信号,按预定的程序处理后发出控制指令,使执行元件电磁阀动作。

(3) 指令的执行

根据电脑发出的指令,电磁阀开启或关闭,相应地接通或切断回油油路。当回油油路被切断时,油压作用于换挡阀或锁止阀,控制换挡时刻和锁止时刻。

由于是电控系统,故设有故障信号灯,一般通过"Power"或"OD"指示灯来显示,电子控制系统还具有在发生故障时使汽车继续行驶的失效保护功能。

6.2 电子控制装置

电子控制装置由各种传感器、控制开关、微电脑(ECU)及执行元件等组成。ECU是控制系统的核心,它根据各种传感器测得的信号,以及各种控制开关传来的当前状态信号,进行分析和比较,然后调用内部固化的控制程序发出换挡指令,操纵各种电磁阀,然后通过电磁阀的通断来控制液力执行元件的动作,从而实现对自动变速器的控制。

6.2.1 微电脑（ECU）

微电脑也称为电子控制单元（ECU）。主要组件有中央处理器（CPU），存储器，输入输出设备（I/O）等。ECU 根据接收到的各输入传感器和开关信号，以及参考汽车行驶工况和发动机运转工况的不同，可以精确地实现变速器的正时控制。

自动变速器电子控制系统中的 ECU，其基本组成与汽车其他控制系统中的相似，但 ECU 本身的结构布置形式和控制程序内容、配备的传感器和控制开关的类型、控制电路及执行机构的结构形式等往往是不同的。有的车型的自动变速器设有专用的电脑，与其他控制系统的电脑是相互独立的，同时又通过电路与它们相连接，互相传递所需的信号，从而实现各个控制系统间的配合。也有一些车型的自动变速器与发动机由同一个电脑控制，从而使自动变速器的控制与发动机的控制更好地相互匹配。

自动变速器的微电脑通常有以下功能：

（1）换挡控制

换挡控制即控制自动变速器的换挡时刻，也就是在汽车达到某一车速时，让自动变速器升挡或降挡。电脑控制可以让自动变速器在汽车的任何行驶条件下都按最佳换挡时刻进行换挡，从而使汽车的动力性和燃油经济性等指标达到最佳。

汽车最佳换挡车速主要取决于汽车行驶时的节气门开度。不同节气门开度下的最佳换挡车速可以用自动换挡图来表示，如图 6-3 所示。由图可知，节气门开度越小，汽车的升挡车速和降挡车速越低；反之，汽车升挡和降挡车速越高。

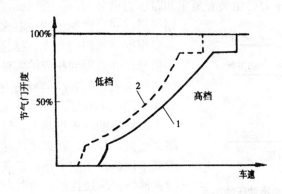

图 6-3 自动换挡图

1—加速时的升挡规律；2—减速时的升挡规律

汽车自动变速器的操纵手柄或模式开关处于不同位置时，对汽车的使用要求也有所不同，因此其换挡规律也应作相应的调整。电脑将汽车在不同使用要求下的最佳换挡规律以自动换挡图的形式储存在存储器中。当汽车行驶时，电脑根据挡位开关和模式开关的信号从存储器内选择出相应的自动换挡图,再将车速传感器和节气门位置传感器测得的车速、节气门开度与自动换挡图进行比较;根据比较结果,在达到设定的换挡车速时,电脑便向换挡电磁阀发出电信号,以实现挡位的自动变换,如图 6-4 所示。

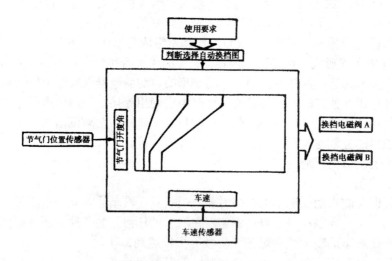

图 6-4　自动换挡控制方块图

(2) 主油路液压油压力控制

主油路的液压油压力稳定装置是主油路压力调节阀,而液压油压力的高、低自动调整则需通过对反馈油压的控制来实现。微电脑(ECU)主要根据节气门的开度、挡位、液压油油温及换挡等信号,计算得到相应的主油路油压值,并控制送往油压电磁阀的脉冲信号的占空比,以改变油压电磁阀排油孔的开度,产生节气门油压。节气门开度越大,输出的油压也越大。输出油压被反馈至主油路调压阀,使主油路调压阀随着节气门开度的变化改变主油路油压的大小,以获得发动机不同负荷下的主油路油压最佳值。节气门开度与主油路油压的关系如图 6-5 所示。

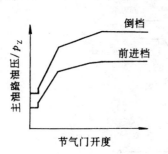

图 6-5　节气门开度与主油路油压的关系

电脑还能根据空挡启动开关的信号,在选挡杆处于倒挡位置时,提高节气门油压,使倒挡时的主油路油压升高,以满足倒挡时对主油路油压的需要。

在自动变速器换挡过程中,为减少换挡冲击,应减小换挡液压执行元件的压力。因此,电脑应按照节气门的开度大小,通过油压电磁阀适当减小主油路油压。

除此之外,当液压油温度变化时,电脑还可以根据温度传感器的信号,对主油路压力进行调整。在液压油温度低于正常工作温度时,由于黏度较大,为避免产生换挡冲击,主油路压力将被调整到低于正常值。当液压油温度过低时,容易造成液压换挡元件动作迟缓,影响换挡质量,电脑将使主油路压力升至最大值,以加速离合器、制动器的接合。

(3) 自动模式选择控制

目前新型的电子控制自动变速器采用了电脑自动模式选择控制,取消了手动模式选择开关。电脑根据各个传感器测得汽车行驶状况和驾驶员的操作方式,经过判断后自动选择采用经济模式、普通模式或动力模式进行换挡控制,以满足不同驾驶操作要求。电脑主要参考变速器操纵手柄的位置和加速踏板被踩下的速率,来判断驾驶员的操作目的。电脑自动选择换挡模式原理如下:

当选挡杆位于前进低挡(S、L 或 2、1)时,电脑只选择动力模式。

在前进挡位(D)时,当加速踏板被踩下的速率较低时,电脑选择经济模式;当加速踏板被踩下的速率超过控制程序中设定的速率时,电脑由经济模式转换成动力模式。

在前进挡(D)中,电脑选择动力模式后,一旦节气门开度小于 1/8,电脑即由动力模式转换成经济模式。

(4) 锁止离合器控制

电脑按照设定的控制程序,提高一个锁止电磁阀来控制锁止离合器的接合与分离。理想的控制程序应当是既能满足自动变速器的工作要求,保证汽车的行驶能力,又能最大限度地提高液力变矩器的传动效率,降低燃油消耗。电脑中储存有各种工作条件下的最佳锁止离合器控制程序。在工作时,电脑根据自动变速器的挡位、控制模式等工作条件从存储器中选择相应的控制程序,并与车速、节气门开度进行比较,当车速及其他因素都满足变矩器锁止条件时,电脑向锁止电磁阀发出控制信号,使锁止离合器接合,实现液力变矩器的锁止。

锁止离合器的控制过程见图 6-6。

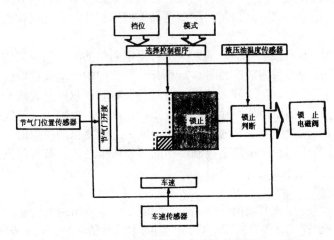

图 6-6 电脑控制离合器工作过程

为保证汽车的行驶性能，在液压油温度低于 60℃，车速低于 140 Km/h，且怠速开关接通时，电脑将完全禁止锁止离合器接合。

（5）发动机制动控制

现在一些新型电控式自动变速器的强制离合器或强制制动器（为利用发动机的制动作用而设置的执行元件）的工作也是由电脑通过电磁阀来控制的。电脑按照设定的控制程序，在操纵手柄位置、车速、节气门开度等满足一定条件时，向强制离合器或制动器电磁阀发出电信号，打开控制油路，使离合器接合或制动器制动，使得自动变速器具有反向传递动力的能力，从而在汽车滑行时可以实现发动机制动。

（6）故障自诊断和失效保护

为了及时地发现电子控制装置中的故障，并在出现故障时保证自动变速器最基本的工作能力，维持汽车行驶，便于进厂维修，电子控制装置大都具有故障自诊断和失效保护功能。电子控制装置在电脑内设有专门的故障自诊断电路，它在汽车行驶过程中不停地监测自动变速器电子控制装置中所有传感器和部分执行器的工作。一旦发现故障，电脑将故障信息以故障码的形式储存在电脑的存储器中。由于故障码会存储在内存中，所以，当排除故障后，要执行专门的故障代码消除程序，才可以将故障代码消除掉。

6.2.2 传感器

（1）节气门位置传感器

汽车发动机的节气门开度大小是由驾驶员通过油门踏板来操纵的，根据不同的行驶条件控制发动机运转。例如，上坡或加速时节气门开度要大，而下坡或等速行驶时节气门开度要小，这些不同条件对汽车自动变速器的换挡规律的要求往往有很大不同。电子控制自动变速器是利用安装在发动机上的节气门位置传感器来测得节气门的开度，作为电脑控制自动变速器挡位变换的依据，从而使自动变速器的换挡规律，在任何行驶条件下都能满足汽车的使用要求。

节气门位置传感器有很多类型，通常采用可变电阻型的节气门位置传感器。它由一个线性电位计和一个怠速开关组成，如图 6-7a 所示，节气门轴带动线性电位计及怠速开关的滑动触点，节气门关闭时，怠速开关接通，节气门开启时，怠速开关断开。而当节气门处于不同开度时，电位计的电阻值和输出电压也不同。这样，电脑通过节气门位置传感器可以获得对应于节气门由全闭到全开的所有开启角度、连续变化的模拟信号及节气门开度的变化速率，以此作为不同行驶条件下控制换挡的主要依据之一。节气门位置传感器电路图如图 6-7b 所示。

（2）车速传感器

车速传感器安装在变速器输出轴处，用于检测变速器输出轴的转速。电脑根据此信号计算得到汽车的行驶速度，作为变速器换挡控制的主要参数之一。车速传感器有磁感应式、光电式等不同结构。

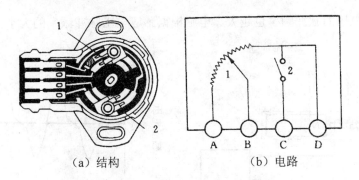

图6-7 节气门位置传感器

1—怠速开关滑动触点；2—线性电位记滑动触点；
A—基准电压；B—节气门开度信号；C—怠速信号；D—接地

磁感应式车速传感器，由永久磁铁和电磁感应线圈组成，如图6-8所示。它固定在自动变速器输出轴附近的壳体上，靠近安装在输出轴上的感应转子或停车锁止齿轮。

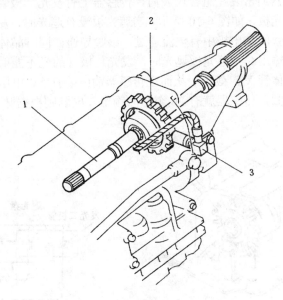

图6-8 磁感应式车速传感器

1—输出轴；2—停车锁止齿轮；3—车速传感器

当输出轴转动时，感应转子或锁止齿轮的凸齿不断地靠近和离开车速传感器（图6-9a），使感应线圈的磁通量发生变化，从而产生感应电压（图6-9b）。车速越高，输出轴的转速也越高,感应电压的脉冲频率也越大。电脑根据感应电压脉冲频率的大小计算出车速。

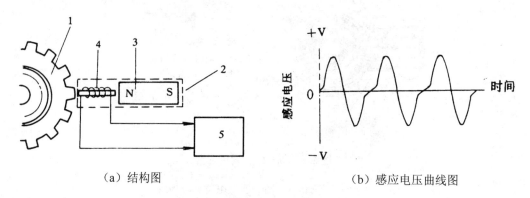

图 6-9　车速传感器工作原理示意图

1—停车锁止齿轮；2—车速传感器；3—永久磁铁；4—感应线圈；5—电脑

光电式车速传感器通常装在组合仪表内,传感器上有发光二极管、光敏元件以及转速表齿轮软轴驱动的遮光板,如图 6-10 所示。当遮光板没有遮光时,发光二极管的光线射到光敏晶体管上,晶体管的集电极中有电流通过,该管导通,同时晶体管 VT 也导通,在传感器输出端没有电压输出。当遮光板遮光时,发光二极管的光不能射到光敏晶体管上,晶体管不导通,这时晶体管 VT 截止,从而在传感器输出端有 5V 电压输出。脉冲频率取决于车速,其中每转一圈,传感器就有 20 个脉冲输出。电脑则根据脉冲数计算出车速。

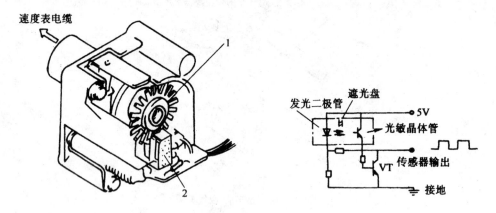

图 6-10　光电式车速传感器的结构和工作原理图

1—速度表电缆；2—光耦合部件；3—遮光板；4—发光二极管；
5—遮光盘；6—光敏晶体管；7—传感器输出；8—接地

(3) 输入轴转速传感器

输入轴转速传感器与车速传感器相似。它安装在行星齿轮变速器的输入轴附近或与输出轴连接的离合器毂附近的壳体上，如图 6-11 所示。用于检测输入轴转速，并将信号送入电脑，使得电脑更精确地控制换挡过程。此外，电脑还将该信号与发动机控制系统的发动机转速信号进行比较，计算出液力变矩器的传动比，以优化锁止离合器的控制过程，改善换挡品质，提高汽车的行驶性能。

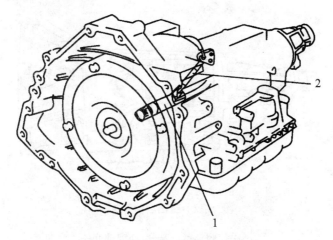

图 6-11　输入轴转速传感器的安装位置

1—输入轴；2—输入轴转速传感器

(4) 液压油温度传感器

液压油温度传感器安装在自动变速器油底壳内的阀板上，用于检测自动变速器液压油的温度。以作为电脑进行换挡控制、油压控制和锁止离合器控制的依据。

液压油温度传感器内部是一个半导体热敏电阻，它是利用热敏电阻阻值随温度变化而变化这一特性来检测油温的，具有负的温度电阻系数，即温度越高，电阻越低。电脑根据其电阻阻值的变化测出自动变速器液压油的温度。

除了上述各种传感器之外，自动变速器的控制系统还将发动机控制系统中的一些信号（如发动机转速信号、发动机水温信号、大气压力信号、进气温度信号等）作为控制自动变速器的参考信号。

6.2.3　控制开关

电子控制装置中的控制开关有：空挡启动开关、超速挡开关、换挡模式选择开关和制动灯开关等。

(1) 空挡启动开关

空挡启动开关是一个多位开关,位于自动变速器手控阀摇臂轴上或选挡杆下方,如图6-12所示。它可以为电脑提供以下信息,一是自动变速器是否处于空挡启动状态,二是选挡手柄所处的具体位置。只有当选挡手柄位于空挡或驻车位置时,启动开关才接通。这时启动发动机,启动开关便向电控单元输出启动信号,使发动机得以启动。如果选挡手柄位于任一驱动位置,则启动开关断开,发动机不能启动,从而保证使用安全。

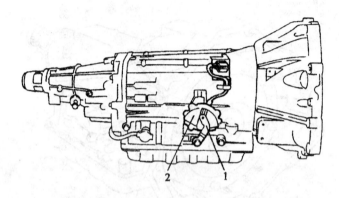

图6-12 空挡启动开关

1—手控阀摇臂;2—空挡启动开关

(2) 超速挡开关

超速挡开关是一个按钮开关,通常安装在自动变速器选挡手柄上,用于控制变速器的超速挡,有"ON"和"OFF"两种状态。当开关打开(按下"ON")时,超速挡控制电路接通,此时若操纵手柄位于D位,自动变速器随着车速的升高而升挡时,最高可升入4挡,即超速挡;而当开关关闭(按下"OFF")时,超速挡控制电路被断开,此时,无论车速怎样高,变速器最多只能升至3挡,不能升入超速挡。

(3) 换挡模式开关

大部分电子控制自动变速器都有一个模式开关,用来选择自动变速器的控制模式,以满足不同的使用要求。常见的自动变速器的控制模式有以下几种:

① 经济模式

这种模式是以汽车获得最佳的燃油经济性为目标来设计换挡规律的。在此模式下,发动机在汽车行驶过程中经常处在经济转速范围内运行,从而降低了燃油消耗,提高了燃油经济性。

② 动力模式

这种模式是以汽车获得最大动力性为目标来设计换挡规律的。在此模式下,发动机经常处在大转矩、大功率范围内运行,提高了汽车的动力性能。

③ 普通模式

普通模式的换挡规律介于经济模式和动力模式之间,是汽车动力性和燃油经济性的折中。

此外,有的型号的自动变速器还具有手动模式、雪地模式等选择项,但一般的自动变速器只具有其中的某些项。

(4) 制动灯开关

制动灯开关安装在制动踏板支架上,它的主要作用是在驾驶员踩下制动踏板后自动接通制动灯,同时使得锁止离合器处于分离状态,防止突然制动时发动机熄火。

6.2.4 执行元件——电磁阀

在电子控制自动变速器中,电磁阀一般为球阀,是电子控制装置中的执行元件,根据电脑发出的指令来接通或切断液压回路。常用的结构有开关式电磁阀和脉冲式电磁阀两种类型。

汽车自动变速器上采用的电磁阀,一般有 3 个。其中 1 号和 2 号电磁阀用于换挡,3 号为锁止电磁阀,用于控制液力变矩器中锁止离合器的接合与分离,同时负责对锁止离合器的接合油压进行控制。若是在 4 个电磁阀的场合,则 4 号被用于控制液压执行机构离合器和制动器的油压,以减小换挡冲击。

(1) 开关式电磁阀

开关式电磁阀的作用是开启或关闭液压油路,通常用于控制换挡阀和液力变矩器锁止阀的工作。开关式电磁阀由电磁线圈、衔铁、阀芯、回位弹簧和阀球等组成,如图 6-13 所示。

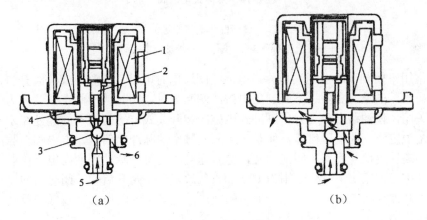

图 6-13 开关式电磁阀

1—电磁线圈;2—衔铁和阀芯;3—阀球;4—泄油孔;5—主油路;6—控制油路

当线圈不通电时，阀芯被油压推开，球阀在油压作用下关闭泄油孔，打开进油孔，使主油路压力油进入控制油道，如图 6-13a 所示；当线圈通电时，电磁力使阀芯下移，推动球阀关闭进油孔，打开泄油孔，控制油道内的压力油由泄油孔泄空，如图 6-13b 所示。

（2）脉冲式电磁阀

脉冲式电磁阀的结构与开关式电磁阀相似，也是由电磁线圈、衔铁、阀芯或滑阀等组成，如图 6-14 所示。

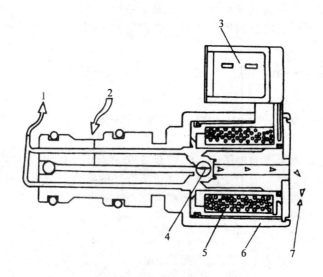

图 6-14 脉冲式电磁阀

1—自动变速器出油口；2—自动变速器进油口；3—接线器；
4—限流钢球；5—线圈；6—骨架；7—泄压口

它通常用来控制油路中的油压。当电磁线圈通电时电磁力使阀芯或滑阀开启，液压油经泄油孔排出，油路压力随之下降。当电磁线圈断电时，阀芯或滑阀在弹簧弹力的作用下将泄油孔关闭，使油路压力上升。脉冲式电磁阀和开关式电磁阀的不同之处在于控制它的电信号不是恒定不变的电压信号，而是一个固定频率的脉冲电信号，电磁阀在脉冲电信号的作用下不断反复地开启和关闭泄油孔，电脑通过改变每个脉冲周期内电流接通和断开的时间比率（称为占空比，变化范围为 0%～100%改变电磁阀开启和关闭时间的比率来控制油路的压力。占空比越大，经电磁阀泄出的液压油越多，油路压力就越低；反之，占空比越小，油路压力就越大，如图 6-15 所示。

脉冲线性式电磁阀一般安装在主油路或蓄能器背压油路上，电脑通过这种电磁阀在自动变速器升挡或降挡的瞬间使油压下降，进一步减少换挡冲击，使挡位的变换更加柔和。

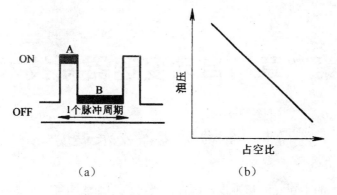

图 6-15 脉冲式电磁阀的工作原理

6.3 思考与练习题

1. 电子控制系统由哪几部分组成，各部分的作用是什么？
2. 自动变速器的 ECU 有哪几项功能，并具体描述。
3. 节气门位置传感器是如何工作的？
4. 简述车速传感器的组成和工作原理。
5. 列出常见的控制开关。
6. 常有的自动变速器的换挡模式有几种，并简单描述出来。
7. 简述开关式电磁阀的结构和工作原理。
8. 简述脉冲式电磁阀的结构和工作原理。

第7章 自动变速器新技术

7.1 自动变速器发展趋势

由于电子技术的不断发展和进步,特别是微机控制功能的进一步增加,各种传感器和执行机构性能的改善,所以电子技术在自动变速器上也开始大量采用。现代汽车变速器的发展趋势是向着可调自动变速箱或无级变速器方向发展。采用无级变速器可以节约燃油,使汽车单位油耗的行驶里程提高30%。通过选择最佳传动比,能够使发动机保持在很窄的转速范围内运转,从而获得最有利的功率输出,无级变速器传动比传统的自动变速器轻,结构更简单而紧凑。近年来,随着微电子技术的飞速发展,电子控制自动变速器的问世,给汽车带来了更理想的传动系。机电一体化技术进入汽车领域,推动了汽车变速装置的重大变革。自动变速器装置均出现了电子化的趋势。两种源于F1赛车的高效能的自动变速器逐渐被应用到民用轿车上:顺序换挡自动变速器——SMG(Sequential Manual Gearbox)和双离合器直接换挡自动变速器——DSG(Direct Shift Gearbox)。它们都采用了齿轮啮合的变速机构,具有传动能耗小,而且操作简单轻松,在后面有详细介绍。

1. 自动变速器电子化的趋势

(1)电子控制全域锁止离合器及液力缓速装置

为了提高传动效率,改善经济性能,轿车用自动变速器普遍采用了变矩器锁止离合器,并进行电子控制以保持其换挡的平顺性。

(2)适合于整车驱动系统的电子控制智能型自动变速器

智能型的电子控制自动变速器的电子系统可以在汽车行驶过程中,对汽车的运行参数进行控制,合理地选择换挡点,而且在换挡过程中对恶化的参数进行修正。如:摩擦片的摩擦系数、油的黏度、车辆的负荷变化等。同时具有自动诊断系统,可以将汽车运行中的故障记录下来,便于维护。

电子控制技术利用微机控制变速器,不仅使换挡程序更加符合驾驶员的意愿,而且还能利用模糊控制理论,解决特殊情况下变速程序的复杂问题,使自动变速器的控制能力及可靠性大幅度提高。

(3)电子控制无级变速器

无级变速器能够自由改变速比，故能进行理想的变速控制，比多档位齿轮传动机构更优越。自动变速器多挡化虽能扩大自动变速的范围，但它并非安全迅速，只在有级变速与无级变速之间，理想的无级变速器是在整个传动范围内能连续的、无挡比的切换变速比，使变速器始终按最佳换挡规律自动变速。无级化是对自动变速器的理想追求。

但是无级变速器存在着体积大、笨重和传动效率低的问题，而且也缺少解决耐久性问题的相应措施。但随着电子技术的应用，电子控制的 V 型金属带型无级变速器在西欧及日本得到重视，正在积极开发市场，以希望其一步到位。目前研制开发并在微型轿车上采用此类变速器有日本富士重工公司及荷兰 VDT 公司等。

（4）自动预选式换挡系统

近来 ZF 公司又开发了一种自动预选式换挡系统，它可以使驾驶员体会到驾驶车辆的快感，又不需要紧张费力的操作。这种自动预选式换挡装置，是全自动换挡系统的基础，它的性能包括：电子控制自动选档，换挡时刻由驾驶员确定；驾驶员不需要手操作换挡；主动和被动保护装置；诊断屏幕实现系统监督。

自动变速器除采用无级变速作用的变矩器外，其齿轮数也在不断增多，从而使变速范围不断加宽。这有助于改善发动机的燃油经济性和动力性，使发动机工况进一步向最佳化逼近。

2. 现代电子控制自动变速器的主要特点

（1）一机（微机）多参数多规律控制

多参数指输入微机的控制参数多元化，即控制参数不仅有发动机转速、车速、节气门开度等信号，而且又反映发动机、变速器工作环境和行驶等信号。可见控制参数多元化，更能全面地反映发动机和变速器的实际工况；多规律是指控制微机中间时存储多种不同的换挡规律，如最佳经济性、动力性，各种加速行驶时的最佳经济性、最佳排放量等，驾驶员可按需要调用相应的规律实现最佳控制。总之电子控制能实现多参数、多规律性的控制，使发动机和变速器在不同油门开度和各种行驶环境下都能处于最佳工作状态。

（2）多档化

目前四档已经很普通，五档也投放市场，无级变速的研究也十分活跃，估计在不长的时间内，电子控制的无级变速器将会应用于汽车。

日本丰田凌志牌高级轿车应用了智能型发动机一变速器综合控制系统。该系统利用计算机控制系统进行综合控制。在变速时，使发动机扭矩临时降低，与此同时，控制离合系统油压，使变速平稳。在离合系统油压控制中，检测与预计最优化值的偏差，并利用新开发的线性电磁阀进行修正反馈控制。

电子控制与液压控制相比，具有明显的优势：电子控制可以实现以前由液压控制难以实现的更复杂多样的控制功能，使变速器的性能得到提高。电子控制可以极大地简化液压控制结构，减少生产投资等。电子控制功能借助于软硬件结合才能实现，由于软件易于修改，可使产品具有适应结构参数变化的特性。随着汽车电子化的发展，汽车传动系的电子控制可以与发动机、制动系、安全气囊等系统通过总线联网，资源共享，实现整体控制，进一步简化控制结构。目前电子控制的自动变速器很多，主要有电控液力机械式 EAT（Electronic Automatic Transmission），电控自动机械式 AMT（Automated Mechanical Transmission），电子无级变速式 ECVT（Electronic Continuously Variable Transmission）等等。

7.2 电控液力机械式（EAT）变速系统

如图 7-1 所示，EAT 传动系统诞生于 20 世纪 30 年代，1939 年由通用汽车公司率先用于轿车，至今仍然占据自动变速器系统的主导地位。目前的汽车自动变速箱应用最多的就是电控液力机械式（EAT），它由液力变矩器、行星齿轮变速器、电子液压控制系统三大部分组成，是种分段式的无级变速器。这种变速器具有的优点包括：换挡平顺，冲击振动很小，乘坐舒适性好；适用于各种车型；转速变化平缓，可实现不中断动力换挡，换挡控制较易实现；但也有一些缺点：传动效率低，油耗较高；结构复杂，成本较高。目前使用的国内汽车有上海通用"别克"、"君威"轿车：4T65E，广州 HONDA "雅阁"轿车：PAX，上海大众"帕萨特" B5 轿车：AG4-95，神龙"富康"轿车：AL4，一汽大众"奥迪" A6 轿车：Tiptronic。换挡品质，一般用换挡过程中的冲击度（汽车纵向加速度的变化率）来表示，取决于变速器输出上的转矩变化率。

图 7-1 EAT 变速器

7.3 自动机械变速器（AMT）变速系统

AMT系统是在传统的轴式机械变速系统基础上发展起来的，AMT技术来自于F1赛车，用一套自动选换挡系统替代机械式操纵机构，其动作模仿熟练驾驶员的操作。

AMT系统的组成由传统机械式有级变速装置、微机控制和液压操纵系统三部分组成，如图7-2所示。

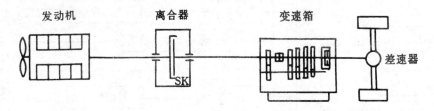

图7-2 手动换挡变速箱传动示意图

这种系统在换挡过程中需要模拟驾驶员的操作，首先进行离合器的分离操作以切断发动机的动力，当结合上一个所需的合适档位后，再控制离合器的结合。AMT系统主要有两种：一种是电机驱动式，另一种液压驱动式。

7.3.1 AMT变速系统的特点

AMT（与AT）具有的优点包括：传动效率高（95%以上），燃油经济性好；结构简单，成本较低（仅为AT的1/3～1/4），适应各种车辆；但也有一些缺点如：换挡时要中断动力，换挡平稳性不如AT式；换挡涉及离合器、加速踏板和选换挡操作，控制难度比AT大。目前仅在中型和重型汽车上得到了应用，奇瑞QQ汽车上采用了国产的AMT，是国产车中的唯一实例。1999年，德国大众公司的LUPO汽车，油耗为2.99 L/100 km，采用3缸TDI柴油机，5速AMT，最高车速165 km/h，自重800 kg。2002年该公司又研制出油耗为0.99 L/100 km的汽车，采用单缸DOHC柴油机，6速AMT，最高车速120 km/h，自重290 kg。

7.3.2 AMT变速系统的结构与原理

由车速传感器、油门位置传感器、发动机转速信号、水温信号、挡位信号、制动踏板信号、润滑油温度等信号传输给ECU，ECU根据所设定的离合器控制规律、最佳的换挡规律、发动机油门自适应调节规律，对油门开度、离合器结合以及换挡三者进行控制，实现动力传动系统的最佳匹配，如图7-3所示。系统除了具有自动换挡的功能外，同时还保留手动换挡的功能。

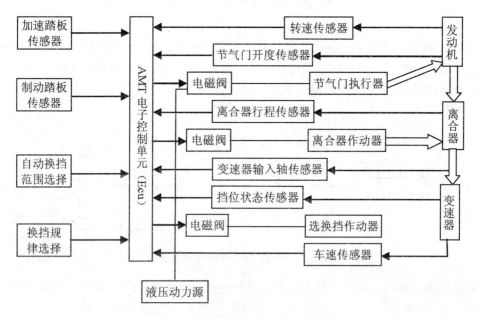

图 7-3 液压驱动 AMT 系统的组成

1. AMT 控制内容

（1）变速控制：即最佳换挡规律问题。可采用单参数（车速）控制、二参数（车速、油门开度）控制、动态三参数（车速、油门开度及换挡前后的加速度）控制。

（2）离合器控制：包括离合器接合点控制、起步与换挡时的接合控制、分离控制、二次离合控制（相当于两脚离合器操作）。

（3）发动机供油控制：控制发动机转速，使其适应变速器输入转速的变化，以减少换挡冲击。

（4）自动换挡模式选择控制：对"经济"、"运动"、"正常"模式的选择。

（5）主油路液压力控制。

（6）锁止离合器控制。

2. AMT 关键技术

（1）可靠性：包括执行机构和软件的可靠性。

（2）换挡品质：需要对换挡时序、离合器及发动机进行协调控制。

（3）执行机构优化设计。

（4）起步控制：主要是坡道起步时的离合器接合控制。

7.4 电子控制无级变速系统（ECVT）

ECVT 就是在无级变速传动系统上（CVT）加入电子控制技术而成的一种更方便更有效的变速系统。CVT 是种真正意义上的无级变速器，如图 7-4 所示。

图 7-4 CVT 变速器

采用传动带和工作直径可变的主、从动轮相配合传递动力。1886 年，奔驰公司就将 V 型橡胶带式 CVT 应用于汽车，荷兰 D.A.F 微型汽车也应用了 CVT，如图 7-5 所示。

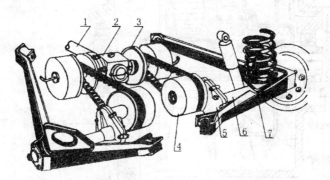

图 7-5 荷兰 D.A.F 微型汽车皮带无级自动变速器与断开式驱动桥

1—传动轴；2—主减速器；3—主动皮带盘；4—从动皮带盘；
5—轮边减速器；6—驱动车轮轴；7—悬挂摆臂；

1989年荷兰的Van Doone博士发明了金属V型带后,使CVT真正在汽车上得以广泛应用,例如奥迪A4、A6,本田飞度,菲亚特派里奥,奇瑞旗云等。

7.4.1 CVT的基本结构

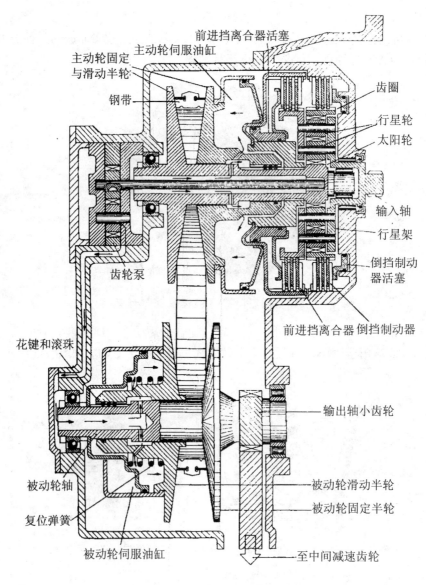

图7-6 V形带CVT结构示意图

CVT 由工作带轮、金属 V 型带、电子液压控制系统以及液力变矩器等组成,如图 7-6 所示。汽车传动系统的目的就是要匹配发动机的特性来适应行驶的需要,为充分利用发动机的功率,减少燃料的消耗以及改善发动机的排放性能,理想的汽车变速箱是具有无级变化的传动比。目前广泛用的无级变速传动是采用 V 形带传动。

7.4.2 CVT 的特点

与 AT 和 AMT 相比,装有 ECVT 的汽车具有非常平滑的变速效果,乘坐舒适性好;加速性能好,燃料经济性高;所能传递的最大功率受摩擦力矩限制,目前仅限于排量在 3.0 L 以下的车辆;启动性能较差,一般需另加启动装置;需另加倒转机构,结构较复杂,成本偏高。目前国内市场采用这种技术的有奥迪、旗云、派力奥、飞度等四款车型。

7.4.3 CVT 变速原理

V 形带传动的无级变速器是由主动带轮、V 形带和被动带轮所组成,每个带轮都有两个带有斜面的半个带轮(即锥盘)组成一体,如图 7-7 所示。

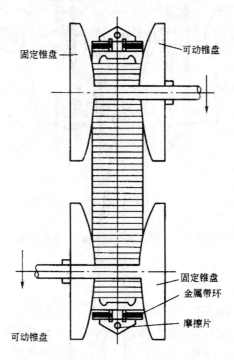

图 7-7 V 带传动 CVT 工作原理

其中一个是可动锥盘（可通过液压伺服油缸或步进电机控制其移动），另一个是固定锥盘，两个带轮轴之间是固定的，传动带的周长是固定不变的，所以形成的传动比为：

$$i = \frac{r_2}{r_1} = \frac{n_1}{n_2}$$

当主动轮的半径 r_1 处于最小半径（两个半轮之间的距离最宽），被动轮的 r_2 处于最大半径时（两个半轮间的距离最窄），传动系所形成的传动比最大，相当于汽车处于低挡行驶状态。当通过液压伺服缸控制改变 r_1 与 r_2 的半径时，如使 r_1 增大，由于两个带轮轴之间的距离和传动带的周长是固定的，为了保证正常传动，只有将 r_2 减少，则所形成的传动比也相应减少，直至 r_1 达到最大值而 r_2 达到最小值时，传动比达到最小，相当于汽车处于高挡行驶状态。由于 r_1 与 r_2 能连续无级地变化，因而所形成的传动比也是连续无级变化的。因此可以通过改变 r_1 和 r_2 改变传动比，r_1 和 r_2 主要通过作用在主动轮和被动轮上可动锥盘上的液压力实现的，液压力减小，可动锥盘向外移动，则相应带轮与V形带接触半径减小，反之则增大，如图7-8所示。

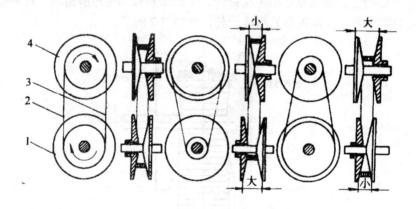

（a）传动比1∶1　　（b）传动比1∶2.6　　（c）传动比为1∶0.445

图7-8 V带无级变速传动的变速过程

7.4.4 ECVT控制系统

这是一种电液控制的ECVT控制系统。系统中包括对电磁离合器控制和V带变速控制。自动控制是各类自动变速器中关键的技术，是汽车发展到更高阶段的重要标志，我国在动态三参数最佳换挡规律、动态闭环控制技术、自适应控制技术、模糊控制技术等自动变速理论方面在世界领先。关键是电子技术、电液控制技术和传感技术。电子控制系统控制内

容包括:

(1) 金属带夹紧力控制:减少金属带与工作轮的滑转和摩擦,提高传动效率和使用寿命。

(2) 速比控制:在满足动力性和经济性最佳的情况下,按驾驶员的意图自动实现动态最佳速度匹配,变速比是由发动机油门信号和主动带轮转速所决定,将通过发动机转速传感器、主动轮转速传感器、被动轮转速传感器、油门位置传感器、油门踏板开关传感器、换挡位置传感器、冷却温度传感器等得到的信号传给ECU,ECU根据动力性或燃油经济性换挡规律来控制电磁离合器,以及控制V形带轮上伺服油缸的压力实现无级变速,如图7-9所示。

(3) 起步离合器控制:包括接合控制、坡道起步控制、低速爬行控制、限制过载控制等。

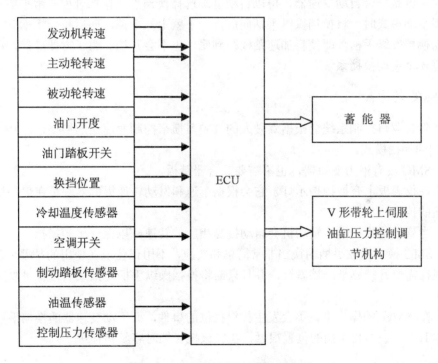

图 7-9 ECVT 控制系统结构示意图

7.4.5 ECVT 工作特性

当选挡控制器在"D"的位置,发动机处于怠速工况,前进挡离合器刚刚结合产生少量的牵引力处于蠕动状态。轻轻开启油门,离合器全部结合,汽车开始以较小的速度向前行驶,如果进一步踩下油门踏板,电子控制系统根据发动机的转速、车速、驾驶员的选择控制带轮得到不同的传动比使汽车加速。当行使在下坡或弯曲道路上时,通过控制传动比可以最大地利用发动机进行制动,具有电子控制系统的 CVT 无级变速系统减小了冲击和动载,提高了换挡品质。

7.5 顺序换挡自动变速器(SMG)

1997 年,顺序换挡自动变速器(Sequential Manual Gearbox)在宝马赛车上首先采用,设有手动(S)和自动(A)两种换挡模式,在驾驶过程中两种模式可以随时切换。当选自动模式时,就是一台自动变速器,可以自动准确选择换挡点,换挡过程非常平顺,没有冲击;选用手动模式时,将换挡操纵手柄向前推一下就上一个挡,向后拉一下就降一个挡,如果不动换挡操纵手柄,即使将加速踏板踩到底,也不会升挡。为了方便操控,在转向盘上还设有一个手动换挡系统。

1. SMG 的特点

(1)驾驶逻辑控制系统会根据驾驶人的驾驶习惯来控制变速器的换挡,总共可以记住 11 种不同的换挡模式。

(2)SMG 没有液力变矩器,也不需要离合器踏板。

(3)在仪表板上有换挡指示灯,它会根据车速和发动转速提醒驾驶员在最佳换挡点换入最合适的挡位。

(4)当驾驶员降挡时,发动机会自动提高相应的转速,以保证平顺换挡。

(5)SMG 换挡操纵手柄的换挡非常简单和快捷,不用记住现在使用的是哪个挡位,只要知道现在需要升挡还是降挡就行,并且只需将换挡操纵手柄前推或后拉就可以完成换挡任务。

(6)在 SMG 的操作中,不会发生挂错挡位的事件,而手动变速器的换挡手柄位置一般布置成 H 形,2 挡和 4 挡的位置很近,在应该挂 4 挡时容易错挂进 2 挡。

2. SMG 的结构和工作

SMG 由一台普通的齿轮变速器、一套自动换挡机构和电子离合器组成,如图 7-10 所示左边一半是普通的齿轮的平行轴式齿轮变速器,右边一半是比较复杂的自动换挡机构,主要是由拨叉伺服器和选位伺服器组成,伺服器一般采用电动机或者液压马达,拨叉伺服器用来推拉拨叉,选位伺服器用来选择工作所需的拨叉。

SMG 的工作和手动变速器的工作非常相似，只是把原来人工控制的踩离合器、退挡、进挡和松离合器的工作都交给了由计算机控制的电子离合器和自动换挡机构。为了提高变速器换挡的牢靠程度，在第二代 SMG 上采用了一个换挡转换鼓，如图 7-11 所示，换挡转换鼓的前端带有锥齿，用来驱动换挡转换鼓的旋转，在换挡转换鼓的外圆表面上有 3 条特殊槽，分别控制在槽内的 3 个拨叉。

图 7-10　SMG

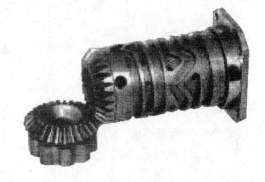

图 7-11　换挡转换鼓

在换挡的时候，只要转动换挡转换鼓，3 个拨叉就会随着换挡转换鼓的转动而同时前后移动，实现降挡和升挡的任务。所以换挡转换鼓上槽的设计非常重要，由于要通过换挡鼓，因此第二代 SMG（SMGII）的换挡是有顺序地一挡一挡进行的，比如要从 1 挡换到 3 挡，必须前推换挡操纵手柄 2 次，使换挡转换鼓转动 2 个 50 度，然后再换入 3 挡，降挡也是如此。由此可见，第二代 SMG 不可以跳跃换挡，必须按顺序进行换挡，所以第二代 SMG 也被称为顺序换挡自动变速器。

7.6　双离合器直接换挡自动变速器（DSG）

奥迪公司一直都是汽车速器技术领域的先驱，1994 年的 Tiptronic 手动/自动一体式变速器和 1999 年的 Multitronic 无级变速器都是奥迪公司杰出的代表作，2003 年，奥迪公司将最新一代自动变速器 DSG 装在 3.2 L 的奥迪 TT 和高尔夫 R32 车上，开创了奥迪变速器技术的又一个新里程标志，DSG 的技术源于 1985 年奥迪赛车上的双离合器变速器，而新一代 DSG 的性能更趋完美，如图 7-12 是 DSG 的结构。

图 7-12 奥迪 DSG 的剖视图

1. DSG 的特点

新一代 DSG 采用了 2 个离合器和 6 前进挡的传统齿轮变速器作为动力的传递部件，这是目前世界上最先进的、具有革命性的自动变速器。

（1）DSG 没有液力变矩器，也没有离合器踏板。

（2）DSG 在动力传动过程中的能耗非常有限，大大提高了车辆的燃油经济性。

（3）车辆在加速过程中不会有动力中断的感觉，使车辆的加速更加强劲、平顺。百公里加速时间比传统手动变速器还短。

（4）DSG 的动力传递部件是一台三轴式 6 前进挡的传统齿轮变速器，增加了速比的分配。

（5）DSG 的多片湿式双离合器是由电子液压控制系统来操控的，双离合器的使用，可以使变速器同时有 2 个挡位啮合，使换挡操作更加快捷。

（6）DSG 也有手动和自动 2 种模式，除了换挡操纵手柄可以控制外，转向盘上还配备有手动控制的换挡按钮，在行驶中，2 种控制模式之间可以随时换。

（7）选用手动模式时，如果不做升挡操作，即使将加速踏板踩到底，DSG 也不会升挡。

（8）在手动控制模式下，可以跳跃降挡。

2. DSG 的结构

DSG 主要由多片湿式双离合器、三轴式齿轮变速器、自动换挡机构和电控液压系统组成。其中最具创意的核心部分是双离合器和三轴式齿轮变速器，如图 7-13 所示。

DSG 有 2 根同轴线的输入轴，输入轴 1 装在输入轴 2 内。输入轴 1 和离合器 1 相连，输入轴 1 上的齿轮分别和 1 挡齿轮，3 挡齿轮以及 5 挡齿轮相啮合；输入轴 2 是空心的，和离合器 2 相连，输入轴 2 上的齿轮分别以及 2 挡齿轮、4 挡齿轮以及 6 挡齿轮相啮合；倒挡齿轮通过中间轴齿轮和输入轴 1 的齿轮啮合。通俗地讲离合器 1 管 1 挡、3 挡、5 挡和倒挡，在汽车行驶中用到上述各挡中的任何一挡，离合器 1 是接合的；离合器 2 管 2 挡、4 挡和 6 挡，当使用 2 挡、4 挡、6 挡中的任一挡时，离合器 2 接合。

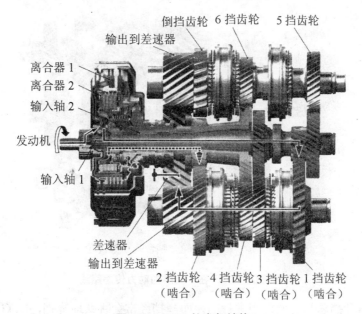

图 7-13　DSG 的内部结构

DSG 的多片湿式双离合器的结构和液力自动变速器中的离合器相似，但是尺寸要大很多。利用液压缸内的油压和活塞压紧离合器，油压的建立是由 ECU 指令电磁阀来控制的。2 个离合器的工作状态是相反的，不会发生 2 个离合器同时接合的情形。

DSG 的挡位转换是由挡位选择器来操作的，挡位选择器实际上是由液压控制系统控制。在液压控制系统中有 6 个油压调节电磁阀，用来调节 2 个离合器和 4 个挡位选择器中的油压压力，还有 5 个开关电磁阀，分别控制挡位选择器和离合器的工作。

3. DSG 的工作

DSG 的工作过程比较特别，在 1 挡起步行驶时，动力传递路线如图 7-14 中直线和箭头所示，离合器 1 接合，动力通过输入轴 1 到 1 挡齿轮，再输出到差速器。同时，图中虚线和箭头所示的路线是 2 挡时的动力传输路线，由于离合器 2 分离时，这条路线实际上还没有动力在传输，而是先选好挡位为接下来的升挡做准备的。当变速器进入 2 挡后，退出 1 挡，同时 3 挡先结合，如图中所示动力传递路线所示。所以在 DSG 的工作过程中总是有 2 个挡位的齿轮是啮合的，一个正在工作，另一个则为下一步做好准备。

DSG 在降挡时，同样有 2 个挡位的齿轮是啮合的，如果 4 挡正在工作，则 3 挡的齿轮作为预选挡位而啮合。DSG 升挡和降挡是由 ECU 进行断定的，踩加速踏板时，ECU 断定为升挡过程，作好升挡准备；踩制动踏板时，ECU 断定为降挡过程，作好降挡准备。

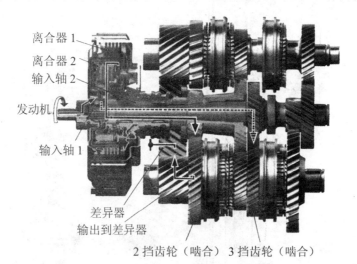

图 7-14　DSG 在 2 挡时的动力传递路线

　　一般变速器升挡总是一挡一挡进行的，而降挡经常会跳跃地降挡，DSG 在手动控制模式下也可以进行跳跃降挡，例如，从 6 挡降到 3 挡，连续按 3 下降挡按钮，变速器就会从 6 挡直接降到 3 挡，但是如果从 6 挡降到 2 挡时，变速器会降到 5 挡，再从 5 挡降到 2 挡。在跳跃降挡时，如果起始挡位和最终挡位属于同一个离合器控制的，则会通过另一离合器控制的挡位转换一下；如果起始挡位和最终挡位不属于同一个离合器控制的，则可以直接跳跃降至所定档位。

7.7　思考与练习题

1. 请谈谈自动变速器的发展趋势？
2. 简述 AMT 变速器电子控制原理？
3. 简述 ECVT 工作原理？

第8章 自动变速器的使用

8.1 自动变速器换挡手柄的使用

自动变速器的操作是通过驾驶室内的换挡手柄来实现的,换挡手柄的布置一般在转向柱上或地板上。换挡手柄的操作位置一般有 5~8 个,图 8-1 是常用的 6 个挡位的自动变速器换挡杆示意图,目前绝大多数轿车自动变速器的换挡杆都是采用这种布置方式。

需要注意的是,自动变速器换挡手柄挡位的意义与手动变速器变速杆位置的意义不同。手动变速器的变速杆位于某一挡位,变速器的实际工作就在这一挡位。但对于自动变速器而言,换挡手柄的挡位与变速器工作的挡位是两个完全不同的概念。换挡手柄只是改变液压控制系统中手动阀的位置,而自动变速器实际工作的挡位是由换挡执行元件的动作决定的,它除了取决于手动阀的位置外,还取决于车速和节气门的开度等因素。正确认识自动变速器换挡手柄各个挡位的含义,是正确使用自动变速器的前提。下面分别对各挡位进行介绍。

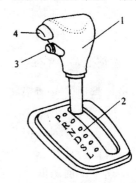

图 8-1 自动变速器换挡手柄及挡位布置

1—换挡手柄;2—挡位布置;
3—超速挡开关或保持开关;4—锁止按钮

1. 停车挡(P 位)

停车挡(P 位)通常位于换挡手柄挡位的最前方,在停放车辆时使用。换挡手柄置于 P 位时,自动变速器齿轮处于自由转动状态,不传递动力;同时,停车锁止机构将变速器的输出轴锁止,使驱动轮不能转动,防止车辆移动。在 P 位连动杆上设有位置锁止板,需将换挡手柄上的锁止按钮 4 按下才能推入 P 位,以避免在汽车未停稳时误推入 P 位,损坏停车锁止机构。

2. 空挡(N 位)

空挡(N 位)通常位于换挡杆的中间位置,在倒挡和前进挡之间。换挡手柄置于 N 位时,自动变速器齿轮处于空转状态,不传递动力,与 P 位相同。此时变速器无动力输出,但输出轴未被锁止。

3. 前进挡（D位）

前进挡（D位）通常位于空挡之后，在起步和一般行驶时使用。换挡手柄置于D位时，自动变速器可根据车速和节气门的开度等因素自动换挡。对于有4个前进挡的自动变速器，3挡为直接挡，传动比为1，4挡为超速挡，传动比小于1。超速挡可以通过超速挡开关关闭，以阻止自动变速器升入超速挡。

4. 倒挡（R位）

倒挡（R位）通常位于停车挡和空挡之间，在倒车时使用。换挡手柄置于R位时，变速器输入轴与输出轴转向相反。R位也只能在汽车停稳后才能挂入，否则容易损坏变速器。在R位连动杆上也设有位置锁止板，需要将换挡手柄上的锁止按钮4按下才能推入R位。

5. 前进低挡（S位和L位）

前进低挡通常有两个挡位，S位和L位，有的汽车标为2位和1位。换挡手柄置于S位时，变速器只能在前进挡1、2挡之间自动变换；换挡手柄置于L位时，自动变速器被固定在1挡，无法升入高挡。可见换挡手柄置于前进低挡时只是限制了前进挡的变化范围。挡位越低时，传动比越大，同等车速下的发动机转速就越高，动力性好。汽车下坡时可以将换挡手柄置于前进低挡，把加速踏板松到最小（禁止熄火），此时驱动轮经过变速器倒拖发动机运转，利用发动机的运转阻力使汽车减速，实现发动机制动。

8.2 自动变速器控制开关的使用

新型自动变速器除了可用换挡手柄进行换挡控制外，还可以通过换挡手柄上或汽车仪表板上的一些控制开关来进行一些其他的控制。控制开关的名称在不同车型上会有些差异，作用也不完全相同，常见的有以下几种：

1. 超速挡开关（O/D开关）

这一开关用来控制自动变速器的超速挡。当O/D开关接通，若换挡手柄位于D位，自动变速器随着车速的提高而升挡时，最高可升至4挡（超速挡）；当O/D开关断开后，仪表板上的"O/D OFF"指示灯亮起，自动变速器随着车速的提高而升挡时，最高只能升至3挡（直接挡），不能升入超速挡。

2. 模式开关

一般电控自动变速器都有一个工作模式开关,用来选择自动变速器的工作模式,也就是使自动变速器在不同的路况下采用不同的换挡规律,常见的工作模式有:

(1) 经济模式

在该模式下,自动变速器的换挡规律使发动机经常处于经济转速范围内,从而提高燃油经济性。

(2) 动力模式

在该模式下,自动变速器的换挡规律使发动机经常处于大功率范围内,从而提高汽车的动力性和爬坡能力。

(3) 标准模式

在该模式下,自动变速器的换挡规律兼顾了动力性和经济性,使汽车既保证一定的动力性,又有较佳的燃油经济性。

3. 保持开关

保持开关通常位于换挡手柄上,也称为挡位锁定开关。按下这个开关后,自动变速器就不能自动换挡,此时只能通过手动换挡,挡位完全取决于换挡手柄的位置,D 位对应 3 挡,S 位对应 2 挡,L 位对应 1 挡。

4. 巡航控制开关

有些高级轿车在转向柱或仪表板上装有巡航控制开关。一般在长途行驶时,在某一特定车速以上接通此开关,汽车即能匀速持续行驶,可方便驾驶、降低油耗。当踩下制动踏板时,即可解除这一控制。

8.3 自动变速器油的正确使用

1. 使用原厂规定或推荐的自动变速器油

自动变速器油是自动变速器中不可缺少的工作液体,它主要起液力传动介质、自动控制液压油和运动部件的润滑油三大作用。除此之外,它还起工作零件冷却和摩擦副清洁以及配合副密封等作用。显然,自动变速器油的质量好坏对自动变速器的工作性能优劣及寿命有着举足轻重的影响。

不同制造厂家的自动变速器,所使用的自动变速器油是不同的,有些动摩擦系数较高,有些静摩擦系数较高。因此,为保证装有自动变速器的汽车良好的工作性能和低的使用与维修成本,必须在汽车使用维修过程中,加注汽车原生产厂家规定或推荐的自动变速器油。

2. 加油方法及油量检查

为保证自动变速器工作的可靠性及寿命,对自动变速器内部的油量必须有明确规定。一般原则是当自动变速器内部的液力变矩器、各处油道和液压缸均充满油液后,变速器油底壳中的油面高度不应高于行星齿轮机构旋转部件的最低位置,同时又必须高出阀体与自动变速器壳体安装的接合面。这样可防止自动变速器工作时,旋转部件剧烈的搅油,使气泡进入油液,加速油液的氧化失效;同时又可防止含有大量气泡的油液被吸入或变速器壳体内的空气直接经阀体与壳体安装的接合面密封不良处渗入液压控制系统,影响系统的正常工作。

检查自动变速器内部油量的时候,应先开动汽车,使发动机和变速器达到正常的工作温度,然后把汽车停放在水平路面上,拉下驻车制动器。保持发动机怠速运转,将换挡手柄自"P"位至"L"位各个挡位轮流变换,并在每一挡位停留片刻。上述操作是为了保证自动变速器中的液力变矩器和各处油道及液压缸均充满油液。完成后,将换挡手柄置于"P"位。

然后转动油尺将其自套管中抽出并擦干净,再将油尺完全插入套管后,重新抽出油尺,检查其上油液位置应位于"HOT"(热态)范围内,如图8-2所示。若此时油液位置低于上述范围的下限,则应添加原厂规定品牌及型号的自动变速器油至热态范围的上限处。

虽然油尺上有"COOL"(冷态)范围但它只是在更换自动变速器油或发动机未运转时作为参考之用,以便在发动机处于冷态时大致了解自动变速器的油面高度是否正常。

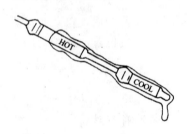

图 8-2 自动变速器油尺示意图

加油时若不小心加过量,应拧开放油螺塞,将过量的油液放出。

另外,检查油面高度时,应一并检查自动变速器是否有漏油现象发生。如有,则必须找出原因并及时处理。

一般情况下不会出现油面位置过高现象,除非汽车长时间高速行驶或拖带其他车辆后,使油温过分升高导致油面位置过高。此时,应停车一段时间,使自动变速器油温度降到正常后再检查油面高度。

还有一种可能是液力变矩器油液出口处的单向阀故障,致使停车后液力变矩器中的自动变速器油流回到变速器油底壳中使油面位置过高,此时应及时采取措施排除故障。

3. 按规定定期检查更换自动变速器油

汽车自动变速器油使用一定周期里程或时间后(即使不行驶,放置一年以上),其各项理化指标均发生明显变化,当其不再能够满足使用要求时,就必须及时更换。

一般情况下，汽车制造厂商均为自己生产的汽车制定了相应的换油周期。表 8-1 为雅阁轿车自动变速器换油周期。表 8-2 为凌志 LS400 轿车的自动变速器油检查及更换周期。丰田公司提出，检查时一旦发现油液发出烧焦的味道或油色变黑，则应予以更换。

表 8-1　雅阁轿车自动变速器换油周期

周期	行驶里程（×10³ km）	40	80	120	160	200
	使用时间（月）	24	48	72	96	120
作业项目		更换	更换	更换	更换	更换

表 8-2　凌志 LS400 轿车自动变速器换油周期

周期	行驶里程(×10³ km)	10	20	30	40	50	60	70	80
	月	6	12	18	24	30	36	42	48
作业项目	正常使用条件下		检查		更换		检查		更换
	恶劣使用条件下	检查	更换	检查	更换	检查	更换	检查	更换

从表 8-2 中可以发现若汽车处于恶劣的使用条件下，自动变速器油的检查及更换周期要较正常条件下大为缩短。所谓恶劣的使用条件包括指长时间怠速运转或长距离低速行驶，在多尘、不平、泥泞或撒盐路面上行驶，以及在零度以下气温中反复处于短途行驶（少于 8 km）等。

决定换油时，有些汽车的日行程较少，有些汽车的日行程较多，这时各厂商均规定无论推荐的是换油行驶里程还是换油月份，谁先到便以谁为准。

换油时，应拧开自动变速器油底壳下部的放油螺塞，将油液排空后重新拧紧放油螺塞。经油尺套管加注新的自动变速器油时，应使发动机处于熄火状态，加注预定量的油液后，启动发动机，并将换挡手柄自"P"位至"L"位轮流变换，然后使其置于"P"位。保持发动机怠速运转，检查自动变速器油面高度，继续加注到适当的位置。

需附加说明的是，大多数新型汽车自动变速器中的液力变矩器已不再设有放油螺塞，即自动变速器换油时，液力变矩器中的油液已无法排出，因此，这种自动变速器要实现油液的完全和彻底的更换已成为不可能的事情了。

8.4　自动变速器的正确操作

由于自动变速器在结构和工作原理上与手动变速器有很大的不同，因此在使用操作上有许多不同之处,下面分别加以介绍。

1. 启动发动机

无论是正常启动或是汽车中途熄火后启动,都必须将换挡手柄置于 P 位或 N 位,踩住制动踏板并拉紧手制动,此时将点火开关转至启动位置,才能启动发动机。换挡手柄在 P 位或 N 位之外的其他任何位置上时,将点火开关转至启动位置,都不能启动。

2. 起步

最好在发动机启动后过几秒钟再挂挡起步。汽车起步时应先踩下制动踏板,然后挂挡至正确的挡位,再松开手制动,最后平稳地抬起制动踏板。待汽车缓慢起步后,再缓慢踩下油门踏板加速。汽车起步时必须先挂挡后踩油门踏板。不允许边踩油门踏板边挂挡,或先踩油门踏板后挂挡,或挂挡后仍踩着制动踏板,或还未松开手制动就踩加速踏板。

3. 一般道路行驶

装用常规手动变速器的汽车在行驶过程中,既要操纵变速杆,又要注意离合器踏板和油门踏板的操作;而装用汽车自动变速器后,既简化了换挡手柄的操作,又免除了离合器踏板的操作,大大地减轻了驾驶员的劳动强度,但同时也带来了一些自动变速器汽车特有的驾驶问题:自动变速器的自动换挡规律是预先确定好的,但在使用中还不能完全满足使用性能要求,需要驾驶人员在具体操作时补充。

(1) 正常行驶时

在一般道路上向前行驶时,应将换挡手柄置于 D 位,并接通超速挡开关,这样自动变速器就可以根据车速、行驶阻力、节气门开度等因素,自动的升挡或降挡,以选择最适合汽车行驶的挡位。

在汽车的行进过程中,可以改变换挡手柄的位置,但要注意,由低挡位向高挡位变换时,可以不受车速的限制,但由高挡位向低挡位变换时,必须在不高于相应的高挡车速时进行。如 D 位—2 位时,应在 2—3 挡车速时换挡,2 位—L 位时,应在 1—2 挡车速时换挡。

(2) 节油驾驶时

为了节省燃油,可将工作模式开关设置在经济模式或标准模式位置上。加速时,应平稳缓慢地加大油门,并尽量让油门开度保持在小于 1/2 的范围内。自动变速器的换挡规律是预先确定好的,即在一定的节气门开度下只有当车速达到一定值时,才会自动地由低挡升为高挡。如果要使自动变速器在某一发动机节气门开度下,以低于该节气门开度下相应升挡车速的某一速度升为高挡。则称为"提前升挡"。提前升挡的操作方法如下。

汽车起步后,先以较大幅度踩加速踏板,使车辆迅速地加速到一定车速,然后很快地将油门踏板松开,这时自动变速器一般在 2~3s 内就能从 1 挡升至 2 挡;从 2 挡升至 3 挡采用同样的办法。提前升挡时，由于自动变速器较早地升入高挡，而此时对应的发动机转速较低，从而可以在一定程度上降低发动机的噪声、磨损和油耗，同时让乘坐变得更为舒适。

（3）高动力性驾驶

为了在行驶中获得更好的动力性，可将工作模式开关设置在动力模式位置上。在急加速时，还可以采用"强制降挡"的操作方法。即将加速踏板迅速踩到全开位置，此时自动变速器会自动下降一个挡位，获得猛烈的加速效果。强制降挡的操作方法如下。

当汽车行驶速度已达到一定值时，迅速将油门踏板踩到全开位置，然后再用力向下踩一段距离，此时与油门踏板联动的机构便可通过自动变速器的液压油路，将低挡强制性地接通。需要注意的是，一旦加速要求得到满足，应立即松开油门踏板，以防止发动机转速超过极限转速，造成损坏。"强制降挡"旨在高速超车，在这种情况下，自动变速器中的摩擦片磨损、发热现象严重，很容易造成破裂或粘接。如非特殊需要，不宜经常使用。

（4）巡航控制

近年来，某些装有自动变速器的轿车采用了巡航控制系统。巡航控制可以使车辆保持在高于 40 km/h 的设定速度行驶，而不必用脚踩着油门踏板。巡航控制可以在天气好且视线开阔的汽车专用公路上使用，但在城市驾驶、曲折道路、溜滑路面、大雪或坏天气下，由于必须保持对车辆完全的控制，所以不宜使用。

这里以雅阁轿车为例，介绍巡航控制系统得到使用。

图 8-3 所示为雅阁轿车的巡航控制系统主开关，它安装在轿车仪表板上。使用时，先按下转向柱附近仪表板上的巡航控制主开关，这时开关上的指示灯会亮起来，然后将汽车加速到高于 40 km/h 的巡航所需车速值，再按住方向盘上的"设定/减速"（SET/decel）按钮，如图 8-4 所示，直到紧靠车速表的巡航控制灯变亮，表明巡航控制系统开始起作用。

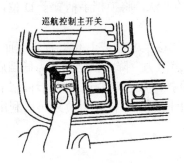

图 8-3 巡航控制主开关

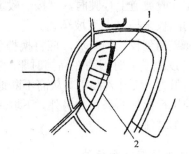

图 8-4 巡航控制的专用按钮
1—恢复/加速按钮；2—设定/减速按钮

要改变原先设定的车速有以下两种方法。

① 按住"设定/减速"（或"恢复/加速"）按钮，使车速值缓缓下降（上升），当达到所要求的车速后，松开按钮即可。

② 要减速时用脚轻踩制动踏板，使车速下降；要加速时踩下油门踏板，使车速上升，当达到要求的车速后再按下"设定／减速"按钮，这样，汽车就会以改变后的设定车速继续巡航。注意当轻踩制动踏板时，仪表板上的巡航控制灯将会暂时熄灭。

即使在巡航控制系统起作用时，仍可用踩油门踏板的方式来加速超车。当超车完成后，只需将油门踏板松开，汽车仍将返回到原设定的巡航车速上去。

在需要的时候，下列任一操作都可使巡航控制解除。

① 轻踩制动踏板。

② 将"设定／减速"和"恢复／加速"按钮同时按下。

③ 按下巡航控制主开关。

当轻踩制动踏板或同时按下两个巡航控制按钮时，仪表板上的巡航控制灯将会熄灭，且汽车将开始减速。此后，便可以正常方式来使用油门踏板了。若使用踩油门踏板的方法来取消巡航控制，系统将记住先前设定的巡航速度，当需要重新开始巡航时，可以将汽车加速到高于 40 km/h 并按下"恢复／加速"按钮直至巡航控制灯重又点亮，这时汽车又被加速到与以前相同的巡航速度。若用同时按下两个巡航控制按钮的方法来取消巡航控制，那么与上述不同的是原先设定的巡航车速将在电子控制单元中被清除，为再度使用巡航控制，只有将汽车加速到所需的巡航车速并按下"设定／减速"按钮。

如果按下巡航控制主开关，系统将被彻底关闭，而且原先设定的巡航速度也将被从电子控制单元的存储中消除。如果要再次使用巡航系统，只有重复巡航控制开始部分的操作了。

4. 坡道行驶

（1）在一般坡道上行驶时，可按一般道路行驶的方法，将换挡手柄置于 D 位，用油门踏板或制动踏板来控制上下坡车速。

（2）如果遇到较长的陡坡，应将换挡手柄从 D 位移至 S 位或 L 位（视坡度而定）。这可以避免在 D 位上坡时因为在高挡时驱动力小于坡道阻力，降为低挡。降为低挡后，驱动力大于坡道阻力，又升入高挡，从而不断地降挡、升挡造成自动变速器"循环跳挡"，加剧变速器换挡执行元件的磨损。另外，下坡时将换挡手柄置于 S 位和 L 位还可以利用发动机制动，使汽车减速。

5. 雪地或泥泞路面行驶

在雪地或泥泞路面上行驶时，若换挡手柄置于 D 位，当驱动轮打滑时，如果驾驶员立刻松开油门踏板，由于打滑的驱动轮转速较快，自动变速器会出现前面所述的提前升挡的现象，从而进一步加剧了驱动轮的打滑。此时可将换挡手柄置于 S 位或 L 位，限制自动变速器的最高挡位，即可利用节气门开度来控制车轮的转速，防止驱动轮打滑。设有保持开关的自动变速器也可打开保持开关，然后就可以采用与手动变速器一样的方法，用换挡手柄来选择适当的挡位行驶。

6. 倒车

倒车时，应在汽车完全停稳后将换挡手柄移至 R 位。平坦路面上倒车，可以完全放开油门踏板，以怠速缓慢倒车。如果倒车中要越过台阶或其他障碍物时，应缓慢踩下油门踏板，并在越过后及时制动。

7. 临时停车

在平面交叉路口或因堵车等原因而需要临时停车时，如果停车时间较短，可将换挡手柄保持在 D 位，踩下制动踏板，拉紧手制动停车。如果停车时间较长，最好把换挡手柄置于 N 位，并拉紧手制动后松开制动踏板，以免造成自动变速器的油温过高。

8. 停放

汽车停下后，应踩住制动踏板，将换挡手柄置于 P 位，并拉紧手制动，然后关闭点火开关，使发动机熄火。

8.5 使用自动变速器时的注意事项

为充分发挥自动变速器的性能，防止由于使用操作不当而造成早期损坏，驾驶装有自动变速器的汽车时，应注意以下事项。

（1）在用换挡手柄挂挡时，不要踩油门踏板；挂挡完成后，也不要立即猛踩油门踏板，否则容易损坏变速器中的离合器、制动器。

（2）要换至停车挡或倒挡时，一定要在汽车停稳后进行，否则，会损坏变速器中的换挡执行元件或停车锁止机构。

（3）驾驶时若要按"L 位—S 位—D 位"的顺序换挡时，不受任何车速的限制。但是若要按"D 位—S 位—L 位"的顺序换挡时，必须让汽车减速至车速低于相应的升挡车速时才能进行。如果将挡位从高挡位移至低挡位时车速过高，这实际上是手动的"强制降挡"。此时汽车会受到发动机的强烈制动作用，相应的低挡执行元件将急剧摩擦而损坏。换入低挡后，不要猛踩油门踏板，以免发动机转速过高，并造成变速器中的摩擦片磨损加剧和自动变速器油温过高。

（4）在驾驶时，如无特殊需要，不要将换挡手柄在 D 位、S 位、L 位之间来回拨动，特别要禁止在行驶中将换挡手柄拨入 N 位或在下坡时用空挡滑行。否则，由于发动机怠速运转，自动变速器内由发动机驱动的油泵出油量减少，而自动变速器内的齿轮等零件在汽车的带动下仍作高速旋转,这样这些零件会因润滑不良而损坏。

（5）要严格按照标准调整好发动机的怠速,怠速过高或过低都会影响自动变速器的使用效果。怠速过高,会使汽车在挂挡起步时产生强烈的瞬时前冲;怠速过低,在坡道上起步时,若松开制动后没有及时加油门,汽车会后溜,增加了坡道上起步的操作难度。

（6）必须使用规定品牌的液力传动油,按规定的方法经常检查油面高度,必须按规定的时间或里程进行换油,换油时同时清洗油冷却器和滤油器。

8.6 思考与练习题

1. 自动变速器一共有几个挡位,其中哪些是前进挡,对应的挡位是多少?
2. 自动变速器的换挡手柄位于某一位置时和手动变速器的换挡手柄位于某一位置时意义上有什么区别?
3. 自动变速器换挡手柄各个挡位的意义是什么?
4. 自动变速器的控制开关有几种?作用是什么?
5. 如何检查自动变速器内的油量及油质?
6. 汽车起步时如何使用自动变速器?
7. 一般道路行驶时如何使用自动变速器?
8. 倒车时如何使用自动变速器?
9. 如何使用自动变速器实现发动机制动?
10. 使用自动变速器时应注意哪些事项?

第 9 章　自动变速器的检修

9.1　自动变速器的检修仪器及其使用

现代汽车自动变速器无论从结构原理、电控系统上都是十分复杂的，因此，在维修自动变速器时，需要一些专用工具和仪器仪表来进行检修测试。用一般的工具和手工调码的方式只能对自动变速器的基础部分进行检查，手工调码方式比手工查线的老方法有了很大的进步，用一些简单的方法和较少的时间就可以对电控系统故障进行初步判断。但因为电控系统故障码是由设计人员根据易发生的电子故障编制的故障码，难免有一些实际车辆运行过程中确实存在，而又没有编入的故障代码。这时要用各种汽车专用检测电脑和仪器进行测试，在检修整车电气系统时，应该首选原厂专用检测电脑，但并非每个汽车修理厂家都能配备，分析解决问题时难免有些困难。使用目前国内市场上经常见到的一些检测设备也可以满足基本的维修需要，在选择及使用这些检测电脑时一定要注意与所要检查维修的车型相匹配。这里选择一些具有代表性的、经常使用的、功能比较齐全的检测设备加以介绍。

9.1.1　汽车专用万用表

汽车电脑及控制线路的故障可以用该车型的电脑故障检测仪或通用的汽车电脑故障检测仪来检测，如果不具备电脑故障检测仪，也可以用常规电路检测方法，即通过使用万用表测量电脑线束插头内各端子的工作电压或电阻来判断电脑及其控制线路是否工作正常。不过这种检测方法对于判断电脑及其控制线路的故障只是一种辅助的方法，当汽车电脑控制系统工作不正常时，如果用这种方法检测发现异常，最简单的方法是采用互换电脑总成的方法来判断电脑是否有故障（互换电脑总成时型号规格要一致）。

在汽车电脑及其线路检测及故障诊断中，经常需要检测电压、电流、电阻等参数，但对于汽车电脑控制系统来说，绝对不允许采用普通指针式万用表（除检测程序特别指明）来进行测量，因为测量过程中将会造成电脑及传感器的损坏，只能采用高阻抗的数字式万用表。同时还需要检测转速、闭合角、百分比、频率、压力、时间、电容、电感、温度等，这些参数对于自动变速器故障诊断是非常重要的。上述参数用一般的数字式万用表是无法检测的，必须采用汽车专用多功能数字式万用表。

汽车专用万用表主要由 4 位数字及模拟显示屏、功能按钮、测试项目选择开关、湿度测量插座、公用插孔（测量电压、电阻、频率、闭合角、占空比和转速）、搭铁插座、电流测量插座等构成。普通汽车专用万用表量程范围及检测精度如下。

① 直流电压：400 mV—400 V(精度±0.5%)，(1000±1%)V；
② 交流电压：400 mV—400 V(精度±1.2%)，(750±1.5%)V；
③ 直流电流：(400±1%) mA，(20±2%) A；
④ 交流电流：(400±1%) mA，(20±2.5%) A；
⑤ 电阻：(400±1%) Ω，4 Ω～4 MΩ(精度±1%)，(400±2%) MΩ；
⑥ 频率：4 kHz～4 MHz(±0.05%)，最小输入 10 Hz；
⑦ 二极管检测：精度±1% dgt。

电路通断音频信号检测。
① 温度检测：18～300℃(精度±3℃)，301～1100℃(精度±3%)；
② 转速：150～3999 r/min(精度±0.3%)，4000～10000 r/min(精度±0.6%)；
③ 闭合角：±0.50°；
④ 频宽比：±0.2%。

常见的汽车专用万用表有以下几种。

1. 国产 AT-950 数字式汽车万用表

国产 AT-950 及 AT-950B 汽车万用表是专为汽车维修而设计的以电池为电源的手持袖珍式液晶显示数字万用表。其主要功能如下：

（1）测量交/直流电压，直流电流，电阻；
（2）可以进行 3、4、5、6、8 缸发动机分电器触点的闭合角的测试；
（3）可以进行 3、4、5、6、8 缸发动机转速的测量，测量范围为 500～10 000 r/min；
（4）可以显示近似二极管正向电压值，正向直流电流约 1mA，反向直流电压约 2.8V；
（5）可以进行音响通断检查，音响通断检查时，导通电阻小于 30Ω 时机内蜂鸣器响，开路电压 2.8 V；
（6）采用国际标准 K 型温度传感器进行温度测试，测试范围-40～400℃。

2. EDA-230 汽车智能万用表

EDA-230 汽车智能万用表是台湾 ESCORT 公司研制生产的，是检测汽车电脑控制系统的智能化专业仪表，具有以下功能：

（1）检测交/直流电压、电阻、电容、发动机转速；
（2）发动机最大/最小输出电压、电流（配合±400A 电流钳）；
（3）检测电器元件消耗电流以及各类传感器；
（4）测量各类液、气体温度；
（5）点火触发脉冲信号检测，喷油器触发信号、喷油时间（ms）的测试；

（6）检测各控制元件的动作频率、占空比（百分比）、动作时间（ms）；

（7）其他如点火闭合角测试，真空/压力测试（配合真空/压力转换器），二极管及其通断测试，最大、最小和平均值显示、背光显示；数据保持、自动关机、相对值测试等。

EDA-230型智能汽车万用表不仅可以对汽车常规电器系统进行检测，而且还可以对汽车电脑控制系统的各个部分进行测量，选择相应的附件，还可以将测试功能扩大。

3. 笛威YWAY9406A多功能汽车数字万用表

笛威YWAY9406A多功能汽车数字万用表具有以下功能：

（1）检测发动机最大输出电压和输出电流。

（2）测量电器微小漏电压、电流，并具备记忆锁定功能。

（3）读取故障代码，代替LED灯跨接的方法，并可以声响记数及显示电压值。

（4）测量线路中的电压降及阻抗；测量电路中接点的压降或触点的压降，判断线路接触情况是否良好。

（5）测量温度、发动机转速、电路断路/短路并声响指示。

（6）测量电磁线圈工作时导通/切断百分比。

（7）检测空气流量传感器、进气压力及大气压力传感器、水温及进气温度传感器、氧传感器、怠速控制电动机、车速传感器、点火信号发生器、爆震传感器等。

（8）点火系高压电路技术状况检测。

（9）对各种测量参数最大、最小值的显示及储存。

（10）其他如发动机整流二极管动态检测，并有字幕显示；交直流电压电流检测，并具有安全过压保护功能；具有动态测试氧传感器变动率、电压变动值显示及声响提示（±0.45V判断）；可检测干扰电脑工作的干扰信号源；精确测试频率（MHz）、时间（ms）功能，检测脉冲信号的触发相位等。

使用万用表时要注意测量参数不要超过量程范围，当不知道被测参数的大小时，应首先使用最高量程，然后根据读数选择适当的量程，以免超出量程范围造成损坏。

9.1.2 汽车综合电脑检测仪

在汽车维修过程中，使用最多的诊断工具是汽车综合电脑检测仪，这种设备一部分是由汽车生产厂家提供的，如大众公司的VGAl552、福特公司的NGS等；还有一部分是由其他设备厂家生产的，如元征公司的电眼睛M431、修车王、金奔腾等。这里只对几种具有代表性的检测仪进行介绍。

1. ADC2000

ADC2000是元征公司为汽车故障诊断、测试和分析而设计的专用仪器。它具有汽车故障诊断功能、示波器功能、万用表功能和点火波形测试 4 种主要功能。

汽车故障诊断功能可以诊断国产车系、韩国车系、日本车系、欧洲车系和美洲车系等大部分电喷汽车的故障。诊断功能包括有：故障码输出、数据流输出、故障码清除、系统测试、动作测试等。可以诊断的汽车系统包括：发动机（ENG）、变速器（A/T）、防抱死制动系统（ABS）、安全气囊（SRS）、空调（A/C）、电子悬架（ECS）和巡航系统（CC）。

四通道示波器可以测量汽车各种传感器的输出波形，并配置有七种重要传感器的标准波形。用户可以将测量波形与标准波形比较，分析传感器的各种故障。同时，还提供了十几种常用传感器的测试方法和故障判断帮助信息。示波器具有完善的显示控制方式，可同时测量显示四个通道的波形。

万用表功能使其可以作为万用表来测量汽车各种传感器的电压、输出频率、占空比等。帮助用户分析各种传感器的故障。

点火波形测试功能可以用来测量各种汽油发动机的初级和次级点火波形，并显示点火峰值电压、闭合角和火花时间。可以测量有分电器和大部分无分电器（DLI）的汽车发动机点火系统。系统配备了初级和次级点火信号的标准波形和故障波形，通过比较，帮助用户分析判断汽车发动机的各种故障。

ADC2000 具有中文简体、中文繁体和英文 3 种语言显示，对应每种功能都有简要的帮助信息和反馈信息，提示用户如何操作。另外，ADC2000 还具有与 PC 机联机通讯的功能，可以把数据或波形传输到计算机上进行详细的分析。并且可以外接支持 PLC 语言的通用打印机，将测量的数据和波形打印出来。

2. SCANNER 检测仪

SCANNER 检测仪是由美国 SNAP-ON 公司生产的综合电脑检测仪，俗称红盒子。它是检测美国车系非常好的一种检测仪，对美国通用、福特、克莱斯勒三大车系的检测功能基本达到原厂检测仪标准。

通过与 SCANNER 的简单对话，将汽车识别号（VIN）输入 SCANNER 并对主菜单进行简单选择可检测发动机控制系统和车上的其他电器系统。此时，SCANNER 将显示该检测车的检测菜单或检测项目表。可以根据所要解决的具体问题选择检测和显示内容。使用 SCANNER 检测仪时必须与相应车型的故障卡配合使用才能完成诊断任务。SCANNER 有两种卡：故障卡和故障排除卡。SCANNER 的下部有两个卡槽用于插卡，可单独安装一块故障卡，或将故障卡与故障排除卡一起安装。故障排除卡必须与相应的故障卡同时安装才能正常工作。注意在插上或拔出故障卡前，必须断开电源线缆和检测接头。

在使用 SCANNER 进行变速器检测时可以应用的功能有：

（1）故障码和数据功能：用这些选择可以读取故障码和观看从被测组件得到的信息，包括开关信号和模拟参数，如速度和压力数据等。

（2）执行器检测功能：检测某些执行器的工作，可用在许多系统组件上，与发动机检测中的执行器检测模式类似。

（3）功能检测：用于自动变速器系统组件的特定操作检测，与发动机检测中的功能检测类似。

（4）行车记录功能：可使你从故障码和数据显示中记录和保存系统的运行数据，以便查阅和打印。

（5）快速故障排除功能：如果安装了故障排除卡，并且卡中具有所识别出的 CCD 系统组件的故障排除信息，则可以访问快速故障排除信息。

3. CONSULT 检测仪

CONSULT 检测仪是日产公司原厂专用的检测仪器，能显示车上每一电子控制单元所储存或送出的资料与信息，分析与诊断发生故障的汽车电子控制系统，直接测量与显示从传感器所送出的讯号或送到执行元件的讯号，及将这些讯号与原先存于电子控制单元的资料作比较，并对发动机与自动变速器等系统进行数据流监控。此外还可对电压、脉冲、频宽比直接测量与系统调整，并有示波绘图功能。

CONSULT 电脑检测仪可以应用于以下几个方面：

（1）显示出车上各电子控制单元（ECU）所储存或所输出的资料与信息。

（2）直接测量与显示从传感器输出的信号或输出到执行器的信号，以及将这些信号与原先存于电子控制单元的资料进行比较。

（3）通过诊测专用接头与电子控制单元构成联系来驱动执行器。

（4）进行必要的电压、脉冲、频宽比的直接测量与系统调整。

4. TranX2000 专用自动变速器检测仪

TranX2000 专用自动变速器检测仪是由美国制造的目前世界上较先进的电控自动变速器专用检测仪，它是专门为检测电控自动变速器系统设计的，没有检测车辆其他系统的功能。它对电控自动变速器的检测功能十分强大，可在变速器不解体的情况下，直接用本仪器控制变速器的升降挡，对电控自动变速器故障判断十分方便，可十分清楚区分出是电控系统故障还是机械故障。

同时可对自动变速器的电子类元件（换挡电磁阀、锁止电磁阀、油压调节阀等）进行检测，具有操作电子元件执行动作功能，对脉冲式线性电磁阀可以从 0～65%进行调节检测，可对自动变速器电脑进行监控，检测其输出信号是否符合原厂标准。

输入正确的自动变速器代码，按"进入/清零"键，TranX2000 执行相应的控制程序。用转动仪器面板上的测试选择钮选择所测项目，可以进行电磁阀测试、挡位测试、电脑监视以及特殊测试。电磁阀测试可以快速测试每个电磁阀的短路或断路情况，测试可以在车上进行，此时应关闭发动机。挡位测试时，检测仪可代替车上的电脑控制自动变速器进行换挡。电脑监视可以监视从电脑输出到自动变速器的信号，并将信号解码后显示。另外还可以对传感器进行测试。

9.2 自动变速器的性能检验

自动变速器的结构和工作原理都很复杂，不论是换挡执行元件损坏，还是液力变矩器、电控系统、阀体中的控制阀或其他任何部件出现故障，都会影响自动变速器的正常工作。自动变速器不易拆装，当出现故障或工作不正常时，盲目拆卸往往找不到故障的真正原因，甚至造成自动变速器的损坏。因此应首先进行性能检验，利用各种检测仪器和手段，按照合理的程序和步骤，诊断出故障的原因，以便有针对性地进行维修。自动变速器在修理完毕后，也应进行全面的性能检验，以保证自动变速器的各项性能指标达到标准要求。

9.2.1 自动变速器的基础检验

自动变速器的油位不当、油质不佳、联动机构调节不当及发动机怠速不正常等，是引起自动变速器故障的常见原因。通常把对这些部件的检查与重调整，称自动变速器的基本检查。进行基础检验的必要前提是汽车的发动机工作正常，底盘性能良好，尤其是汽车的制动系统性能良好，否则，有可能将发动机加速不良等其他问题误认为是自动变速器的故障表现。

1. 自动变速器的油质、油面高度检查

本项检验用于检查自动变速器中的油液位置是否在规定的范围之内，同时检查自动变速器的油质，这项检查是最基本的检查项目，也是决定自动变速器是否进行拆检的主要依据之一。

检查时发动机和自动变速器的温度必须达到正常的工作温度，并在发动机怠速状态下将操纵手柄自"P"位依次转换到"L"位，并在每个挡位上停留几秒，再回到"P"位。然后检查液面位置是否在规定的范围内。

如果必须在自动变速器油温度较低时检查液位（例如在更换自动变速器油期间），将液面位置调整在冷态位置附近，然后启动发动机，挂上挡，热机后再检验。

自动变速器油质的检查方法：将油尺上的自动变速器油滴在干净的白纸上，检查自动变速器油的颜色和气味。正常的自动变速器油颜色一般为粉红色，无异味。如自动变速器油呈褐色或有焦味，说明油已变质。若自动变速器油只有轻微变质或产生轻焦味，说明自动变速器内的摩擦片有少量磨损，可换油后再作进一步检查。如换油后能正常工作，无明显故障，可继续使用，不必拆修。若自动变速器油有明显的变质或产生严重焦味，可进一步拆检油底壳。若油底壳内有大量摩擦材料粉末沉淀,说明自动变速器磨损严重,应立即拆修。

2. 节气门全开检验

本项检验是检查将油门踏板踩到底时,发动机的节气门应全开,其目的在于检查发动机的输出功率是否在规定的范围内。

如经检验发现节气门开度不合要求,应对发动机节气门操纵系统进行必要的检查和调整。

3. 节气门拉索的检查与调整

本项检验用于检查表征发动机负荷大小的节气门开度,能否被准确地反映到自动变速器内部的节气门阀处。在自动变速器节气门拉索上,都有一调节挡块标记,如图9-1所示。对有长的橡胶防尘罩套的节气门拉索,检查时必须使节气门处于全开位置。此时,橡胶防尘罩套末端与挡块标记间的距离应为0~1mm,若超出此范围,可用调节螺母调整拉索的长度。对于只有极短橡胶防尘罩套的拉索,则需在节气门完全关闭时检查,此时防尘罩套与拉索上的挡块标记间的距离也应为0~1mm。

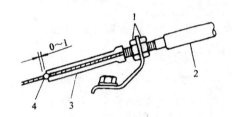

图9-1 节气门拉索检查

1—调节与锁紧螺母 2—外拉索
3—防尘罩套 4—挡块标记

若节气门拉索调整不当,对于液控自动变速器会导致换挡时刻的改变,造成换挡过早或过迟,使汽车加速性能变差或产生换挡冲击;对于电控自动变速器会导致主油路油压异常,使换挡执行元件打滑或产生换挡冲击。

4. 空挡启动开关检验

本项检验的目的是检查汽车发动机是否仅在自动变速器换挡手柄处于"N"位或"P"位时方可启动,以及倒车灯开关是否仅在换挡手柄置于"R"位时才接通,从而使倒车灯点亮。检查时,若发现发动机在换挡手柄被置于除"N"位和"P"位以外的其他位置(如"D"位、"2"位、"1"位等)时也能启动,则应按以下方法进行调整。

拧松空挡启动开关固定螺栓,然后将换挡手柄置于"N"位或"P"位,调整空挡启动开关,确认接通空挡启动开关后,拧紧螺栓至规定转矩。如图9-2所示。有些自动变速器的空挡启动开关外壳上刻有一条基准线,调整时应将空挡启动开关上的基准线与手控阀摇臂轴上的凹槽对齐,如图9-2a所示。也有一些自动变速器的启动开关上有一个定位孔,调整时应使摇臂上的定位孔和启动开关上的定位孔对准,如图9-2b所示。

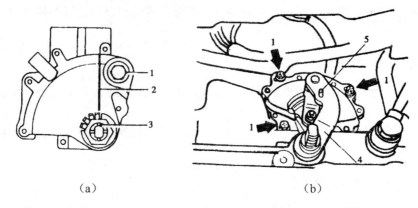

图 9-2 空挡启动开关的调整

1—固定螺钉　2—基准线　3—槽口　4—摇臂　5—调整用定位销

5. 超速挡控制开关检验

本项检验用于确认自动变速器的超速挡电控系统是否工作正常。

检查时,自动变速器油温应处于正常状态(70~80℃),然后将发动机熄火,打开点火开关,按下超速挡(O/D)控制开关,查听位于变速器内的相应电磁阀有无动作时发出的咔哒声,如有咔哒声,则说明被检自动变速器的超速挡电控系统工作正常。

若需确认自动变速器能否在按下超速挡(O/D)控制开关时,可以在发动机节气门开度和汽车行驶速度适宜时产生由 3 挡升为 4 挡(超速挡)的升挡变换,以及从 4 挡降为 3 挡的降挡变换,则必须进行道路试验。

6. 发动机怠速检查

本项检查的目的在于确定当自动变速器换挡手柄置于 "P" 位或 "N" 位时,汽车发动机的怠速转速是否在规定的范围内。

发动机怠速检查在满足以下条件后方可进行:发动机达到正常工作温度,已安装空气滤清器,进气系统所有的管路和软管均已接好,所有附件(包括空调在内的用电器)均已关掉,所有的真空管路,包括废气再循环(EGR)装置在内,均已正确连接,电子控制燃油喷射(EFZ)系统的配线连接器已完全插好,点火正时已正确设定,同时自动变速器位于空挡。

若怠速过低,挡位转换时将引起车身振动,甚至使发动机熄火。若怠速过高,汽车"爬行"现象严重,且在换挡时发生冲击,造成传动零件的过早损坏。因此怠速过高或过低均应进行检查并予以调整。

9.2.2 失速试验

在前进挡或倒挡中,踩住制动踏板并完全踩下油门踏板时,发动机处于最大转矩工况。而此时自动变速器的输出轴及输入轴均静止不动,因此液力变矩器的涡轮也静止不动,只有液力变矩器壳及泵轮随发动机一起转动,这种工况称为失速工况,此时发动机的转速称为失速转速。

失速试验的目的是检查发动机输出功率、变矩器及自动变速器中制动器和离合器等换挡执行元件的工作是否正常。

1. 失速试验的准备

① 让汽车行驶使发动机和自动变速器均达到正常工作温度。
② 检查汽车的行车制动和驻车制动,确认其性能良好。
③ 检查自动变速器油的液面应在正常位置。

2. 试验步骤

① 将汽车停放在宽阔的水平路面上,前后车轮用三角木塞住。
② 拉紧驻车制动,左脚用力踩住制动踏板。
③ 启动发动机,将换挡手柄拨入 D 位。
④ 在左脚踩紧制动踏板的同时,用右脚将油门踏板踩到底,迅速读取此时发动机的最高转速,即失速转速。
⑤ 读取发动机转速后,立即松开油门踏板。
⑥ 将换挡手柄拨入"P"位或"N"位,使发动机怠速运转 1min 以上,以防止自动变速器油因温度过高而变质。
⑦ 将换挡手柄拨入"R"位,做同样的试验。

自动变速器的失速试验操作过程如图 9-3 所示。

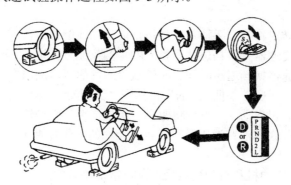

图 9-3 自动变速器的失速试验过程图解

由于在失速工况下，发动机的动力全部消耗在液力变矩器内自动变速器油的内部摩擦损失上，此时自动变速器油的温度将急剧上升，因此在失速试验中，从油门踏板踩下到松开的全部时间不得超过 5s，否则会使自动变速器油因温度过高而变质，甚至损坏密封圈等零件。一个挡位的试验完成后，应等油温下降以后再进行下一个挡位的试验。试验结束后应使发动机怠速运转几分钟，使自动变速器油的温度正常。若试验中发现驱动轮转动，应立即停止试验。

不同车型的自动变速器都有其失速转速标准。大部分自动变速器的失速转速标准为 2300 r/min 左右。若失速转速与标准值相符，说明自动变速器的油泵、主油路油压及各个换挡执行元件工作基本正常；若失速转速高于标准值，说明主油路油压过低或换挡执行元件打滑；若失速转速低于标准值，则可能是发动机动力不足或液力变矩器有故障。

不同挡位失速转速不正常的原因如表 9-1 所示。

表 9-1 不同挡位失速转速不正常的原因

操纵手柄位置	失速转速	故障原因
所有位置	过高	1. 主油路油压过低 2. 前进离合器打滑 3. 倒挡执行元件打滑
所有位置	过低	1. 发动机动力不足 2. 变矩器导轮的单向离合器打滑
仅在 D 位	过高	1. 前进挡油路油压过低 2. 前进离合器打滑
仅在 R 位	过高	1. 倒挡油路油压过低 2. 倒挡及高速挡离合器打滑

9.2.3 时滞试验

在发动机怠速运转时将换挡手柄从空挡拔至前进挡或倒挡后，需要有一段短时间的迟滞或延时才能使自动变速器完成挡位的变换（此时会感到汽车有一个轻微的振动），这一短暂的时间称为自动变速器换挡迟滞时间。时滞试验的目的就是测出发动机怠速时，自动变速器换挡的迟滞时间，即换挡手柄从"N"位换到"D"位或"R"位，中间经历液压控制系统启动，行星齿轮装置启动，一直到将驱动力矩传至汽车驱动轮这一段完整的时间。根据迟滞时间的长短来判断主油路油压及换挡执行元件的工作是否正常。

试验步骤：
① 行驶汽车，使发动机和自动变速器达到正常工作温度。
② 将汽车停放在水平地面上，拉紧驻车制动。

③ 将换挡手柄分别置于"N"位和"D"位，检查其怠速，"D"位怠速略低于"N"位怠速（约低 50 r/min），如不正常，应按规定予以调整。

④ 将自动变速器换挡手柄从"N"位拨至"D"位，用秒表测量从拨动换挡手柄开始到感觉到汽车振动为止所需的时间，该时间称为 N-D 迟滞时间。

⑤ 将换挡手柄拨至"N"位，让发动机怠速运转至少 1min 后，再做一次同样的试验。

⑥ 上述试验进行 3 次，取其平均值作为 N-D 迟滞时间。

⑦ 按上述方法，将换挡手柄由"N"位拨至"R"位，测量 N-R 迟滞时间。

自动变速器的时滞试验过程如图 9-4 所示。

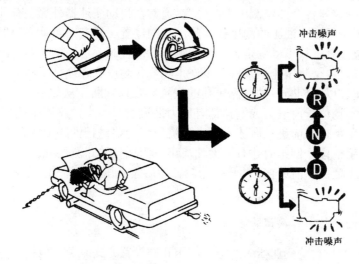

图 9-4　自动变速器的时滞试验过程图解

对绝大多数装用自动变速器的汽车来说，N-D 迟滞时间应小于 1.2 s，N-R 迟滞时间应小于 1.5 s。若 N-D 迟滞时间过长，说明主油路油压过低，前进挡离合器磨损或超速挡单向离合器工作不良；若 N-R 迟滞时间过长，说明倒挡主油路油压过低、倒挡离合器或倒挡制动器磨损过大或超速挡单向离合器工作不良。

9.2.4　油压试验

油压试验是在自动变速器工作时，测量控制系统各个油路中的油压，为分析自动变速器的故障提供依据，以便有针对性地进行检修。油压试验的目的是检查油泵、油压调节阀、节气门阀、油压电磁阀、调速器及变速器油等的工作状况。

自动变速器控制系统油压正常是自动变速器正常工作的必要条件。油压过高，会造成自动变速器换挡时冲击过大、甚至损坏控制系统；油压过低，会使换挡执行元件打滑，加剧摩擦片的磨损，甚至烧毁换挡执行元件。因此油压试验是自动变速器检修中的一项重要检验内容。

1. 油压试验的准备工作

① 行驶汽车，使发动机和自动变速器达到正常工作温度。

② 将车辆停放在水平路面上，检查发动机怠速和自动变速器油的油面高度。如不正常，应进行调整。

③ 准备一个量程为 2 MPa 的压力表。

④ 找出自动变速器各个油路测压孔的位置。通常在自动变速器外壳上有几个用方头螺塞堵住的用于测量不同油路油压的测压孔。测压孔的位置一般在《自动变速器维修手册》上可以找到，如果没有资料可以确定各油路的测压孔位置时，可用举升器将汽车升起，在发动机运转时分别将各个测压孔螺塞松开少许，观察各测压孔在换挡手柄位于不同挡位时是否有压力油流出，以此判断各油路测压孔的位置。具体判断方法如下：

- 换挡手柄不论位于前进挡或倒挡都有压力油流出，为主油路测压孔。
- 只在换挡手柄位于前进挡时才有压力油流出，为前进挡油路测压孔。
- 只在换挡手柄位于倒挡时才有压力油流出，为倒挡油路测压孔。
- 只在换挡手柄位于前进挡，并且驱动轮转动后才有压力油流出，为调速器油路测压孔。

2. 油压试验的试验内容及试验步骤

油压试验的内容与自动变速器的类型及测压孔的设置方式有关，包括：主油路油压测试、各离合器、制动器的蓄压器油压测试。液控式还有节气门阀油压测试和调速阀油压测试。电控式还有节气门位置传感器和车速传感器的随动电压测量。

（1）主油路油压测试

进行主油路油压测试时，应分别测出前进挡和倒挡的主油路油压，测试过程如图 9-5 所示。

① 前进挡主油路油压的测试

将汽车停放在水平路面上，前后车轮用三角木块塞紧。拆下自动变速器壳体上的主油路测压孔或前进挡油路测压孔螺塞，接上油压表。启动发动机，将换挡手柄拨至前进挡"D"位，读出发动机怠速运转时的油压。该油压即为怠速工况下的前进挡主油路油压。

踩紧制动踏板，同时将油门踏板完全踩下，在失速工况下读取油压。该油压即为失速工况下的前进挡主油路油压。

将换挡手柄拨至空挡或驻车挡，让发动机怠速运转 1min 以上。然后将换挡手柄拨至各个前进低挡位置，重复以上步骤，读出各个前进低挡在怠速工况下和失速工况下的主油路油压。

第 9 章 自动变速器的检修

图 9-5 自动变速器的主油路油压测试过程图解

② 倒挡主油路油压的测试

将汽车停放在水平路面上,前后车轮用三角木块塞紧。拆下自动变速器壳体上的主油路测压孔或倒挡油路测压孔螺塞,接上油压表。启动发动机,将换挡手柄拨至倒挡"R"位。在发动机怠速运转工况下读取油压值,该油压即为怠速工况下的倒挡主油路油压。

踩紧制动踏板,同时将油门踏板完全踩下,在失速工况下读取油压。该油压即为失速工况下的倒挡主油路油压。

将测得的主油路油压与标准值进行比较。不同车型自动变速器的主油路油压各不相同,若主油路油压不正常,说明油泵或控制系统有故障。表 9-2 列出了主油路油压不正常的可能原因。

表 9-2 主油路油压不正常的原因

工况	测试结果	故障原因
失速	稍低于标准油压	1. 节气门拉索或节气门传感器调整不当 2. 油压电磁阀损坏或线路故障 3. 主油路调压阀故障或弹簧太软
	明显低于标准油压	1. 油泵故障 2. 主油路泄漏 3. 油压电磁阀损坏或线路故障

（续表）

工况	测试结果	故障原因
怠速	所有挡位的主油路油压均太低	1. 油泵故障 2. 主油路调压阀卡死 3. 主油路调压阀弹簧太软 4. 节气门拉索或节气门位置传感器调整不当 5. 节气门阀卡滞 6. 主油路泄漏 7. 油压电磁阀损坏或线路故障
	前进挡和前进低挡的主油路油压太低	1. 前进离合器活塞漏油 2. 前进挡油路泄漏
	前进挡主油路油压正常 前进低挡主油路油压太低	1. 前进低挡制动器或离合器活塞漏油 2. 前进低挡油路泄漏
	前进挡主油路油压正常 倒挡主油路油压太低	1. 倒挡制动器或离合器活塞漏油 2. 倒挡油路泄漏
	所有挡位的主油路油压均过高	1. 节气门拉索或节气门位置传感器调整不当 2. 主油路调压阀卡死 3. 节气门阀卡滞 4. 主油路调压阀弹簧太硬 5. 油压电磁阀损坏或线路故障

（2）调速阀油压测试

大部分的液控自动变速器都可以对调速阀油压进行测试，测试调速阀油压时，可用举升机将汽车升起原地测试，也可以接上压力表进行路试，如图9-6所示。

图9-6 自动变速器的调速阀油压测试过程图解
（a）路试 （b）台架试验

调速阀油压的测试过程如下：拆下自动变速器壳体上的调速阀测压孔螺塞，接上油压表。启动发动机，将换挡手柄拨至前进挡"D"位。松开驻车制动，缓慢踩下加速踏板，使驱动轮转动，读取不同车速下的调速阀油压，并将测试结果与标准值进行比较。

若测得的调速阀液压偏低，说明主油路油压偏低或调速阀油路泄漏，或调速阀工作不正常。

(3) 节气门油压测试

若汽车自动变速器上有节气门油压的测压孔，此时可用举升机将汽车升起，在自动变速器上节气门油压的测压孔处接上油压表。启动发动机，逐渐加大油门开度，便可以测定给定油门开度下的油压。该压力应随节气门开度的逐渐加大而增大，随节气门开度的逐渐减小而减小。

若自动变速器上无节气门油压的测压孔，也可以测量节气门阀的压力。若节气门拉线调整正确，与相对应的升挡车速相比，如果部分节气门开度时升挡车速延迟了或过早了，就可以怀疑节气门压力不正常。升挡或降挡时，若发动机失控（即超速），也可能是节气门压力调整不正确（过低）的表示。

但是要注意的是，在未查明节气门拉线是否调整正确之前，不应对节气门油压进行重新调整。

9.2.5 道路试验

道路试验是诊断、分析自动变速器故障，以及检验修复的自动变速器是否恢复正常工作能力的最有效手段之一。进行道路试验可以验证失速试验、油压试验和时滞试验的结果，进一步确定故障的原因与所在部位。

道路试验是对汽车自动变速器性能的最终检验，主要检验内容有：换挡车速是否正确，换挡时有无冲击、振动、噪声、打滑，锁止离合器是否工作以及检查发动机制动效果等。

1. 道路试验的准备工作

道路试验前，汽车的发动机、底盘等各总成或系统的技术状态应完好，自动变速器应已经过了各种检查和试验。先让汽车以中低速行驶 5~10 min，让发动机和自动变速器都达到正常工作温度。试验中如无特殊需要，应将超速挡开关置于"ON"位置，并将模式开关置于标准模式或经济模式位置。

2. 道路试验的试验内容

(1) 升挡过程的检查

将换挡手柄挂入前进挡"D"位，踩下加速踏板，使节气门开度保持在 50%左右，让汽车起步加速，检查自动变速器的升挡情况。自动变速器在升挡时发动机会有瞬时的转速下降，如果有转速表会发现发动机转速下降，同时车身有轻微的振动感。正常情况下，汽车 D 挡起步后随着车速的升高，试车者应能感觉到自动变速器能顺利地由 1 挡升入 2 挡，随后再由 2 挡升入 3 挡，最后升入超速挡。若自动变速器不能升入高挡（直接挡或超速挡），说明换挡控制元件（如换挡阀）或换挡执行元件（如离合器、制动器）有故障。

（2）升挡车速的检查

将换挡手柄挂入前进挡"D"位，踩下加速踏板，使节气门开度保持在某一固定位置让汽车起步加速。当感觉到自动变速器升挡时，记下升挡车速。由于升挡车速和节气门开度有很大的关系，即节气门开度不同时，升挡车速也不同，而且不同车型的自动变速器各挡位的传动比的大小都不尽相同，其升挡车速也不完全一样。因此，只要升挡车速基本保持在规定的范围内，并且汽车行驶中加速良好，无明显的换挡冲击，都可认为其升挡车速基本正常。

若汽车行驶中加速无力，升挡车速明显低于上述范围，说明升挡车速过低（即过早升挡，类似于手动变速器的低速高挡）；若汽车行驶中有明显的换挡冲击，升挡车速明显高于上述范围，则说明升挡车速过高（即迟升挡，相当于手动变速器的高速低挡）。升挡车速太低一般是控制系统的故障所致，如节气门拉索调整不当。升挡车速太高则可能是控制系统的故障所致，也可能是换挡执行元件的故障所致，如某一挡位的执行元件打滑。

由于降挡冲击较小，降挡时刻在行驶中不易察觉，因此在道路试验中一般无法检查自动变速器的降挡车速，只能通过检查升挡车速来判断自动变速器有无故障。如有必要，还可以检查在其他模式或换挡手柄位于前进低挡位置时的换挡车速，并与标准值进行比较，作为判断故障的参考依据。

（3）升挡时发动机转速的检查

有发动机转速表的汽车在自动变速器道路试验时，应注意观察试验中发动机转速的变化情况。发动机转速是判断自动变速器工作是否正常的重要依据之一。一般，若自动变速器处于经济模式或普通模式，节气门开度保持在低于 50%范围内，汽车由起步加速直至升入高速挡的整个行驶过程中，发动机转速都将低于 3000 r/min。通常在加速至即将升挡时发动机转速可达到 2500～3000 r/min，在刚升挡后的短时间内发动机转速将下降至 2000 r/min 左右。如果在整个行驶过程中发动机转速始终过低，加速至升挡时仍低于 2000 r/min，说明升挡时间过早或发动机动力不足；如果在行驶过程中发动机转速始终偏高，升挡前后的转速在 2500～3000 r/min 之间。而且换挡冲击明显，说明升挡时间过迟；如果在行驶过程中发动机转速过高，经常高于 3000 r/min，在加速时达至 4000～5000 r/min，甚至更高，则说明自动变速器的换挡执行元件（离合器或制动器）严重打滑，应拆检自动变速器。

（4）换挡质量的检查

换挡质量的检查内容主要是检查有无换挡冲击。正常的自动变速器只能有不太明显的换挡冲击，特别是电控自动变速器的换挡冲击应十分微弱。若换挡冲击太大，说明自动变速器的控制系统或换挡执行元件有故障，其原因可能是主油压过高、单向阀或蓄压器不良，换挡执行元件打滑,应做进一步的检查。

(5) 锁止离合器工作状况的检查

道路试验中还可以进行液力变矩器的锁止离合器工作质量的检查。试验中,让汽车加速至超速挡,以高于 80 km/h 的车速行驶,并让节气门开度保持在低于 50% 的位置,使变矩器进入锁止状态。此时,快速将加速踏板踩下至 2/3 开度,同时检查发动机转速的变化。若发动机转速没有太大变化,说明锁止离合器处于接合状态;反之,若发动机转速升高很多,则表明锁止离合器没有接合,锁止离合器没有锁止的原因通常是锁止离合器控制系统有故障,比如锁止油压太低等。

(6) 发动机制动作用的检查

检查自动变速器的发动机制动作用时,应将换挡手柄拨至前进低挡(S、L 或 2、1)位置。在汽车以 2 挡或 1 挡行驶时,突然松开加速踏板,检查车速是否可以随即降下来。若松开加速踏板后车速立即随之下降,则说明有发动机制动作用;否则,说明控制系统或相应工作挡位的离合器、制动器有故障。

(7) 强制降挡试验

将换挡手柄拨至"D"位,保持节气门开度为 1/3 左右,在以 2 挡、3 挡或超速挡行驶时突然将加速踏板踩到底,检查自动变速器是否被强制降低一个挡位(应有明显的增矩效果)。强制降挡时,发动机转速会突然上升至 4000 r/min 左右,并随着车辆加速,转速逐渐下降。松开油门踏板,自动变速器又回到高挡位。若踩下加速踏板后没有出现强制降挡,说明强制降挡功能失效。如果有强制降挡作用,但在强制降挡时发动机的转速异常地高(5000 r/min 左右),并在松开加速踏板升挡过程中出现换挡冲击,则说明换挡执行元件磨损严重而打滑,应拆修自动变速器。

(8) P 位制动效果试验

在坡度大于 9% 的坡道上停车,将换挡手柄拨入"P"位,松开驻车制动和制动踏板后应不溜车。

(9) 倒挡试验

停车后将自动变速器换挡手柄置于"R"位,应能够迅速倒车,并无打滑现象。

9.2.6 电控自动变速器的手动换挡试验

电控自动变速器可以通过手动换挡试验来确定自动变速器的故障出在电子控制系统还是其他部位。手动换挡试验就是将电控自动变速器所有换挡电磁阀的线束接线器拔开,使自动变速器失去电脑控制自动换挡的作用,然后通过手动换挡,看自动变速器是否能正常工作。此时自动变速器的挡位取决于换挡手柄的位置,不同车型的电控自动变速器在脱开电磁阀线束接线器后,换挡手柄的挡位与变速器实际工作挡位的对应关系各不相同,大多数型号如表 9-3 所示。

表 9-3　挡位与换挡手柄的关系

换挡手柄位置	挡位	换挡手柄位置	挡位
P	停车挡	D	超速挡
R	倒挡	S	3 挡
N	空挡	L	1 挡

手动换挡试验的试验步骤：
① 脱开电控自动变速器的所有换挡电磁阀的线束接线器。
② 启动发动机，将换挡手柄置于不同位置，然后做道路试验（也可以做台架试验）。
③ 观察发动机转速和车速的对应关系，以判断自动变速器所处的挡位，不同挡位时发动机转速与车速的关系可以参考表 9-4。由于变矩器传递的转矩不同时传动比也不同，因此表中车速只能作为参考，实际车速将随着行驶中节气门开度的不同而不同。
④ 若换挡手柄置于不同位置时自动变速器所处的挡位与表 9-4 相同，说明电控自动变速器的阀体及换挡执行元件工作正常，故障原因可能是出自电子控制系统。否则，在手动换挡试验中就会出现异常，说明自动变速器的液压控制系统或换挡执行元件有故障，应通过其他试验方法来确定故障范围。
⑤ 试验结束后接上电磁阀线束接线器。同时清除电脑中的故障码，防止因脱开电磁阀线束接线器而产生的故障码储存在电脑中，影响自动变速器的故障自诊断工作。

表 9-4　不同挡位时发动机转速与车速的关系

挡位	发动机转速（r/min）	车速（km/h）
1 挡	2000	18～22
2 挡	2000	34～38
3 挡	2000	50～55
超速挡	2000	70～75

9.3　自动变速器维修总则

自动变速器，尤其是电子控制自动变速器，一般均认为结构复杂，ECU 控制原理深奥，需要具有高水平的技术知识和专业技能，才能胜任其检修任务。但实际上，只要认真仔细地听取车主对故障的描述，并对此加以深入的分析，辅之以故障码的确认和故障症状方面的模拟再现，基本上便可确认所发生的故障。即便是 ECU 控制的系统，只要对电路逐个进行检测,那么在充分了解这些系统的基础上,准确地诊断出故障亦非难事。故障确认后,再根据故障表的提示或经验找出引发故障的零部件或系统,加以有的放矢的维修,便可将其排除,并使车辆恢复正常。

故障分析中最令人棘手的是检查时故障症状不发生,在此情况下,一定要先对车主所述故障进行分析,然后尽可能地模拟再现所述故障发生时的情形。因为无论维修人员的经验如何丰富,技术如何精湛,找不出故障便无法进行排除,维修工作也无从开展。

对电子控制自动变速器来说,由于振动、高温或过湿等原因造成的一些故障往往难以再现,因此,下面简要介绍几种行之有效的故障模拟试验方法,这些方法不用行驶车辆便可采用。

当怀疑故障是由振动引起的时,可以沿垂直方向和水平方向轻轻地晃动配线和连接器,重点应检查连接器接头、振动支撑以及连接器体穿过的部位等。同样,也可用手指轻轻晃振被怀疑是故障原因的传感器部件,以检查其是否正常工作。采用振动法再现故障时,切记不可过分用力。

当怀疑故障是因个别部位过热的原因所引发时,可用电吹风机等对被疑为故障起因的部件进行加热,看其是否出现故障。采用加热法再现故障时,加热温度以不使部件受损为限,一般不要超过60℃。另外,不宜对电子控制单元(ECU)直接进行加热。

当怀疑故障是因过湿(如雨天漏水或类似高湿条件)而引起时,可以采用向车辆喷水的办法来检查故障是否再现。喷水时不要直接向发动机舱内喷洒,而应将水喷洒在散热器的正面,另外,切勿将水直接喷洒在电子元器件上面。有一点要加以说明的是,电子控制单元(ECU)可能为漏水所损坏,所以对有漏水故障的汽车进行喷水试验时,应格外小心。

若怀疑故障可能是电气系统负荷过大所引起时,不妨接通所有电气负荷(包括暖风机、大灯、后窗除雾器等在内),以观察故障是否再现。

确认故障原因,进行维修排除时,应遵循以下要求或规则:

用挡泥板垫、座椅蒙布和地板垫等保持车辆的清洁,并防止划伤车身表面的漆层。一定要在进行或涉及电气工作前,将点火开关拧至"OFF"或"LOCK"位置,并从蓄电池上拆下负极电缆达90s(之所以在拆下负极电缆90s之后方可开始工作,是因为相当数量的现代轿车安全气囊系统中装有备用电源,如果在拆下蓄电池负极电缆后90s内开始工作,则有可能使安全气囊炸出,这是很危险的)。为防止蓄电池接线柱损坏,拆下电缆时,应扭松蓄电池端子螺母,再将电缆垂直提起,不要硬撬或硬扭。如需清洁蓄电池接线柱和电缆端子,可用棉纱等物,但不要用锉刀等。另外,安装蓄电池电缆时,不要用锤子将电缆端子砸到接线柱上,拧紧螺母后,务必将蓄电池正、负极接线柱的盖板盖好。

更换熔断丝时,一定要确认新熔断丝具有正确的额定安培值,不要使用超过额定值或低于额定值的熔断丝。

用举升器或千斤顶顶起以及支撑车辆时,务必要小心,应确保在适当的位置顶起并支撑住车辆。若仅是顶起车辆的前端或后端时,一定要挡住另一端的车轮,以确保安全。另外，顶起车辆后，一定要用支架支撑住车辆，若只靠千斤顶将车辆顶起后就开始工作，有可能出现危险情况。

拆卸和分解自动变速器时，一定要保持零部件原来的顺序，以利于装复。对组件进行分解、检查和装配时，亦应分组按顺序进行，以免将看起来相似实则不同的零件混淆。若因配件暂时缺乏而无法将某一组件装配起来，则应将该组件中的所有零部件有顺序地单独置于一处，然后再拆装其他组件。

分解自动变速器之前，应对其外部进行有效和彻底的清洗，以防污物弄脏其内部的精密配合件。变速器内部的所有零部件亦应彻底清洗干净，对内部的零部件，为保证清洗效果，建议用自动变速器油或煤油进行清洗。对自动变速器内部的液压控制系统而言，即便对非常细小的磨料颗粒与污物都是非常敏感的，都有可能造成精密配合副的卡滞而引发故障。液压控制阀体等处的油道和小孔均要用压缩空气吹通，以确保其不被堵塞。内部零部件清洗完毕后，一律用压缩空气吹干，而不能用棉纱等擦干，不然的话，棉纱等所脱落下的纤维，甚至所沾染的污物，均可能影响到变速器今后的正常工作。

对不可重复使用的零件，如开口销、垫片、O形环、油封等一定要更换新的，这类不可重复使用的零件在相应的汽车或自动变速器总成维修手册中，一般均用特殊符号标出。

修理中新换的密封油环、离合器摩擦片、离合器钢片、零部件配合的旋转或滑动表面，在装配时都应以自动变速器油加以涂抹。对新的离合器摩擦片，最好将其浸泡在自动变速器油中至少15 min后再行装配。如果更换整个离合器或制动器，那么新的离合器或制动器在装用前也要在自动变速器油中浸泡15 min以上。

螺栓、螺母是预涂零件的，在原厂装配前已涂好一层密封紧固胶。如果预涂件被重新紧固、拧松或以任何方式动过都必须以规定的密封紧固胶重新涂抹。重涂时，应首先清除掉螺栓、螺母或其他安装零件螺纹上的旧密封紧固胶，用压缩空气吹干后，用规定的密封紧固胶涂在螺栓、螺母或螺纹上。预涂件一般在维修手册中也用特殊符号标示出来。

维修时应严格遵守螺栓紧固扭矩规范，而且一定要使用扭力扳手。

根据修理的作业对象和性质等的不同，维修过程中可能要使用专用的维修工具和维修材料。这时，一定要按原厂规定使用专用的维修工具和维修材料，而且必须遵守原厂规定的工作程序。

对电子控制系统，在维修自动变速器的过程中应注意这样一些问题，除非绝对必要，不要打开电子控制元件（ECU）等的外壳或罩盖，特别要加以提醒的是，如用手触摸集成电路端子，则集成电路有可能为静电所损坏。拨开电气连接器时，一定要拉连接器本身，不要拉拔与其相连的导线。若检查连接器导通情况一定要用测试插头端子或探棒时，要小心插入以防连接器端子弯曲松动。另外，在拆卸和安装过程中，小心不要将传感器或继电器一类的元件掉在地面上，万一不慎将其掉落在坚硬的地面上，则应予以更换，不可再用。

如果汽车上装有移动式通讯设备，如双向无线电设备和无线电话，则应采取以下措施：天线的安装位置应尽量远离电子控制元件（ECU）和车辆电子系统的各种传感器；天线馈线的安装位置与 ECU 和车辆电子系统的各种传感器之间的距离应大于 20 cm；不要将天线馈线与其他配线缠绕在一起，并尽可能避免将天线馈线与其他配线平行布设。

对某些使用就地成型密封垫（FIPG）材料的自动变速器，修理时还须遵守以下事项：用刀片或刮刀清除被密封表面上原有的 FIPG 材料并用无残留物的溶剂清洗被密封表面，然后沿被密封表面距边缘约 1mm 处涂抹新的 FIPG 材料，装配时一定要在涂好就地成型密封材料的 10 min 内完成组装工作，否则的话，就要将已涂好的该材料除去重新涂抹。

在装配过程中，考虑到一些小零件容易散落，不易就位，因而可以用凡士林将这类小零件粘在其应有的位置上，以利组装。

9.4 思考和练习题

1. 自动变速器的常用检修仪器有哪些？
2. 汽车专用万用表主要有哪些功能？
3. 常用的汽车综合电脑检测仪有哪几种？各自有什么功能？
4. 自动变速器的性能检验通常包括哪些？
5. 自动变速器的基础检验包括哪些检验内容？
6. 如何调整节气门拉索？
7. 失速试验的目的是什么？简述失速试验的过程。
8. 时滞试验的目的是什么？简述时滞试验的试验过程。
9. 油压试验的目的是什么？油压试验通常包含哪些内容？
10. 道路试验的目的是什么？简述道路试验的内容。
11. 什么是手动换挡试验，其目的是什么？
12. 简述自动变速器维修时的注意事项。

第 10 章 自动变速器的拆装

10.1 传动系的分解和组装

各分总成拆卸和组装原则：
- 所有紧固件须按指示的转矩拧紧，参见零部件规格中的说明。
- 安装分总成时，应用干净的变速器油润滑每一个元件。
- 安装分总成和总成时，应在滚针轴承、止推垫圈和密封上轻轻的涂以凡士林。
- 变速器内许多元件和表面都是经过精密机加工的，在拆卸、清洗、检查和安装中应小心取放以避免不必要的损坏。
- 在安装分总成和组装变速器时，都要用新的衬垫和密封元件。

分解和组装时的注意事项

1. 分解前的检查

（1）检查变矩器装入离合器壳的深度

将一个钢板尺立在离合器壳上（平着放钢板尺，测出的数不准）该钢板尺伸向变矩器，即可查出变矩器装入离合器壳的深度。

装配时复查该深度，以证实传动系、油泵、变矩器是否完全入位。

（2）检查挠性板平面的端面跳动

该端面跳动值必须小于 0.20 mm。

（3）检查齿圈的工作情况

齿圈必须啮合良好。

（4）检查变矩器前端部（曲轴端）端面跳动

该端面跳动值必须小于 0.20 mm。端面跳动过大会造成闭锁离合器接触不良。严重时，闭锁离合器不能完全锁止。

（5）检查变矩器驱动毂径向跳动

径向跳动应小于 0.20 mm，表面应光滑无损伤。

径向跳动量过大，会造成油泵主动轮和从动轮运动干涉，最终会导致主动轮损坏。

驱动毂表面过于粗糙，装配时可能会损伤油泵油封，造成油泵泄漏。

（6）检查变矩器自身的密封情况密封必须良好，不能有泄漏处。

（7）检查输入轴的端面跳动。

如图 10-1 所示，表架固定在离合器壳上，百分表触针垂直压在输入轴的端部，用手沿轴向移动输入轴，表上显示的轴向位移量为输入轴端面跳动。

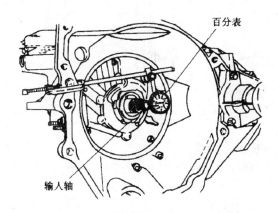

图 10-1 变速器输入轴端面跳动的检查

自动变速器输入轴的端面跳动应不大于 1mm。输入轴端面跳动略微有些大，可能是变速器内止推垫磨损过薄。输入轴端面跳动过大，则可能是漏装了止推垫或止推轴承（滚针轴承）。自动变速器内有多组止推垫和止推轴承，装配时稍不留意就容易漏装。输入轴端面跳动过大的危害有以下几项：

① 造成冲击载荷 自动变速器输入轴端面跳动过大（严重时可能会超过 5 mm），汽车工作时，会造成涡轮花键毂和涡轮轴（变速器输入轴）之间的冲击载荷。输入轴的轴向位移会使二者之间啮合面明显减少，造成应力集中，最后导致涡轮花键毂早期磨损。涡轮旋转时，涡轮轴已不再旋转，变速器丧失了传递动力的功能。

汽车上部分疑难故障，实际就是平时较少发生的故障。即便把变矩器拆下，由于有脏油的遮掩，变矩器的花键毂也看不见。失速试验、主油路压力试验、时间滞后试验都无法查出该故障（失速转速过低，往往被认为是单向离合器打滑）。

自动变速器涡轮上的花键毂在没有丧失传递转矩的能力前，听不到异响声，无法引起驾驶员注意。行驶中当听到一阵沉闷的金属声后，汽车就彻底不能行驶了（涡轮花键毂上的花键磨平了，变速器输入轴上的花键却没有明显的损伤）。

② 造成行星齿轮机构间运动干涉 自动变速器的传动件中，行星齿轮机构在所有的换挡过程中，不用中断动力传递，也不承受换挡冲击（换挡冲击由施力装置承受）。它的正常寿命能保证汽车行驶 400 000 km 以上。但输入轴端面跳动大的变速器，行星齿轮机构间一定漏装了止推垫或止推轴承。工作中输入轴轴向位移的同时，行星齿轮机构也在轴向位移，

使得本不应有的撞击、运动干涉伴随着"咔咔"异响而出现，从而导致行星齿轮机构寿命衰减。

2. 分解传动系的常用工具

（1）常用的专用工具有
① 自动变速器翻转架；
② 油泵的拔卸器；
③ 离合器组的拆装器；
④ 输出轴"C"形环拆装器。

自动变速器的翻转架以离合器壳上的螺栓孔为固定端，翻转架可用发动机的翻转架稍加改造后使用。

油泵拔卸器可用两根长螺栓代替。

没有专用工具时也可以轻松地完成自动变速器的拆装。此时使用的普通工具有以下几种。

（2）普通工具
① 平口旋具和磨光的旋具；
② 塑胶锤子；
③ 梅花扳手；
④ 梯形套筒，弓形摇把；
⑤ 卡环钳、万用钳。

3. 传动系的分解

（1）油泵的拆卸

有部分自动变速器，拆下飞轮壳后，用手就可将油泵直接拔出。但大部分变速器的油泵是无法用手拔出的。油泵对角有 2 个螺栓孔，可用专用工具将油泵拔出，如图 10-2 所示。

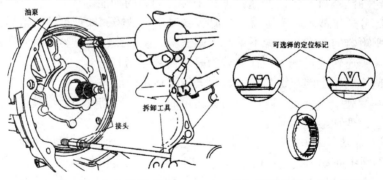

(a) 拆卸方法　　(b) 油泵齿轮上的定位标记

图 10-2　油泵的拆卸

也可以用两根长螺栓将油泵拔出。经油泵螺栓孔拧螺栓，感到有阻力立即停止，部分油泵螺栓孔内有缩孔，到缩孔处继续拧会造成漏油。很多油泵的螺栓孔是非标准的，如ϕ11mm。油泵的装配压力很小，拆下控制阀从里外轻轻一拨即可拆下。

（2）拆卸传动机构和施力装置

拆卸行星齿轮机构前，必须将制动带完全放松。不要试图拆制动带没有放松的行星齿轮机构，那样做是徒劳的。制动带两端都有固定装置，只要将其中的一端完全放松，即可以将离合器鼓及行星齿轮元件等顺利取出。

制动带在壳体外侧或控制阀下边有调整螺栓的，把螺栓完全拧松即可。制动带一端为横销固定的，拆下控制阀，拔出横销即可以。

伺服装置在壳体外侧的，日本和欧洲的变速器用卡簧钳拆下定位的卡簧，在正常情况下伺服装置在自身背压弹簧作用下就可以自己出来。如出不来，说明伺服装置卡滞，有条件最后从里端向外拨伺服推杆，强行将其取出，然后彻底清洗伺服装置，更换活塞上的密封圈。

美国自动变速器伺服装置在一圈凸台包围中设计有一个可供旋具撬卡簧（圆钢）的缺口，相比之下拆卸更容易。

伺服装置装在控制阀旁边的，拆下油底壳，拧松所有固定伺服装置上盖的螺栓（不用拆下来），制动带就放松了。

伺服装置装在控制阀下边的，拆下控制阀即可。

拆掉控制阀和放松制动带后，还应检查在控制阀下面有没有离合器制动器支承和变速器壳体的连接螺栓。如丰田A-340E、A-341E、A-43D、A-46DE及前轮驱动的日产车用的自动变速器等都有两根这样的连接螺栓。对于通用汽车公司后轮驱动的THM400系列的自动变速器，在拆下控制阀后，还需揭开最下边那层垫片才能看见固定离合器支承的那两根螺栓。两根螺栓拆下后，便可动手拆卸传动机构。

通用汽车公司后轮驱动的THM100系列自动变速器，拆到后边的行星齿轮机构时，需打开后端盖，卸下离心式速度阀，后边的行星排和输出轴便可拆下。通用THM200到THM400系列的自动变速器，后边行星齿轮机构和输出轴间有一卡簧，拆下卡簧才能拆下后边的行星排及装在尾端的低挡、倒挡制动器。

有许多变速器在放松制动带，拆下油泵和超速挡制动器卡环，卸固定离合器支承的螺栓，用旋具向外撬太阳鼓，前边所有的件零便可鱼贯而出。特别要注意的是装配顺序和装配方向，尤其是单向离合器，必要时用绳把它们统统地按拆时的顺序和装配的方向穿起来。

4. 清洗零件时的注意事项

全部清洗过程严禁使用汽油，有些修理工习惯于用汽油清洗零件，包括控制阀放到汽油盆里泡上几分钟，拿出来用压缩空气吹干后就进行装配，这是错误的。

正确的清洗方法应是：

首先把所有的摩擦件、离合器、制动器的摩擦片和制动带排出来，它们具有很强的吸附能力，对于它们只能用洁净的自动变速器清洗剂清洗，而不能用任何汽油类清洗剂。

其次是在清洗过程中严格按程序办，才能保证质量。先用清洗剂，如酒精，化油器清洗剂（后者使用时浸泡不要超过 5min）清洗；无论用什么清洗剂，清洗干净后，都必须用水再次清洗，以彻底清除清洗剂；然后用干燥洁净的压缩空气吹干每一个部件；最后再在所有部件上均匀地抹上一层洁净的自动变速器油。

擦拭零件时必须使用无毛布，因为纤维会堵塞油道。

5. 装配前检查以及装配时的技巧和注意事项

（1）片式制动器的装配技巧

片式制动器工作间隙明显大于离合器工作间隙。手持花键毂往摩擦片花键槽里装时，因间隙过大，摩擦片随花键毂一同旋转，使花键毂很难装配到位。若用一把一字旋具伸入到各片之间，使其间隙变小，使制动片保持静止状态，而花键毂却能转动，最多只需 2min，即可将花键毂完全入位。

（2）离合器装配技巧

能先装花键毂的，先装花键毂，再将片逐片放入，这样既快捷又安全。

许多人装花键毂前，习惯先将摩擦片上的花键槽对齐，实际这是多余动作，花键毂转动时，摩擦片多多少少要有一定的位移，事先对齐的槽也就乱了。

许多自动变速器前离合器的花键毂都是插在后离合器片的花键槽中，由于有前离合器鼓挡着，无法看见花键毂与摩擦片上的花键槽是否对正，给装配带来一定的难度。初学者往往是旋转了很长时间前离合器，最终还是差一道摩擦片无法插入。

在装配时不用事先把花键槽对正，因为后离合器的工作间隙很小（在 2 mm 范围之内），摩擦片在花键毂旋转时不会有过大的转动，关键是固定住后离合器鼓不要旋转。后离合器如跟着旋转，离合器片很难插到位。旋转前离合器鼓，后离合器鼓固定不转，只需 1min 左右即可使花键毂完全装配到位。

（3）后端盖里超速挡机构的装配技巧

部分前轮驱动的自动变速器的超速挡行星齿轮机构，包括超速挡离合器，制动器、单向离合器都装在后端盖内。

装配时，先装入超速挡制动器的花键毂，然后再将制动片逐片装入。在制动片周边都处于密封状态（无法用旋具消除片间的间隙）时，最好的装配方法，就是先装毂，后装片。如先装片，后装毂，不仅装配时间要延长许多倍，而且还容易给摩擦片的花键槽带来损伤。

第一步先装入超速挡制动器，然后经过旋转再装入超速挡离合器，后端盖上所有部件都组装完后，先放置一边。

将变速器壳后部的低挡、倒挡制动器和前离合器完全装配到位后，再将后端盖内的负责把变速器动力传给减速器的圆柱斜齿轮完全装配到位,将超速挡制动鼓(或叫 O/D 挡制动鼓)装配到位。

最后将后端盖连同里边全套的超速挡的零件及变速器的输出轴一起装入变速器。按照以上顺序和方法装配,既快捷,又省力。

(4)运动件上有记号性缺口时需注意的事项

离合器、制动器运动件上的记号性缺口是保证动平衡的,装配时缺口必须对齐。

(5)单向离合器装配技巧

首先应注意单向离合器的装配方向。前轮驱动自动变速器有1~2个单向离合器,后轮驱动自动变速器内则通常有3个单向离合器。后轮驱动自动变速器的第一个单向离合器(离油泵最近)固定在超速挡行星齿轮机构上,叫超速挡或超速挡、直接挡单向离合器;第二个单向离合器固定在前行星齿轮机构上,叫1号单向离合器;第三个单向离合器固定在后行星齿轮机构上,叫2号单向离合器。从装配方向看,第一个单向离合器应是顺时针转逆时针不转;第二个单向离合器应是逆时针转顺时针不转;第三个单向离合器又是顺时针转逆时针不转。这是因为单向离合器执行着锁住左转的任务,而第二个单向离合器是在过渡轴上。

欧美的自动变速器单向离合器装错方向后通常装不进去。日韩自动变速器上的单向离合器装错了方向时比正确装配方向时略感费劲(但新手往往感觉不出来),但能够装配到位。装好旋转时能听到轻微的"咔咔"声,拆下检查时,可以看见部分滚柱已经发生弯斜。更危险的是变速器内如有一装错方向的单向离合器,工作时所有的滚柱都会脱离单向离合器,像一粒小炮弹一样把它固定的行星齿轮机构以及与它较近的部件(如离合器等)打个稀烂。

滚柱式单向离合器由于和它所固定的部件间隙非常小,装配时稍有歪斜就很难入位。因此装配时最好用双手(保持平行)一边旋转一边往里压,待压入一小部分后,即可用离合器鼓底部压它(接触面积大,容易保持平行),一边旋转一边往下压,可轻松地装配到位。

金属的滚柱式单向离合器,上、下平面大都是薄铜片的。装配时严禁敲打,只要打出一个小凹坑,汽车在这个单向离合器负责的挡位上行驶时一收节气门就可以听到"嗡嗡"的异响声。在缺少经验时,这类故障很难找到。

(6)止推垫和滚针轴承的检查和装配

止推垫的作用是提供推力载荷,并和止推轴承一起阻止零件发生接触,以避免发生不应有的摩擦。自动变速器每个传动件之间都有止推垫和滚针轴承,见图10-3。装配时要保证不漏装、不错位、不位移。

行星齿轮机构中止推垫的位置见图10-4。

许多自动变速器上无论是钢制的还是塑料的止推垫上都有负责定位的装置,如图10-5所示,止推垫上的几个小片就是定位装置,装配时小片要放入接合件(下侧)的凹槽中。

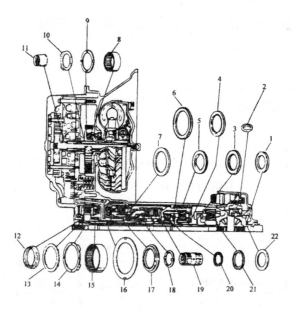

图 10-3 典型的自动变速器上的止推垫和止推轴承

1—壳体轴承；2—速度传感器推力轴承；3—驻车齿轮轴承；4—太阳轮轴承；5—行星架轴承；6—输入行星架轴承；7—可选择止推垫；8、16—离合器毂轴承；9、10—驱动盘止推垫；11—油泵轴承；12—第4挡离合器毂轴承；13—第4挡离合器毂止推垫；14—驱动盘支架止推垫；15—第2挡离合器支承止推垫；17—可选择止推垫的推力轴承；18—太阳轮止推垫；19—输出轴轴承；20—输出轴止推垫；21—太阳轮止推轴承；22—壳体可选择止推垫

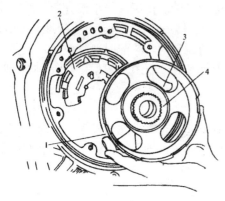

图 10-4 行星齿轮机构中止推垫的位置

1—太阳轮驱动壳；2—后行星齿轮；3—止推垫；4—太阳轮

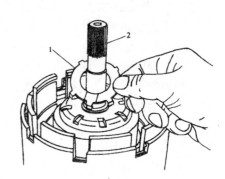

图 10-5 带小片的止推垫

1—带小片的止推垫；2—减速传动轴组件

止推垫圈的检查主要是看它是否有腐蚀、剥落、破裂及磨损。应用千分尺测量其厚度、并用新的加以比较，或根据输入轴的轴向位移量确定是否需更换止推垫片。有些变速器中使用塑料的止推垫，只要没有破裂，厚度没有变坏就可以继续使用。

滚针轴承主要检查其是否发生烧蚀，如有烧蚀必须更换。

漏装止推垫或滚针轴承，或使用的止推垫过薄，容易造成不同挡位的齿轮在工作中发生摩擦焊接，倒挡打滑，及没有发动机制动等故障。

自动变速器在传动系上使用的都是滚针轴承。滚针轴承无论是密封的，还是不密封的，滚针的那一侧都要朝向动力源——油泵。千万不要装错了方向。

止推垫圈和滚针轴承都比较轻，装时稍不留神就容易发生错位，一旦发生错位就会卡住相关的轴，使轴无法旋转。为了防止止推垫和滚针轴承发生位移，可用少许的凡士林将止推垫圈和滚针轴承加以固定。但千万不要用润滑脂去固定它们，因为无论是润滑脂还是自动变速器油以外的润滑油，都无法被自动变速器油溶解。润滑脂凝结成的小团块就有可能堵塞油道，这些润滑脂如进入离合器活塞的球阀里，还会将球粘住，造成离合器打滑。

（7）里程表主动轮拆装时注意事项

某些后轮驱动的自动变速器，要拆低挡、倒挡制动器时，必须先拆里程表主动轮，因为输出轴上里程表主动轮担负着该轴轴向定位的作用。

里程表主动轮装在后轮驱动自动变速器的后端盖里，该主动轮是由一个钢球帮助轴向定位的，输出轴能否保证轴向定位，也全在这个钢球上。有的变速器钢球大些，直径接近自行车车轴内的钢球，而有的变速器上的钢球非常小，掉到地上很难找到，所以拆卸里程表主动轮外侧卡环时，要用手护住主动轮，以防钢球丢失。

（8）制动带和毂装配时注意事项

装配时必须先装制动带后装离合器毂和制动毂，如先装了毂，制动带就装不进去了。有的制动带端部有一浮动的支承，该支承应朝着伺服装置的推杆。待毂完全装配到位后，再装制动间隙调整装置（有的为横销）和伺服装置。注意推杆必须完全入位，如有一侧推杆不能入位，说明制动带已经变形，必须更换新的制动带。除倒挡制动带（工作压力大）拧到头需退回五圈外，其余制动带拧到头退回2圈左右，用手转动一下毂没有丝毫卡滞才行。

（9）油泵装配时需注意的事项

油泵上的密封垫装配时容易偏离方向，为了防止其偏移，可用少许凡士林加以固定。

油泵装配时必须按原来角度进行装配，因为油泵上的油道须和壳体上的油道完全对上。用塑胶锤将油泵轻轻地敲到位后，将飞轮壳装好，这样自动变速器上的传动件就装完了。

（10）某些特殊的自动变速器需注意的事项

大部分前轮驱动的自动变速器后端盖里只有两个圆柱斜齿轮，负责把变速器的动力传给减速器，所以维修时可以不拆。但某些前轮驱动自动变速器后端盖比较高，里边就有变化了。如丰田·佳美的自动变速器，A-540E和A-541E变速器的后端盖里有超速挡行星齿轮机构和超速挡离合器及超速挡制动器。

绝大部分自动变速器是同轴的，即输入轴、中间轴和输出轴在同一轴线上。但也有个别自动变速器输入轴和输出轴是平行的，如本田和前轮驱动的科罗娜。科罗娜的超速挡行星齿轮机构装在减速器从动轮的后面。

（11）在密封圈上需要注意的问题

密封圈更换的范围。在维修变速器时，拆到什么地方，密封圈就更换到什么地方。分解中，凡是看到的密封圈基本上都应更换。新换上的密封圈在尺寸上一定要合适，如油泵上的密封圈应稍小于油泵的直径，蓄压器、伺服装置和离合器及片式制动器活塞上的密封圈内径应略小于活塞，外径又应略大于缸径。这样才能保证良好的密封性能。诸如离合器活塞的密封环等是靠外径密封的，往毂内径里装时应感觉紧才对。安装前应检查密封圈环槽处有无刻痕和划伤，如有伤痕，可在自动变速器油中浸泡后用金相砂纸研磨其表面，然后清洗干净。

在密封件和它的装配面上，均匀地涂抹上自动变速器油，轻轻地推动，使密封件滑到装配位置，避免密封件被拽长，保证其密封性。

油泵上负责支承超速挡离合器的支承轴及部分变速器上超速挡支承上负责支承前、后离合器的支承轴，上面的密封圆环有铸铁的或聚四氟乙稀的两种。其中铸铁密封圈装配时应略感发紧。而聚四氟乙稀的密封圈装配时若略感发紧，则可能是密封圈变形。这两种密封圈不仅材质不同，而且接口处搭钩形式也不相同，具体见图10-6和图10-7。

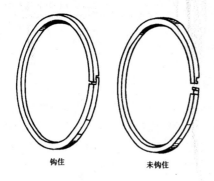

图10-6 铸铁密封环的搭钩形式

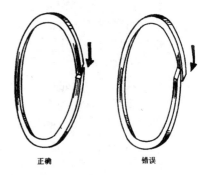

图10-7 聚四氟乙稀密封环的搭钩形式

这些密封环并不要求完全密封。离合器支承轴和变速器中其他轴一样也承担油道的任务。支承轴上的密封环槽上有给离合器活塞提供工作油压的油眼，如密封环完全密封，离合器活塞就无法获得工作油压。但这些油封环又要保持相对的密封性，如漏装了密封环，或密封环搭钩形式不符合要求，或密封环变形严重（如聚四氟乙稀密封环过度膨胀，装配时感觉发紧）都会使其密封性严重受损，造成它所负责的离合器工作油压不足，离合器无法进入完全结合状态，工作时打滑严重，使离合器摩擦片过早的烧蚀。

油泵支承轴上铸铁密封环的使用寿命和工作的可靠性都明显好于聚四氟乙稀密封环。

铸铁密封环也是分解自动变速器过程中见到的所有密封件中唯一不需要每次都更换的。

（12）蓄压器拆装时注意事项

蓄压器活塞密封圈与缸筒间并不十分紧，所以拆卸时要用较低的压缩空气，通常用 1kg/cm^2 的压缩空气即可。拆卸时将气枪对准并联油道，用手指轻轻按住准备拆卸的活塞，开动气枪，将活塞慢慢顶出。

蓄压器活塞一经拆卸必须更换新的密封圈，以保证其可靠的密封性。

蓄压器活塞有其特定的装配方向。尽管许多变速器上蓄压器活塞颠倒了方向也能装入，但活塞反置会破坏蓄压器的正常工作。要么造成活塞自由运动，使蓄压器背压急剧下降。要么造成蓄压器弹簧过度压缩，使蓄压器背压过大。所以拆卸蓄压器活塞时，一定要注意方向性，最好做一无损记号，装配时严格按原方向进行装配。

（13）二档制动器活塞装配时注意事项

二档制动器活塞上有一进油孔，装配时一定要和变速器壳上的进油孔对正，之间有定位螺栓的，装配时需将定位螺栓拧紧。

10.2 典型自动变速器的拆卸与组装

自动变速器拆卸前，应进行下列操作或检查。
- 变速箱维修区域应保持清洁、有序并有干净的无棉绒布。
- 彻底清洗变速器外部，以减少拆装变速器过程中有害杂质进入分总成的可能性。
- 如果变速器要拆下大修，变速器维修后可能会产生杂质，因此须彻底清洗所有部件，包括变矩器、散热器、冷却管、主控阀体、所有离合器和锁止小球。这些杂质是造成变速器重新出现故障的主要原因，在变速器修好使用前须彻底清除。直接离合器锁止小球碎屑的清洗往往被忽略，这可能会导致变速器返修。
- 冲压离合器角落里的碎屑须清除。
- 油底壳里的磁铁须取出并和油底壳一起擦干净。
- 无论何时从活塞、轴或伺服装置上取下密封件，都应注意密封件的类型，如有密封唇时应注意方向。

宝来变速器的拆卸与组装

1. 变矩器的更换

变矩器在变速器涡轮轴中带有轴套，更换时，如果一个新的带有滚针轴承的变矩器安装在涡轮轴有轴套的变速器上时，轴套必须被去掉。

(1) 从涡轮轴中拆掉轴套
① 将涡轮轴中孔 A 的位置旋转成水平，如图 10-8 所示。
② 通过仔细塞住涡轮轴和旁边的孔来保护变速器，如图 10-9 所示。

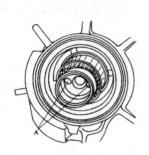
图 10-8　将孔 A 旋转成水平

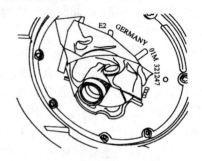
图 10-9　塞住涡轮轴和旁边的孔

③ 使用锯条将轴套锯开，当做这些时，不要将锯条置于轴套的接缝处，如图 10-10 箭头所示，要确保不让碎屑进入变速器。
④ 不要损伤涡轮轴，用旋具撬下分离的轴套，取出金属屑和胶带，如图 10-11 所示。

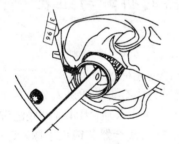
图 10-10　将轴套锯开

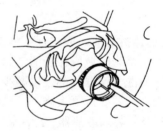
图 10-11　撬下分离的轴套

(2) 更换变矩器油封
更换变矩器油封如图 10-12 和 10-13 所示。

图 10-12　拆卸变矩器油封

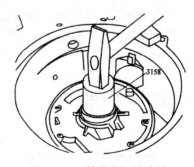
图 10-13　敲平变矩器油封

(3) 排放变矩器油

如果变矩器由于磨损变脏或进行变速器大修时，可用 V.A.G1358A 油排放机和导管 V.A.G1358A/1 将变矩器中的自动变速器油抽出，如图 10-14 所示。

2. 变速器总成的拆装

(1) 自动化变速器从车上的拆卸步骤：

① 在带有收音机密码车上查询收音机密码。

② 断开蓄电池搭铁线，拆下蓄电池及蓄电池支架。

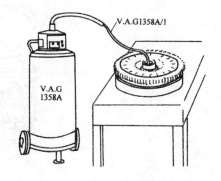

图 10-14 排放变矩器油

③ 如果空气滤清器安装在发动机罩左侧，拆下空气滤清器总成。

④ 拔下变速器上里程表传感器插头，再拆下图 10-15 上的电气插头 1～4，再拆下动力转向软管支架和线束保持支架。

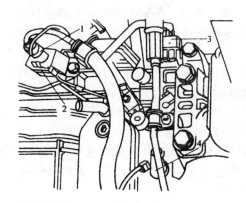

图 10-15 拆下变速器上的电气插头
1—电磁阀插头；2—车速传感器 G68 插头；3—多功能开关 F125 插头；4—变速器转速传感器 G38 插头

⑤ 将变速杆放入"P"挡，并用旋具从换挡轴上撬下变速杆拉索。不要松开螺栓 2，拆下变速杆拉索支持架上的弹性挡圈 3，并拆下变速杆拉索。

⑥ 从发动机的变速器上面拆下紧固地线的螺栓，断开启动机上的电气插头，拆下启动机上的线束护套支架及启动机和发动机上面的固定螺栓。

⑦ 用专用工具 3094 夹紧 ATF 冷却器软管并从 ATF 冷却器上拆下来，用干净塞子密封好 ATF 冷却器。

⑧ 安上带有 10-222A/1 的支架 10-222A，并在这个位置支撑发动机和变速器，如图 10-16 所示。

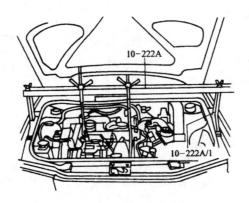

图10-16 支撑发动机和变速器

⑨ 拆下左轮,再拆下左、右隔音板和ATF油底壳保护板。
⑩ 拆下启动机。
⑪ 如果发动机上安装内等速万向节的保护罩,则从右侧拆下。
⑫ 将驱动轴与变速器法兰断开,举起右侧的驱动轴并固定。
⑬ 拆下振动支架,从变矩器螺母护板上拆下护帽,使用专用工具V175从变矩器上拆下螺母。
⑭ 向左旋转转向盘至锁止,将左侧三角臂上球头结的螺栓安装位置做上标志并拆下,再从三角臂上拆下左侧的联接杆,并将联接杆向上旋转。
⑮ 向外推车轮轴承座,从副车架的变速器间穿出左驱动轴,抬起驱动轴并用钢索将其固定到悬挂支架上,如所示图10-17所示。
⑯ 如图10-18所示,从支架1上拆下左装配座2的六角螺栓(箭头处),使发动机和变速器倾斜,做这些时,放低支架10-222A上的转轴大约60 mm,再从变速器上拆下左边支架。

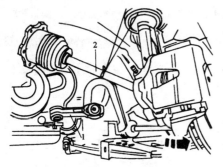

图10-17 吊起驱动轴

1—联接杆;2—驱动轴

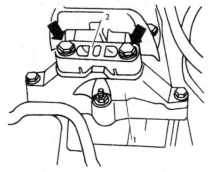

图10-18 拆下左装配座的六角螺栓

1—支架;2—左装配座

第10章 自动变速器的拆装

⑰ 用螺栓将支轨 VW457/1 固定到副车架上的振动支架固定孔上,在副车架和支轨 VW457/1 之间要有 6 mm 间隙,然后安装支撑设备 3300A,并用螺栓 B 固定,如图 10-19 所示。

⑱ 向前拧动支撑设备 3300A,使发动机和变速器倾斜。

⑲ 安装变速器支架 3282,与调整板 3282/2 一起安装。将带有变速器支架 3282 的千斤顶移到变速器下并支起变速器,如图 10-20 所示。

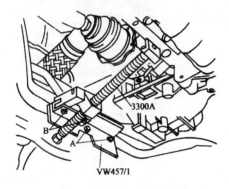

图 10-19 将支轨 457/1 安装到副车架上　　10-20 用支架 3282 支起变速器

⑳ 将安全支撑销放到油底壳,并固定到变速器壳体上,如图 10-21 箭头所示。

㉑ 拆下下面的发动机和变速器连接螺栓。

㉒ 从发动机上压下变速器,这时要将变矩器从驱动盘压出,推着变矩器靠向 ATF 油泵。

㉓ 轻微放低变速器,使用变速器千斤顶上的转轴使变速器倾斜,当降低变速器时,确保护板小心通过轮罩。

㉔ 旋转变速器并小心放下。

(2) 自动变速器的安装　自动变速器的安装与拆卸顺序相反,安装时注意以下事项:

① 安装变矩器时,要确保两个驱动销装入 ATF 油泵内齿轮的槽内。

② 安装前,确保定位销销套正确安装到位。

③ 注意变矩器与驱动盘的接触情况。

④ 更换拉索的弹性挡圈。

⑤ 检查变速杆拉索调整情况,如有必要调整。

⑥ 检查和添加 ATF 油量。

⑦ 拧紧力矩按以下要求进行:

变矩器与驱动盘:60 N·m;

变速器与发动机 M12:80 N·m;

变速器与发动机 M10:60 N·m;

变速器与油底壳/发动机 M10：25 N·m；

变速器与车身 60 N·m +90°

变矩器后面支座，如图 10-22 所示。螺栓 A：20 N·m +90°；螺栓 B：40 N·m +90°。

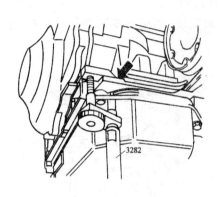

图 10-21　连接变速器支架

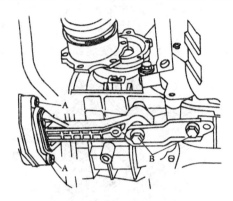

图 10-22　变速器后面支座

3. 检查和补加自动变速器油

01M 自动变速器油为 ATF 油，作为工作介质，既要传递压力，又要起润滑作用，经常在高温和有杂质的环境下工作，所以要定期更换，并必须使用大众公司提供的 ATF 油。用于 01M 自动变速器的 ATF 油颜色为黄色，该油抗高温，作为备品提供的 ATF 油备品号为 G052 162 A1（0.5L）和 G052 162 A2（1L）。

（1）换油里程

公务及商务用车，一般情况下为 50 000 km 更换一次 ATF 油；对于出租车或经常在较恶劣的条件下工作的车辆，换油里程为 25 000 km；对于家庭用车，由于行驶里程较短，每两年更换一次 ATF 油即可。

（2）ATF 油加注量

ATF 油加注量，新的 01M 自动化变速器第一次加油量为 5.3 L，换油量为 3 L。主传动装置（主减速器）加油量为 0.75 L，主减速器与变速器不相通，故主减速器中油免更换。主减速器齿轮油为 SAE 75 W90（合成油），配件号是 G052 145 A1（0.5L）和 G052 145 A2（1.0L）。

（3）检查 ATF 油面高度

01M 自动变速器没有油标尺，其油面高度的检查应按下述方法进行。

① 检测条件

● 变速器控制单元不准进入应急状态。

● 自动变速器油温不超过 30℃。

● 汽车水平放置。

第 10 章 自动变速器的拆装

- 发动机怠速运转,变速杆位于"P"挡。
② 检查方法
- 检测 ATF 油温。拆下诊断插头罩盖,关闭点火开关用诊断线 V.A.G1551/3A 连接故障阅读器 V.A.G1551。输入地址码 02 进入"变速器电子系统",选择 08"读取测量数据块"功能,再选择显示组 005,显示屏第一个显示区显示的是自动变速器油温。使自动变速器油温达到检测油温 35~45°C
- 检查 ATF 油面高度。举升汽车,使发动机怠速运转,将容器放在变速器下面,从油底壳上拆下 ATF 螺塞,放出溢流管内的自动变速器油。若自动变速器油从孔中滴出,说明油量正好,不需要补加;若仅是溢流管中的自动变速器油从孔中流出或无油滴出,则需补加 ATF 油,直至从孔中流出油为止。
- 检查完毕后,更换密封圈,用 15 N·m 力矩拧紧螺塞。

(4) 补加自动变速器油
① 用旋具撬下密封塞外的固定端盖,撬下后,端盖的锁止部位将被损坏,因此必须更换新端盖。
② 从加油管上拔下密封塞。
③ 用 V.A.G1924 加自动化变速器油,直到 ATF 从溢流孔中流出,如图 10-23 所示。

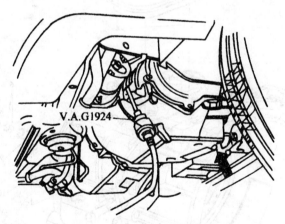

图 10-23 补加自动变速器油

④ 将新的密封圈安装到螺塞上,并用 15 N·m 的力矩拧紧。
⑤ 将密封塞安到加油管上并用新的端盖固定,锁止端盖。

(5) 更换自动变速器油
① 拆下隔音板。
② 将贮油槽放在变速器下面。
③ 从油底壳上拆下自动变速器油螺塞。

④ 从检查孔上拆下溢流管。
⑤ 排放自动变速器油。
⑥ 安装溢流管。
⑦ 用手拧紧螺塞。
⑧ 使用 V.A.G1924 通过加油管加入 3L 自动化变速器油。
⑨ 启动发动机，并在车静止时，将所有挡都挂一次。
⑩ 重新检查和补加自动变速器油。

4. 自动化变速器油冷却器和加油管的拆装

ATF 油冷却器和加油管的拆装如图 10-24 所示。

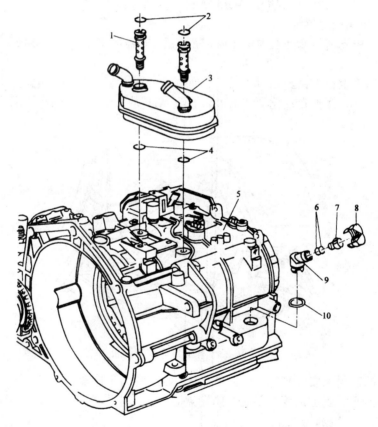

图 10-24　ATF 油冷却器和加油管的拆装

1—空心螺栓（5N·m）；2、4、10—O 形密封环；3—自动变速器油冷却器；
5—变速器壳体；6—密封圈；7—油塞；8—端盖；9—自动变速器加油管

5. 分解和组装行星齿轮系

(1) 行星齿轮系分解和组装图解

① 自动变速器油泵到隔音管的拆装,如图 10-25 所示。

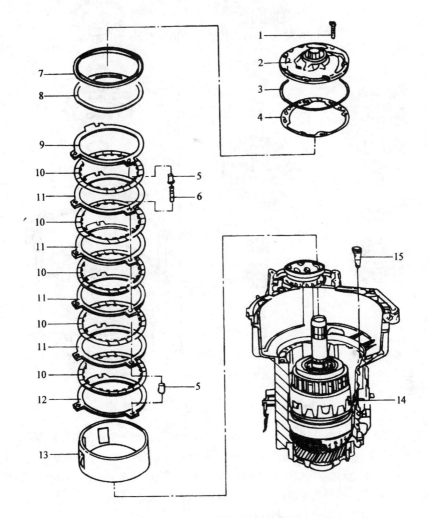

图 10-25 自动变速器油泵到隔离管的拆装

1—螺栓;2—带 B2 活塞的自动变速器油泵;3—O 形密封圈;4—密封垫;5—弹簧帽;6—弹簧;7—垫圈;8—调整垫片;9—B2 外片(厚 3mm);10—B2 内片;11—B2 外片(厚 2mm);12—B2 外片(装在隔离管上,厚 3mm);13—B2 隔离管;14—装有离合器的变速器壳体;15—滤网

② 倒挡离合器 K_2 到大太阳轮的拆装,如图 10-26 所示。

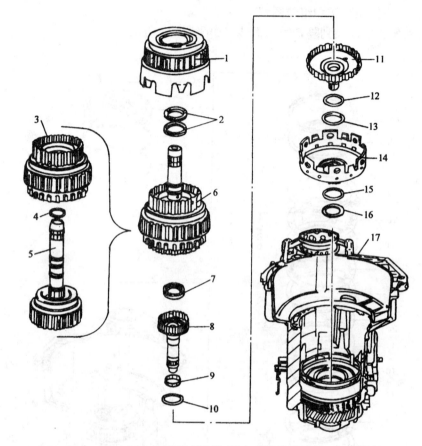

图 10-26　倒挡离合器 K_2 到大太阳轮的拆装

1—倒挡离合器 K_2；2—调整垫圈；3—1~3 挡离合器 K_1；4—密封圈；5—带涡轮轴的 3 挡和 4 挡离合器 K_3；6—1~3 挡离合器和 3~4 挡离合器总成；7—带垫片的推力滚针轴承；8—小输入轴；9—滚针轴承；10、11、15—推力滚针轴承；12—大输入轴；13、16—推力滚针轴承垫片；14—大太阳轮；17—变速器壳体（带有单向离合器和弹性挡圈）

③ 单向离合器到倒挡制动器 B_1 的拆装,如图 10-27 所示。

④ 行星齿轮支架的拆装,如图 10-28 所示。

(2) 行星齿轮系的拆卸步骤

① 将变速器安装到变速器支撑架 3336 上,排放自动化变速器油后,密封自动变速器油冷却器出口。

② 拆下变矩器。
③ 如图 10-29 所示，用螺栓 1 和 2 将变速器固定到装配架上，拆下变速器支撑架 3336。
④ 拆下带密封垫的变速器壳体端盖。
⑤ 拆下油底壳，拆下自动变速器油滤网，拆下带传输线的滑阀箱。
⑥ 拔下制动器 B_1 的密封塞，如图 10-30 箭头所示。

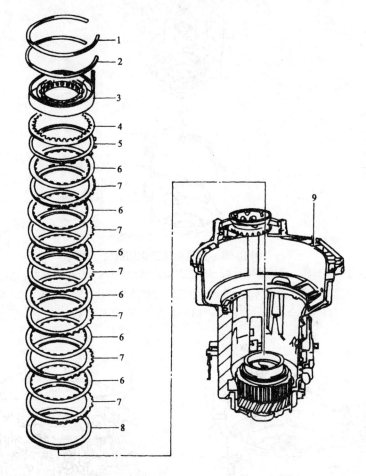

图 10-27　单向离合器和倒挡制动器 B_1 的拆装

1、2—弹性挡圈；3—带 B_1 活塞的单向离合器；4—碟形弹簧；5—B_1 压片；6—内片；7—B_1 外片；8—调整垫片；9—变速器壳体（装有行星齿轮支架）

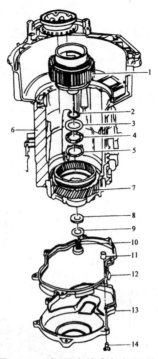

图 10-28 行星齿轮支架的拆装

1—行星齿轮支架；2—O 形环；调整垫圈；3、5—推力滚针轴承垫片；4—推力滚针轴承；6—变速器壳体（带有安装好的主动齿轮）；7—主动齿轮；8—行星齿轮支架调整垫片；9—垫圈；10—螺栓（30N·m）；11—隔套；12—密封垫；13—端盖；14—螺栓（8N·m）

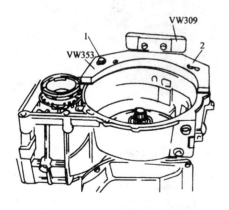

图 10-29 固定自动变速器

1、2—螺栓

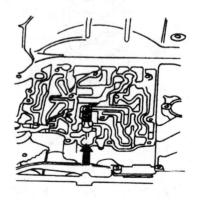

图 10-30 拔下制动器 B_1 的密封塞

⑦ 拆下 ATF 油泵螺栓，如图 10-31 箭头所示。

⑧ 将螺栓 A(M8)拧入自动变速器油泵螺栓孔内，如图 10-32 所示。均匀拧入螺栓 A，将自动变速器油泵从变速器壳体压出。

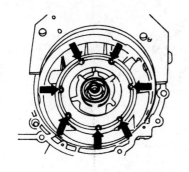 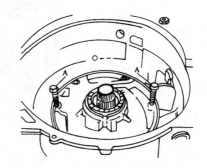

图 10-31　拆下 ATF 油泵螺栓　　　　　　图 10-32　压出油泵

⑨ 如果在自动变速器油冷却器的管子上安装有滤网，则拆下。

⑩ 将带有隔离管、B_2 制动片、弹簧和弹簧盖的所有离合器拔出。离合器 K_1 和 K_3 压在一起，如果其中一个离合器需分解或更换时，离合器 K_1 必须从 K_3 上压出。

⑪ 将旋具插入大太阳轮孔内，进行固定，如图 10-33 所示。松开小输入轴螺栓，如图 10-34 箭头所示，拆下小输入轴螺栓垫圈和调整垫片，行星支架推力滚针轴承留在变速器/主动齿轮内，拔下小输入轴。

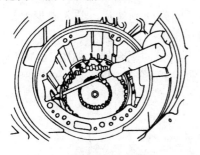 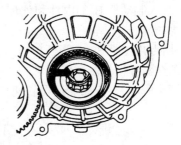

图 10-33　固定大太阳轮　　　　　　图 10-34　松开小输入轴螺栓

⑫ 拔出大输入轴和大阳轮。

⑬ 拆卸单向离合器前，先拆下变速器转速传感器 G38，拆下隔离管弹性挡圈和单向离合器弹性挡圈。然后用钳子夹在单向离合器的定位楔上，把单向离合器从变速器壳体上拔出。

⑭ 拔下带碟形弹簧的行星齿轮支架，拆下倒挡制动器 B_1 的摩擦片。

（3）行星齿轮系的安装步骤

① 将 O 形环安到行星支架上,更换行星齿轮支架时须调整该支架。

② 将带有垫片的推力滚针轴承和行星齿轮支架安到主动齿轮上,如图 10-35 所示。

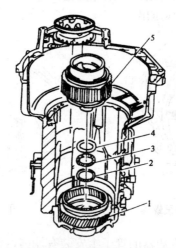

图 10-35 装入推力滚针轴承和行星齿轮支架

1—主动齿轮(安装在变速器壳体上);2、4—推力滚针轴承垫片;
3—推力滚针轴承;5—装有密封环的行星齿轮支架

③ 将垫片和推力滚针轴承放在行星齿轮支架的小太阳轮上,使小太阳轮上垫圈和推力滚针轴承中心对齐。

④ 装入制动器 B_1 的内片和外片,装入压片,平面朝向制动片,装入碟形弹簧(凸起面朝向单向离合器)。

⑤ 用专用工具 3267 张开单向离合器滚柱,并装入单向离合器。如图 10-36 所示,安装单向离合器弹性挡圈和隔音管的弹性挡圈。安装弹性挡圈时,开口装到单向离合器定位楔上(箭头所示),安装变速器转速传感器 G38。

图 10-36 安装单向离合器

⑥ 将大太阳轮到小输入轴部件装入变速器壳体,如图 10-37 所示。

⑦ 如图 10-38 所示,安装带有垫圈 2 和调整垫片 3 的小输入轴螺栓 1,拧紧力矩为 30N·m。

⑧ 将带垫圈的推力滚针轴承装到 3 挡和 4 挡离合器 K_3 上,确保活塞环正确安装在 K_3 上,确保活塞环钩在一起。

⑨ 装入 1 挡和 3 挡离合器 K_1 及 3 挡和 4 挡离合器 K_3。

⑩ 将调整垫片装入 K_1。更换 K_1、K_2 或自动变速器油泵后,须重新测量调整垫片厚度,调整离合器 K_1 和 K_2 之间间隙至可装入 1 个或 2 个调整垫片。

⑪ 装入倒挡离合器 K_2。

⑫ 装入制动器 B_2 片组的隔离管,应使隔离管上的槽进入单向离合器楔内。

⑬ 按下述安装 B_2 制动片。如图 10-39 所示,先装上一个 3 mm 厚外片,将 3 个弹簧座装入外片,插入压力弹簧(箭头所示),除了最后一个外片外,装上所有片子,将 3 个弹簧座装到压力弹簧上,然后装入最后一个 3 mm 厚外片,最后安装调整垫片。

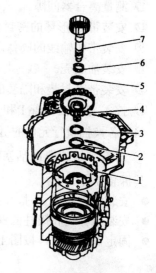

图 10-37 装入大太阳轮到小输入轴各部件

1-大太阳轮;2、5-推力滚针轴承;4-大输入轴;6-滚针轴承;7-小输入轴

图 10-38 安装小输入轴螺栓

1—螺栓;2—垫片;3—调整垫片

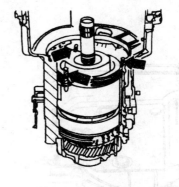

图 10-39 安装 B_2 制动片

⑭ 安装自动化变速器油泵密封垫,将 O 形环安到自动变速器油泵上。

⑮ 安装自动变速器油泵。均匀交叉拧紧螺栓,勿损坏 O 形密封环,拧紧力矩为 8N·m,然后再拧转 90°C。

⑯ 测量离合器间隙。
⑰ 安装带 O 形环的密封柱塞。
⑱ 安装带传输线的阀体。
⑲ 安装油底壳。
⑳ 安装带密封垫和隔套的端盖，拧紧力矩为 8 N·m。
㉑ 拧入 ATF 溢油管 1 和带新密封垫的螺塞 2，如图 10-40 所示。

（4）各换挡执行元件的拆装

① 分解和组装带 B_1 活塞的单向离合器。带 B_1 活塞的单向离合器的分解如图 10-41 所示，其拆装要点如下：

- 安装滚柱和弹簧时，应使弹簧牢固装入保持架内。
- 安装带弹簧和滚柱的保持架时，大凸缘朝向上面，如图 10-42 所示。
- 固定保持架时，按图 10-43 箭头方向旋转保持架，以使其固定。

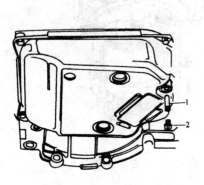

图 10-40 拧入 ATF 溢油管和螺塞

1—溢流管；2—带新密封垫的螺塞

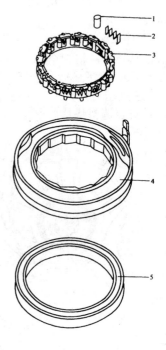

图 10-41 带 B_1 活塞的单向离合器拆装

1—滚柱；2—弹簧；3—保持架；4—外环；5—活塞

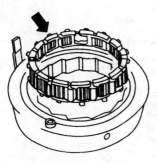 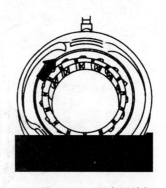

图 10-42　安装带弹簧和滚柱的保持架　　　图 10-43　固定保持架

② 分解和组装 1~3 挡离合器 K_1。离合器 K_1 的分解如图 10-44 所示，其拆装要点如下：
- 拆装弹簧挡圈，如图 10-45 所示，向下压带弹簧挡圈的活塞盖，直到弹性挡圈（箭头所示）进入槽内。

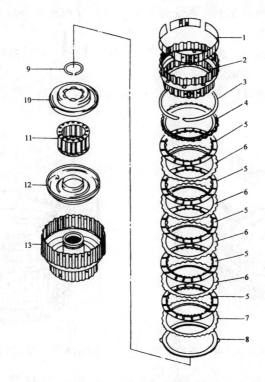

图 10-44　离合器 K_1 的分解

1—支撑环；2—内片支架；3、9—弹性挡圈；4—压盘；5—内片；6—1.5 mm 厚外片；7—2.0 mm 厚外片；8—波形弹簧垫片；10—活塞盖；11—弹簧圈；12—活塞；13—离合器壳体

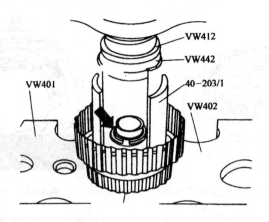

图 10-45 弹簧挡圈的拆装

- 将压盘和离合器片装到内片支架上,如图 10-46 所示,安装压盘 a,光滑面朝向内片,阶梯面朝向内片支架,再安装上 3 个内片 b 和两个外片 c,而后逐个地夹住支撑环(箭头所示)。
- 将波形弹簧垫圈和内、外片装入离合器壳中。先装上波形弹簧垫圈,再装上 2 mm 厚外片,然后装上其余的内、外片。
- 安装内片支架和弹性挡圈,如图 10-47 箭头所示,安装弹性挡圈时须稍微抬起内片支架。

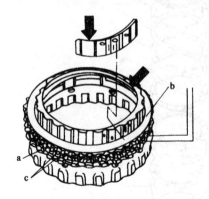

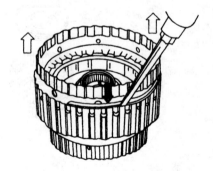

图 10-46 将压盘和离合器片装到内片支架上　　图 10-47 安装内片支架和弹性挡圈

③ 分解和组装倒挡离合器 K_2。离合器 K_2 的分解如图 10-48 所示,其拆装要点如下:
- 拆装弹性挡圈。用专用工具 3267 向下压弹簧支撑板,直到可以拆装弹性挡圈,拆装时不要损坏离合器壳的球阀。

- 检查弹簧支撑板和弹性挡圈的安装位置。弹性挡圈必须装在离合器壳体槽内,弹簧支撑板必须位于轮毂中间。

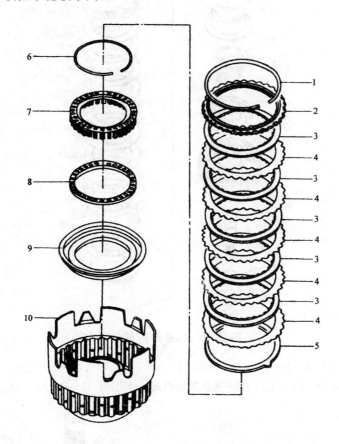

图 10-48 离合器 K_2 的分解

1、6—弹性挡圈;2—压盘;3—内片;4—外片;5—波形弹簧挡圈;
7—弹簧支承板;8—活塞;9—离合器壳

④ 分解和组装带涡轮轴的 3 挡和 4 挡离合器 K_3。离合器 K_3 的分解,如图 10-49 所示,其拆装要点如下:

- 拆装弹性挡圈,如图 10-50 所示,小心地向下压活塞盖(箭头所示),直到可以装上弹性挡圈。
- 检查活塞环位置,如图 10-51 所示。离合器壳体的涡轮轴上装有活塞环,应使活塞环接口相互挂住。

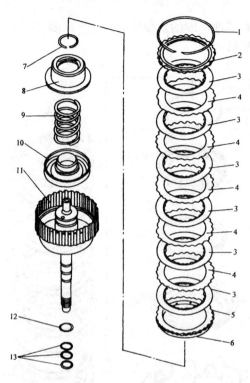

图10-49 离合器 K_3 的分解

1、7—弹性挡圈；2—压板；3—内片；4—外片；5—压片；6—波形垫圈；8—活塞盖；9—弹簧；10—活塞；11—带涡轮轴的离合器壳体；12—O形环；13—活塞环

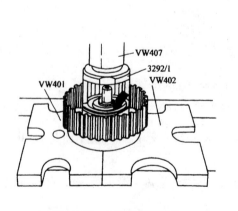

图10-50 拆装弹性挡圈

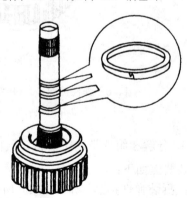

图10-51 检查活塞环位置

- 安装和挂上活塞环，如图10-52所示，将活塞环装入槽内，压缩活塞环，按箭头方

向使接口挂上,勿从单面将活塞环从槽中取出。

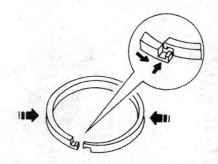

图 10-52 安装和挂上活塞环

- 安装 O 形环,将 O 形环装入涡轮轴槽中。

6. 行星齿轮系的调整

行星齿轮系的调整部位如图 10-53 所示。

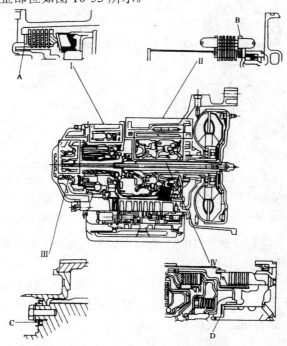

图 10-53 行星齿轮系的调整部位

I—倒挡制动器;II—2 挡和 4 挡制动器;III—行星支架;IV—离合器间隙;
A、C、D—调整垫片;B—外片或调整垫片

（1）行星齿轮支架的调整　行星齿轮支架部件如图 10-54 所示。

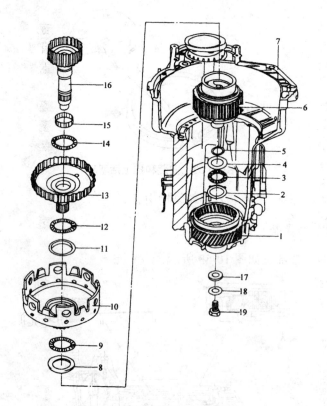

图 10-54　行星齿轮支架部件

1—主动齿轮；2、4—推力滚针轴承垫片；3、9、11、14—推力滚针轴承；5—O 形环
6—行星齿轮支架；7—变速器壳体；8、12、18—垫圈；10—大太阳轮；13—大输入轴
15—滚针轴承；16—小输入轴；17—调整垫圈；19—小输入轴螺栓（30 N·m）

① 调整垫片 A 的位置，如图 10-55 所示。调整行星支架时，将所有部件（图 10-54 中的部件 2~16）装到变速器壳体上。

② 将旋具插入大太阳轮孔内，起固定作用，以便松开和紧固小输入轴螺栓。

③ 确定调整垫片厚度。如图 10-56 所示，装入带垫圈 2 的小输入轴螺栓 1，但不装调整垫片，拧紧力矩为 30 N·m。安装千分表置"0"，向上移动小输入轴并读出测量值，如图 10-57 所示。根据表 10-1 确定调整垫片厚度并按备件目录查找零件号。例如，测量值为 2.0 mm，应选择 1.7 mm 厚的垫片。

④ 拆下小输入轴螺栓，如图 10-58 所示，安装已确定的调整垫圈 3 到小输入轴（箭头所示），将小输入轴螺栓 1 连垫片 2 一同用 30 N·m 的力矩拧紧。

表 10-1 调整垫片尺寸

测 量 值/mm	调 整 垫 片/mm
1.26~1.35	1.0
1.36~1.45	1.1
1.46~1.55	1.2
1.56~1.65	1.3
1.66~1.75	1.4
1.76~1.85	1.5
1.86~1.95	1.6
1.96~2.05	1.7
2.06~2.15	1.8
2.16~2.25	1.9
2.26~2.35	2.0
2.36~2.45	2.1
2.46~2.55	2.2
2.56~2.65	2.3
2.66~2.75	2.4
2.76~2.85	2.5
2.86~2.95	2.6
2.96~3.05	2.7
3.06~3.15	2.8
3.16~3.25	2.9

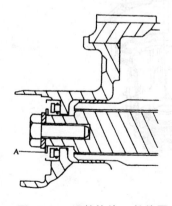

图 10-55 调整垫片 A 的位置

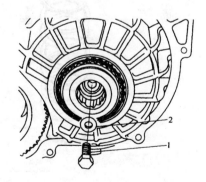

图 10-56 装入带垫圈的小输入轴螺栓

1—小输入轴螺栓；2—垫片

图 10-57 测量调整垫片厚度

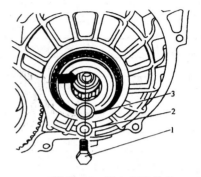

图 10-58 装入调整垫片

1—小输入轴螺栓；2—垫片；3—调整垫片

⑤ 测量行星齿轮支架。如图 10-57 所示，用千分表测量间隙值，上下移动小输入轴并从表上读出间隙值，标准值为 0.23～0.37 mm。

（2）调整倒挡制动器 B_1。倒挡制动器 B_1 的调整，如图 10-59 所示。

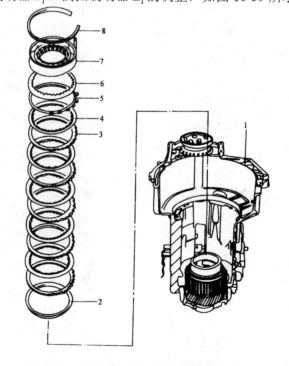

图 10-59 倒挡制动器 B_1 的调整部件示意图

1—变速器壳体；2—调整垫片；3—外片；4—内片；5—压片；
6—碟形弹簧；7—单向离合器（带有 B_1 活塞）；8—弹性挡圈

① 调整垫片 A 的厚度，由图 10-60 中的间隙尺寸 x 确定。
- 确定 I 值，如图 10-61。按箭头方向将活塞压到挡块处，将导板 A 放到单向离合器外环上，用深度尺 B 测量活塞内板。例如，测量值为 51.8 mm，导板厚为 48.2 mm，则 I=51.8-42.8=3.0 mm。
- 确定 m 值，如图 10-62 所示。将导板 A 放到压片上，按箭头方向压缩带压片的片组，并用深度尺 B 测量片组厚度。例如，测量值为 73.5 mm，导板厚为 48.2 mm，则 m=73.5-48.2=25.3 mm。

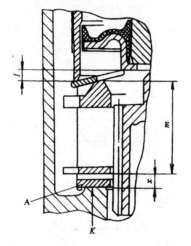

图 10-60 确定 B_1 调整垫片 A 的厚度

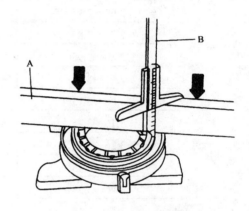

图 10-61 I 值的确定

A—调整垫片；x—间隙尺寸；I—单向离合器活塞位
m—带压片的片组高度；K—恒定值（26.9 mm）

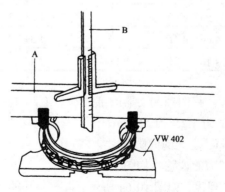

图 10-62 m 值的确定

A—导板；B—深度尺

- 根据 $x = k + 0.5I - m$ 确定 x 值,按表 10-2 选择调整垫片厚,按备件目录查找零件号。例如,上例 $x=26.9+0.5×3.6-25.3=3.4$ mm,应选两个 1.0 mm 厚的调整垫片。

表 10-2 B_1 调整垫片尺寸

测 量 值/mm	调整垫片/mm
2.36~2.45	1.0
2.46~2.55	1.1
2.56~2.65	1.2
2.66~2.75	1.3
2.76~2.85	1.4
2.86~2.95	1.5
2.96~3.05	1.6
3.06~3.15	1.7
3.16~3.25	1.8
3.26~3.35	1.9
3.36~3.45	1.0+1.0
3.46~3.55	1.0+1.1
3.56~3.65	1.1+1.1
3.66~3.75	1.1+1.2
3.76~3.85	1.2+1.2
3.86~3.95	1.2+1.3
3.96~4.05	1.3+1.3
4.06~4.15	1.3+1.4
4.16~4.25	1.4+1.4

② 检测倒挡制动器 B_1。将倒挡制动器的部件都装上,并用弹性挡圈固定,用塞尺测量制动片之间间隙,规定值为 1.25~1.55 mm。

(3) 调整离合器 K_1 和 K_2 之间的间隙

离合器 K_1 和 K_2 之间间隙的调整,如图 10-63 所示。

① 确定调整垫片 A 的厚度,如图 10-64 所示。调整垫片的厚度由间隙尺寸 x 确定,间隙 $x = a - b$。

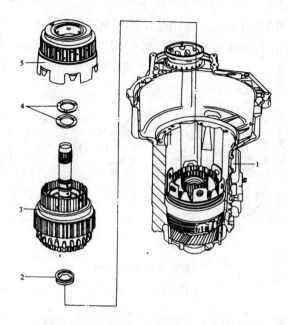

图10-63 离合器 K_1 和 K_2 之间间隙调整部件图

1—变速器壳体；2—带垫圈的推力滚针轴承；
3—1～3挡离合器 K_1 和4挡离合器 K_2 总成；4—调整垫片；5—倒挡离合器 K_3

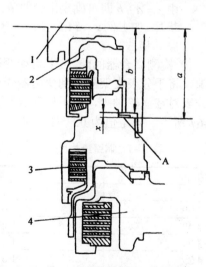

图10-64 确定调整垫片 A 的厚度

A—调整垫片；1—ATF 油泵；2—倒挡离合器 K_2；3—1～3挡离合器 K_1；4—4挡离合器 K_3

- 确定 a 值，如图 10-65 所示，将导板 A 放在变速器壳体上，按箭头方向将离合器 K_1 和 K_3 一起压下，并用深度尺 B 测量到 K_1 的距离，记作测量值 1，如图 10-65（a）。再用深度尺测量变速器壳体到油泵法兰的距离，记作测量值 2，如图 10-65（b）所示。两测量值之差为 a 值。

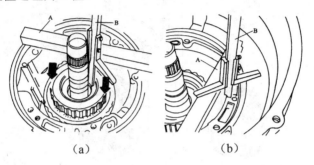

图 10-65 确定 a 值

A—导板；B—深度尺

- 确定 b 值，如图 10-66 所示，将新纸密封垫放到 ATF 油泵上，将导板 B 装到导轮支座上（箭头所示），并且用深度尺 A 测量到油泵法兰密封垫的距离。若测量值为 70.5 mm，导板厚为 19.5mm，则 $b = 70.5 - 19.5 = 51.0$ mm。

- 由 $x = a - b$ 即可确定出 x 的值，再通过表 10-3 来确定调整垫片。如上例 $x = 54.2 - 51.0 = 3.2$ mm，可选用两个 1.2 mm 厚的垫片。

② 检测离合器间隙。装上自动变速器油泵后方可测量离合器间隙，将千分表支架固定到变速器壳体上，并以 1 mm 预紧量将千分表对在涡轮轴上，上下移动涡轮轴并读出表上间隙值，如图 10-67 所示，规定值为 0.5～1.2 mm。

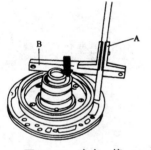

图 10-66 确定 a 值
A-导板；B-深度尺

表 10-3 调整垫片尺寸

测 量 值/mm	调 整 垫 片/mm
≤2.54	1.4
2.55～3.09	1.0+1.0
3.10～3.49	1.2+1.2
3.50～3.89	1.4+1.4
3.90～4.29	1.6+1.6
4.30～4.69	1.8+1.8
4.70～5.04	1.2+1.2+1.6
5.05～5.25	1.2+1.2+1.8

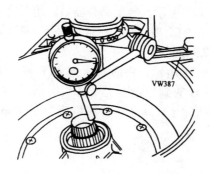

图 10-67　测量离合器间隙

（4）调整 2 挡和 4 挡制动器 B_2。如图 10-68 所示，调整时安装所有部件，除了调整垫片 11、最后一个外片 10 和弹簧盖 6 外。调整垫片的厚度由图 10-69 所示图中的间隙尺寸 x 来确定，间隙 $x = a - b - 2.65\,\mathrm{mm}$。$2.65\,\mathrm{mm}$ 是用 $5\,\mathrm{N\cdot m}$ 力矩固定专用工具 3459 时通过垫片向片组施加一个力 F 来获得的值。

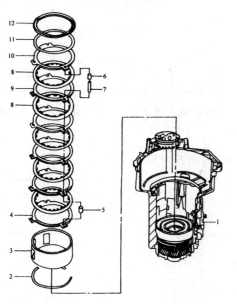

图 10-68　2 挡和 4 挡制动器 B_2 的调整部件

1—变速器壳体；2—弹性挡圈；3—B_2 隔离套；
4、10—3mm 厚外片；5、6—弹簧盖；7—弹簧；8—内片；
9—2mm 厚外片；11—调整垫片；12—垫片

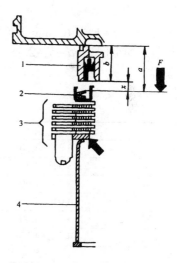

图 10-69　确定 B_2 调整垫片厚度

1—ATF 油泵；2—垫片；
3—B_2 片组；4—隔离套

① 确定尺寸 a,如图 10-70 所示,装上离合器后,用深度尺测量从油泵法兰/变速器壳体(箭头所示)到专用工具 3459 的距离。尺寸 a=3459 高度-测量值。如 3459 高度为 60.0 mm,测量值为 32.7 mm,则 a = 27.3 mm。

② 确定尺寸 b,如图 10-71 所示,将活塞压到 ATF 油泵中直至不动,把新密封纸垫安装在 ATF 油泵上,将导板 B 放到导轮座上(箭头所示),并用深度尺 A 测量到油泵法兰纸垫的距离。尺寸 b=测量值-导板厚度。若测量值为 39.8 mm,导板厚为 19.5 mm,则 b=20.3 mm。

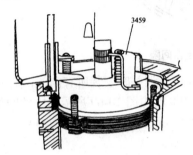

图 10-70 确定 a 值

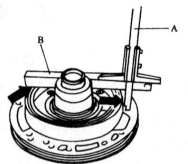

图 10-71 确定 b 值

A—深度尺;B—导板

③ 由 $x = a - b - 2.65$ mm 来确定 x 值。查表 10-4 确定调整垫片厚度,并从备件目录确定备件号。如上例 $x = a - b - 2.65 = 27.3 - 20.3 - 2.65 = 4.35$ mm,可选择两个 1.0 mm 厚的调整垫片。

表 10-4 B_2 调整垫片尺寸

测 量 值/mm	调 整 垫 片/mm
3.25~3.50	1.0
3.51~3.75	1.2.5
3.76~4.00	1.50
4.01~4.25	1.75
4.26~4.50	1.00+1.00
4.51~4.75	1.00+1.25
4.76~5.00	1.25+1.25
5.01~5.25	1.25+1.50
5.26~5.50	1.50+1.50
5.51~5.75	1.50+1.75
5.76~6.00	1.75+1.75

7. 分解和组装 ATF 油泵

ATF 油泵的分解与组装，如图 10-72 所示。安装时要检查活塞环的位置，要确保活塞环接口相互钩住，如图 10-73 所示，将活塞环装入槽内，压缩活塞环并使接口挂上，不可从槽内单面拧下活塞环。

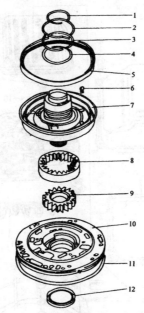

图 10-72 ATF 油泵的分解与组装

1、2、3—活塞环；4—止推垫片；5—活塞；6—螺栓（10 N·m）；7—导轮支座；
8—外齿轮；9—内齿轮；10—自动变速器油泵壳体；11—O 形环；12—变矩器油封

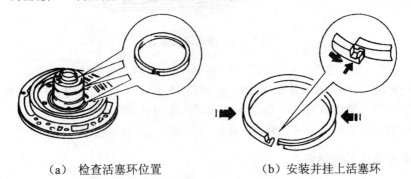

（a）检查活塞环位置　　　　　　　（b）安装并挂上活塞环

图 10-73 活塞环的安装与检查

8. 滑阀箱的拆装

滑阀箱的拆装,如图 10-74 所示。注意拆下油底壳或未加自动变速器油时,不可启动发动机或拖走车辆。

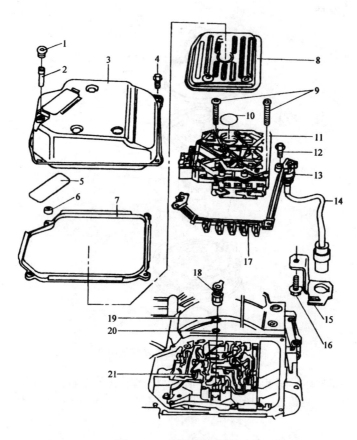

图 10-74 滑阀箱的拆装

1—螺塞;2—溢流管;3—油底壳;4—螺栓(12N·m);5—磁铁;6—隔套;
7—密封垫;8—自动变速器油滤网;9—螺栓(5N·m);10—密封塞;11—滑阀箱;
12—螺栓(10N·m);13、19、20—O形环;14—传输线;15—固定架;
16—螺栓(20N·m);17—电磁阀插头;18—密封塞;21—手动换挡阀操纵杆

9. 停车锁止装置的拆装

停车锁止装置的拆装,如图 10-75 所示。

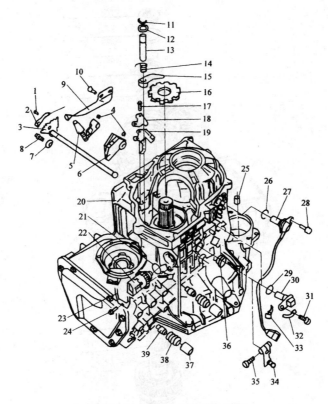

图 10-75 停车锁止装置的拆装

1—螺栓（5N·m）；2—手动滑阀操纵杆；3—带换挡扇形板的选挡轴；4—弹簧销；5—推杆；6—凸轮扇形板；7—锁止垫圈；8、10、24、28、31、35—螺栓（10N·m）；9—换挡扇形板弹簧；11—弹性挡圈；12—垫圈；13—带销杠杆轴；14—回位弹簧；15—带销杠杆（止动爪）；16—停车锁止齿轮；17—螺栓（14N·m）；18—支承板；19—导板；20—变速器壳体；21、26、29、36—O形环；22—多功能开关F125；23—支架；25—定位套；27—车速传感器G68；30—变速器转速传感器G38；32—支持架；33—固定夹；34—杠杆；37—通风装置；39—通风管

10. 主传动装置和差速器的拆装

（1）主动齿轮的拆装

主动齿轮的拆装，如图 10-76 所示，拆装主动齿轮时，不需拆下小齿轮驱动轴和差速器，圆锥滚柱轴承内圈的拆装须用专用工具来完成。拆卸主动齿轮如图 10-77 所示，拧上紧固螺栓，不带碟形垫片、调整垫片和推力滚针轴承，使紧固螺栓和圆锥滚柱轴承内圈之间 $a=3$ mm，用专用工具 VW771 将主动齿轮压出至圆锥滚柱轴承内圈的台肩处，拆下 VW771 并取下主动齿轮。

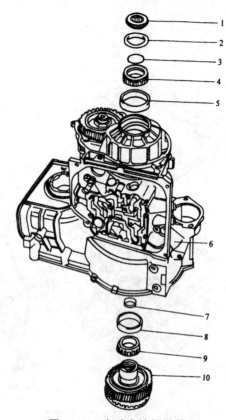

图 10-76 主动齿轮的拆装

1—凹头紧固螺栓；2—碟形弹簧；3—调整垫片；4、9—圆锥滚柱轴承内圈；
5、8—圆锥滚柱轴承外圈；6—变速器壳体；7—推力滚针轴承；10—主动齿轮

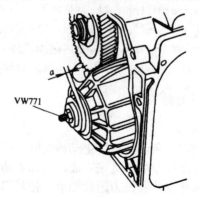

图 10-77 压出主动齿轮

（2）驱动小齿轮轴的拆装

驱动小齿轮轴的拆装，如图 10-78 所示。为了拆卸驱动小齿轮轴，须先拆下停车锁止装置后拆下换挡轴，再拆卸驱动小齿轮轴。

（3）差速器的拆装

差速器的拆装，如图 10-79 和 10-80 所示。

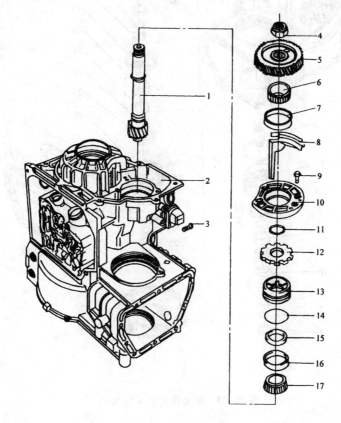

图 10-78 驱动小齿轮轴的拆装

1—小齿轮轴；2—变速器壳体；3—螺栓（12 N·m）；4—六角螺母（250 N·m）；
5—从动齿轮；6、17—圆锥滚柱轴承内圈；7、16—圆锥滚柱轴承外圈；
8—自动变速器油导向板；9—螺栓（25 N·m）；10—轴承盖；
11—调整垫片；12—停车锁止齿轮；13—轴承支承环；
14—O 形环；15—小齿轮轴密封圈

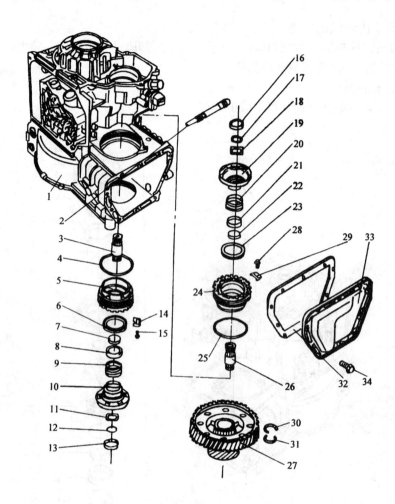

图 10-79 差速器的拆装图解一

1—变速器壳体；2—速度表传动轴；3、26—输出轴/驱动法兰；
4、25—O 形环；5—调整套圈；6、23—驱动法兰油封；7—锥形圈；
8、21—止推垫圈；9、20—压力弹簧；10、19—驱动法兰；11、18—碟形弹簧；
12、17、30、31—弹性挡圈；14、29—安全件；15、28—螺栓（12 N·m）；
22—锥形环；24—轴承座（150 N·m）；27—差速器；32—密封垫；
33—盖；34—螺栓（28 N·m）

第 10 章 自动变速器的拆装

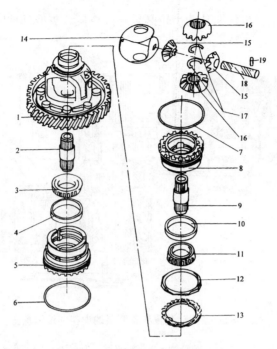

图 10-80 差速器的拆装图解二

1—变速器壳体（带主传动铆接齿轮）；2、9—输出轴/驱动法兰；3、11—圆锥滚柱轴承内圈；4、10—圆锥滚柱轴承外圈；5—圆锥滚柱轴承的轴承体；6、7—O 形环；8—圆锥滚柱轴承调整套圈；12—驱动套；13—速度表驱动齿轮；14—整体式止推垫圈；15—小锥齿轮；16—大锥齿轮；17—弹性挡圈；18—锥齿轮轴；19—弹簧销

11. 检查主传动装置的油量

变速器安装好后，要检查主传动装置油量。拆下里程表驱动轴，并用抹布擦干净，再将里程表驱动轴装上，插到底后拔出，观察里程表驱动轴上油面高度标记。如图 10-81 所示，主传动装置油量应在 min 与 max 之间，最小与最大刻度间油量为 0.1 L，油过多时可用抽油装置 V.A.G1358A 抽出，油过少时可添加补充。

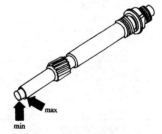

图 10-81 检查主传动装置油量

12. 主传动装置和差速器的调整

主传动装置和差速器的调整部位，如图 10-82 所示。在组装变速器时，只有更换了直接影响主传动装置和差速器的调整部位时，才能调整主动齿轮、带从动齿轮的小齿轮轴或

差速器壳体。维修时主动齿轮和从动齿轮必须一同更换。更换部件时需调整的部件,如表 10-5 所示。

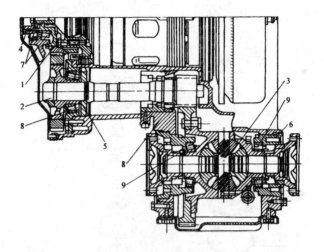

图 10-82 主传动装置和减速器的调整部位示意图

1—主动齿轮;2—小齿轮轴;3—差速器;4—主动齿轮调整垫片;
5—小齿轮轴调整垫片;6—差速器调整垫片;7—主动齿轮圆锥滚柱轴承;8—小齿轮轴圆锥滚柱轴承;9—差速器圆锥滚柱轴承

表 10-5 更换部件时需调整的部件

需更换的部件	需调整部位		
	带铆接齿轮的差速器	主动齿轮	带从动齿轮的小齿轮轴
变速器壳体	O	O	O
主动齿轮		O	O
主动齿轮圆锥滚柱轴承		O	
从动齿轮		O	O
小齿轮轴			O
小齿轮轴圆锥滚柱轴承			O
带齿轮的差速器壳体	O		
差速器圆锥滚柱轴承、轴承体或调整套圈	O		
支承环、停车锁止齿轮或轴承盖			O

"O"为在更换某一部件时,另一部件需要做相应的调整。

（1）调整小齿轮轴
① 调整条件
- 小齿轮轴承支承环安装并固定好。
- 停车锁止操纵机构和停车锁止齿轮已装好。

② 调整步骤
- 将两个调整垫圈（每个 1.5 mm 厚），如图 10-83a 箭头所示装到小齿轮轴上。
- 将带圆锥滚柱轴承的从动齿轮安装到上齿轮轴上，并用 250 N·m 力矩拧紧，这时停车锁止机构应锁止。
- 装上千分表 A，如图 10-83b，以 1 mm 预紧量将表置零，上下移动小齿轮轴，读出并记下表上的间隙值。

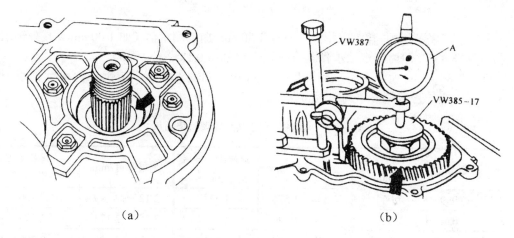

图 10-83　小齿轮轴的调整

- 确定调整垫圈厚度。两个 1.5 mm 垫圈厚度减去测量值（0.93 mm）、轴承预紧量 0.12mm 和下沉量 0.10 mm，即为规定的轴承预紧量（3.0−0.93−0.12−0.10=1.85 mm）。
- 拆下从动齿轮，按表 10-7 确定调整垫圈厚度并将装入小齿轮轴上，然后重新装上从动齿轮并以 250 N·m 力矩拧紧六角螺母，并用销子锁止。

（2）调整主动齿轮

主动齿轮的调整，如图 10-84 所示。

① 挂上停车锁止机构，用 100N·m 力矩将不带碟形弹簧和调整垫圈的凹头螺栓紧固，如图 10-84a 所示。

② 拧下凹头螺栓，装上千分表，如图 10-84b 所示，并以 3 mm 预紧量将表置零，测量主动齿轮和圆锥滚柱轴承内圈之间间隙，记下测量值。

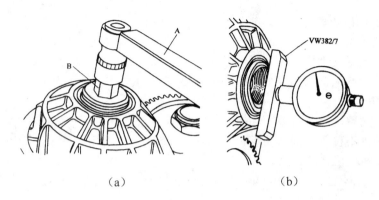

(a)   (b)

图 10-84　主动齿轮的调整

A—力矩扳手；B—22 mm 接头

③ 确定调整垫圈厚度。碟形弹簧厚度 1.50 mm 加上测量值（如 1.00 mm）减去轴承预紧常量 0.18 mm，即为规定轴承预紧量（1.50 + 1.00 − 0.18 = 2.32 mm）。

④ 按表 10-6 确定调整垫圈厚度，并将其装到输入轴上，装上推力滚针轴承，用 250 N·m 力矩拧紧带碟形弹簧的紧固螺栓。

表 10-6　小齿轮轴和主动齿轮调整垫圈尺寸

测量厚度/mm	安装垫圈厚度/mm	测量厚度/mm	安装垫圈厚度/mm	测量厚度/mm	安装垫圈厚度/mm
0.975～0.999	1.000	1.550～1.574	1.575	2.125～2.149	2.150
1.000～1.024	1.025	1.575～1.599	1.600	2.150～2.174	2.175
1.025～1.049	1.050	1.600～1.625	1.625	2.175～2.199	2.200
1.050～1.074	1.075	1.625～1.649	1.650	2.200～2.224	2.225
1.075～1.099	1.100	1.650～1.674	1.675	2.225～2.249	2.250
1.100～1.124	1.125	1.675～1.699	1.700	2.250～2.274	2.275
1.125～1.149	1.150	1.700～1.724	1.725	2.275～2.299	2.300
1.150～1.174	1.175	1.725～1.749	1.750	2.300～2.324	2.325
1.175～1.199	1.200	1.750～1.774	1.775	2.325～2.349	2.350
1.200～1.224	1.225	1.775～1.799	1.800	2.350～2.374	2.375
1.225～1.249	1.250	1.800～1.824	1.825	2.375～2.399	2.400
1.250～1.275	1.275	1.825～1.849	1.850	2.400～2.424	2.425
1.275～1.299	1.300	1.850～1.874	1.875	2.425～2.449	2.450

（续表）

测量厚度/mm	安装垫圈厚度/mm	测量厚度/mm	安装垫圈厚度/mm	测量厚度/mm	安装垫圈厚度/mm
1.300～1.324	1.325	1.875～1.899	1.900	2.450～2.474	2.475
1.325～1.349	1.350	1.900～1.925	1.925	2.475～2.499	2.500
1.350～1.374	1.375	1.925～1.949	1.950	2.500～2.524	2.525
1.375～1.399	1.400	1.950～1.974	1.975	2.525～2.549	2.550
1.400～1.424	1.425	1.975～1.999	2.000	2.550～2.574	2.575
1.425～1.449	1.450	2.000～2.024	2.025	2.575～2.599	2.600
1.450～1.474	1.475	2.025～2.049	2.050	2.600～2.625	2.625
1.475～1.499	1.500	2.050～2.074	2.075	2.625～2.649	2.650
1.500～1.524	1.525	2.075～2.099	2.100	2.650～2.674	2.675
1.525～1.549	1.550	2.100～2.124	2.125	2.675～2.700	2.700

（3）调整差速器

差速器的调整，如图 10-85 所示，用专用工具 3155，以 150 N·m 力矩将轴承体拧靠到台肩处并固定，用 50 N·m 力矩拧紧调整套圈并做上标记，测量时不要转动差速器，否则轴承会下沉，导致测量值不准。继续将调整套圈拧过五个凸缘的角度，并紧固，以此调节圆锥滚柱轴承预紧量。

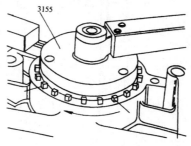

图 10-85　差速器的调整

10.3　其他自动变速器的拆装与组装

10.3.1　切诺基、凌志自动变速器的拆装

切诺基 AW-4 和丰田·凌志 A-340E、A-341E 及沃尔沃 AW-70 内部构造，特别是传动

部分十分相似，另外丰田·皮卡、丰田·大霸王用的 A-43D、A-46DE、A-46DF 变速器的传动部分也与其十分相似。其拆装方法可互相借鉴。

1. 切诺基、凌志变速器的分解

（1）拆下变矩器壳和油泵。
（2）拆下油底壳和控制阀。
（3）拆下超速挡支承的两个固定螺栓。
（4）拆下超速挡制动器卡环。
（5）拆下二挡滑行带式制动器伺服装置卡环，如伺服装置卡滞，可用旋具抵住伺服装置推杆头部往外拨，拆下制动带另一端固定用的横销。
（6）将旋具伸到前行星齿轮装置太阳轮毂的前面，往外面轻轻一拨，太阳轮鼓前边的全部件都可以顺利拆出。
（7）拆下二挡制动器卡环，拆下二挡制动器。
（8）拧松二挡制动器毂（活塞）定位螺栓，拆出二挡制动器毂。
（9）依次取出低挡、倒挡制动器，后行星齿轮装置和制动器的活塞组件。

2. 切诺基、凌志变速器的组装

（1）低挡、倒挡制动器组件的装配
① 装入低挡、倒挡制动器活塞和回位弹簧。
② 装入后行星齿轮装置，2 号单向离合器和低挡、倒挡制动器花键毂。
③ 逐片装入低挡、倒挡制动片。
（2）二挡制动器组件的装配
① 装入二挡制动器毂。毂的活塞面朝向二挡制动器，毂上的进油孔要和壳体上的进油孔对正，并将限位螺钉拧紧，使毂位置保持不变。
② 装入二挡制动器花键毂，依次装入二挡制动器片，装好二挡制动器卡环。
③ 装入变速器输出轴。
④ 旋转装入太阳轮鼓。
（3）前行星齿轮装置的装配
① 装入前行星齿轮。
② 装入前行星齿圈和高挡、倒挡离合器花键毂。装入二挡滑行带式制动器。
（4）高挡、倒挡和前进挡离合器的装配
① 固定住前进挡离合器毂，旋转高挡、倒挡离合器（直接挡离合器），使和高挡、离合器为一体的前进挡离合器花键毂完全入位。
② 将变速器平放，油底面朝上。将前进挡和高挡、倒挡离合器及中间轴一起装入。
③ 旋转前进挡离合器毂，固定高挡、倒挡离合器壳，使高挡、倒挡离合器片完全入位。

④ 将二挡滑行制动带的固定装置和伺服装置装好。

(5) 超速挡支承的装配

① 在工作台上把超速挡制动器活塞回位弹簧装入,并用卡环定位。

② 将超速挡支承上固定螺孔与变速器壳体上孔对正装入、装上 2 个固定螺栓(注意回位弹簧朝向制动器片)。

(6) 超速挡离合器和制动器的装配

① 固定超速挡离合器壳,旋转超速挡行星齿轮(超速挡离合器花键毂,超速挡单向离合器和输入轴与行星齿轮合为一体),使离合器花键毂完全入位。在行星齿轮上装入超速挡行星齿圈。

② 把超速挡行星齿轮装置和超速挡离合器及超速挡单向离合器装入变速器。

③ 将超速挡制动器逐片装入,并用卡环定位。

(7) 其他部分装配

① 将油泵和密封圈按原装配方向装入,并对角分两次拧紧油泵固定螺栓。

② 将变速器上的换挡摇臂对正 N 位,将控制阀和滤网装好。

③ 将油底壳装好。

(8) 装配时的注意事项

① 所有部件装前都应涂抹自动变速器油。

② 止推垫装配时止推垫和滚针轴承上要涂抹凡士林,以防止装配过程中位移。

③ 止推垫上的缺口或凸点应对正装配点。

10.3.2 日产 L4N71B 自动变速器的拆装

1. 日产 L4N71B 自动变速器的分解

(1) 拆下变矩器和变矩器壳。

(2) 用大力钳拆下降挡(低挡)电磁阀和真空调节器。真空调节器上膜片推杆是活的,拆下后要注意保管。

(3) 拆下里程表驱动轮组件。

(4) 拆下油底壳。

(5) 拆卸控制阀总成。

(6) 拧松强制降挡带式制动器伺服装置端盖的固定螺栓。

(7) 如油泵装配得较紧,也可用两根长螺栓将油泵拔出。

(8) 从超速挡壳中逐一取出超速挡行星齿轮组件、超速挡单向离合器、超速挡离合器、强制降挡带式制动器。

(9) 拆下超速挡壳体和离合器支承座,拆前用记号笔在超速挡壳体变速器壳连接部位做好标记,装时从原角度装入。

（10）拧松二挡带式制动器伺服装置端盖的固定螺栓。
（11）取出前进挡离合器和高挡、倒挡离合器及二挡带式制动器。
（12）拆下后加长壳。注意防止丢失驻车棘爪、回位弹簧、销钉等。
（13）拆下变速器输出轴。
（14）逐一拆卸前行星排和后行星排及低挡单向离合器。
（15）拆下低挡、倒挡制动器。

2. 日产 L4N71B 自动变速器的拆装

（1）逐片装入低挡、倒挡制动器。
（2）将一字旋具伸入到制动片之间，使其间隙变小，用手旋转低挡、倒挡制动器花键毂，使其完全入位。
（3）装入低挡单向离合器和前、后行星排组件。
（4）装入变速器输入轴，驻车部件等和后加长壳。
（5）装入二挡带式制动器。然后装入高挡、倒挡离合器和前进挡离合器。调整二挡制动带的工作间隙，装好二挡带式制动器伺服装置，并将压缩空气分别注入伺服装置的工作孔和释放孔，检查它的工作情况。
（6）用自动变速器油润滑离合器支承座的密封圈，将离合器支承座按拆前标记装入。
（7）用自动变速器油润滑超速挡壳体与变速器壳体的连接部位，按拆前作的标记，将超速挡壳和车削加工的密封圈与变速器壳连接，并用橡胶锤轻敲使其入位。严格地按标记装入，就不用小心地调整螺栓孔了。
（8）装入止推轴承和止推垫。
（9）装入强制降挡离合器。
（10）装入超速挡离合器。
（11）装强制降挡伺服装置、并用压缩空气检查强制降挡带式制动器工作是否正常。
（12）用凡士林将油泵的止推轴承和止推垫在超速挡离合器一侧粘牢。
（13）用自动变速器油润滑油泵上的密封圈，根据油泵和超速挡壳连接部位油道的形状，确定油泵的正确装配角度。将长套筒抵住油泵中部，用锤轻敲长套筒，使油泵入位。对角装入油泵，超速挡壳和变速器三者间连接螺栓，分两次拧紧这些螺栓。
（14）依次装好控制阀、自动变速器油滤清器和油底壳。
（15）装好变矩器壳。

10.3.3 奥迪自动变速器的拆装

1. 奥迪液压自动变速器的拆装

液压控制自动的奥迪变速器在结构上要比电子控制的简单。它的传动部分包括一套辛普森式行星齿轮装置（两组行星轮共用一个太阳轮），一个单向离合器、一个带式制动器、一个片式制动器和两个离合器。

（1）具体拆卸顺序如下：
① 将变速器和驱动桥分开。
② 依次拆下挡板、齿圈盖、单向离合器和外环。
③ 将行星齿轮机构连同制动器花键毂、太阳轮鼓一同拆下，取出制动器片。
④ 拆下制动带伺服装置的卡环，使制动带处于放松状态。
⑤ 取出前、后离合器和制动带。
⑥ 卸掉支承管固定螺栓，取出支承管和片式制动器的活塞组件。

（2）具体装配顺序如下：
① 依次装上活塞、回位弹簧和支承管，注意活塞上的单向球阀必须对准油孔（凹槽）。
② 装好制动带。
③ 将前离合器片和卡环装好。
④ 先装后离合器花键毂，再逐片装入离合器片和卡环。
⑤ 将前离合器装配到位，把后离合器上的前离合器花键毂对正离合器片的内花键。用螺丝刀固定住前离合器毂，用用旋转后离合器毂，便可轻松的完全入位。
⑥ 依次装入行星齿轮、太阳轮（短的一端朝下）、太阳轮毂、垫，装入后行星轮和制动器的花键毂，逐片装入制动器片，最上边一片为摩擦片，装入卡环。
⑦ 将单向离合器放在外环中顺时针旋转隔圈直到凸起物触及止限。将它们轻轻拿起慢慢地，一边旋转，一边轻轻地往下压，使其装入后行星齿轮的装配圈中。如单向离合器没有完全入位，可将其轻轻的压入。单向离合器是塑料的动作过猛，会将其损坏。
⑧ 装入齿圈，挡板，并固定好。
⑨ 将变速器和驱动桥相连接。

2. 奥迪电子控制自动变速器的拆装

奥迪电子控制自动变速器的传动部分包括一套辛普森式行星齿轮装置（两组行星轮共用一个太阳轮），一个低挡滚柱式单向离合器，一组片式倒挡制动器，一组片式 2~4 挡制动器，一组 3~4 挡离合器，一组 1~3 挡离合器和一组高挡、倒挡离合器。

（1）具体拆卸顺序如下：
① 拆下油泵的固定螺栓，用两个 M8 螺栓从变速器中拔出油泵。
② 依次拆下 2~4 挡制动器、支承管、倒挡离合器、输入轴和 1~3 挡离合器及 3~4 挡离合器。

（2）具体的装配顺序如下：
① 安装上行星支架组件（含 O 形密封圈）。
② 逐片装入倒挡制动器片，最后一片是摩擦片。

③ 一边旋转，一边轻轻往下压，装入单向离合器。然后用卡环卡住。

④ 用塞尺检查倒挡制动器的工作间隙，摩擦片经过足够时间浸泡后，间隙值应为1.2～1.8 mm。

⑤ 给支承管装上橡胶挡油板和开口簧环。

⑥ 装入太阳轮，止推垫、止推轴承和大太阳轮驱动壳。

⑦ 装入止推垫、止推轴承和小太阳轮驱动壳，装入小行星轮驱动轴。

⑧ 用旋具把小太阳轮驱动壳锁定在大太阳轮驱动壳上，在小行星轮驱动轴端部（后端盖处）装入调整垫，密封垫和螺栓，螺栓紧固力矩为 30 N·m。

⑨ 在工作台组装3～4挡离合器片，压盘平面向下。将离合器的内花键和小行星轮驱动轴上离合器花键毂对正，旋转装入3～4挡离合器。

⑩ 用凡士林粘牢止推垫和止推轴承，在工作台上组装好1～3挡离合器，膜片弹簧锥面向下，装好离合器片和卡环后，一手固定离合器壳，一手旋转内花键毂，待花键毂完全到位后，再装入承环。然后将1～3挡离合器装入。

⑪ 在1～3挡离合器壳上用凡士林粘牢止推垫，然后安装倒挡离合器和离合器支承管。

⑫ 最后安装油泵。

10.4　思考与练习题

1. 拆卸自动变速器时应注意哪些事项？
2. 如何拆卸自动变速器前后壳体、油底壳及阀体？
3. 如何拆卸油泵总成？
4. 怎样检验油泵零件是否损坏？
5. 怎样检验离合器、制动器工作是否良好？
6. 装配离合器、制动器时应注意哪些事项？
7. 如何检测节气门位置传感器以及调整节气门位置传感器？

附录 A 液控液压系统工作时的油路分析

以上章节已经分析了液控系统各部分的结构及工作原理,下面结合具体的实例来综合分析液控液压系统工作时的油路,进一步理解液控系统的工作过程。

日本 3N71B 型自动变速器由日本自动变速器公司生产,采用辛普森三挡行星齿轮变速器。它共有三个前进挡和一个倒挡。其液控系统包括油泵、主油路调压阀、手动阀、真空式节气门阀、离心调速阀、两个换挡阀、强制降挡阀等。执行元件有:倒挡及高挡离合器 C_1、前进挡离合器 C_2、2 挡制动带 B_1、低挡及倒挡制动器 B_2、单向离合器 F_1。执行元件工作与挡位的关系可参见表 A-1。

表 A-1 3N71B 型自动变速器挡位与执行元件关系表

选挡手柄位置	挡位	换挡执行元件				
		C_1	C_2	B_1	B_2	F_1
D	1		O			O
	2		O	O		
	3	O	O			
R	倒	O		(离合器)	O	

"O" 表示结合或制动(制动器)

如图 A-1 所示,油泵 2 输出的压力油经主油路调压阀 6 调压后,送往手动阀 7、节气门阀 19 和强制低挡阀 17。节气门阀产生的节气门阀控制压力油被引至主油路调压阀下端,使主油路油压随节气门开度的增大而升高。主油路调压阀还输出一条油路,经变矩器压力调节阀 5 降压后,进入液力变矩器 1;液力变矩器中的热油则经回油阀 4 进入油冷却器,以进行行星齿轮和轴承的润滑。其他油路的流向,则根据手动阀所选择的工作位置而定。

1. 空挡

当操纵手柄置于"N"位时,"空挡"被选取。手控制阀切断主油路通往 1~2 挡换挡阀 11、各换挡执行元件、调速阀 9 和 10 的油道,使其不工作,自动变速器处于空挡状态,如图 A-1 所示。

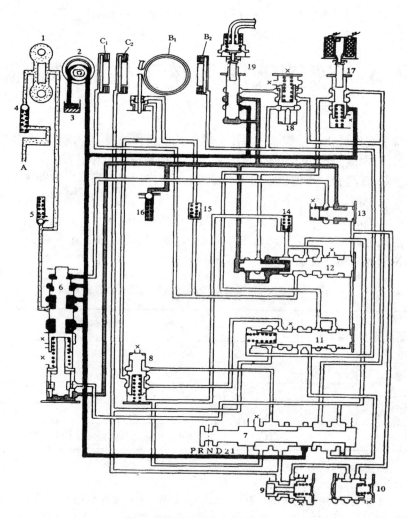

图 A-1 空挡油路分析图

1—变矩器；2—油泵；3—油底壳；4—变矩器回油阀；5—变矩器限压阀；6—主油路调压阀；7—手动阀；8—2 挡锁止阀；9—次级调速阀；10—初级调速阀；11—1～2 挡换挡阀；12—2～3 挡换挡阀；13—压力校正阀；14、15—单向节流阀；16—节气门限压阀；17—强制降挡阀；18—节气门止回阀；19—节气门阀；A—至行星排；B_1—2 挡制动带；B_2—低挡及倒挡制动器；C_1—倒挡及高挡离合器；C_2—前进离合器；×—泄油孔

2. 停车挡

当操纵手柄置于"P"位时，"停车挡"被选取。两条油路接通：一条经强制低挡阀 17

作用于 2～3 挡换挡阀 12 左端，使其保持在右侧低挡位置；另一条使主油路压力油作用于 1～2 挡换挡阀 11 左端，也使其保持在右侧低挡位置，制动器 B_2 接合（如图 A-2）。由于此时倒挡及高挡离合器 C_1、前进离合器 C_2 尚未接合，变速器输入轴上的动力不能传到行星齿轮机构，变速器也没有动力输出。与空挡不同的是，此时变速器输出轴被停车挡锁止机构锁止，输出轴和驱动轮均不能转动。

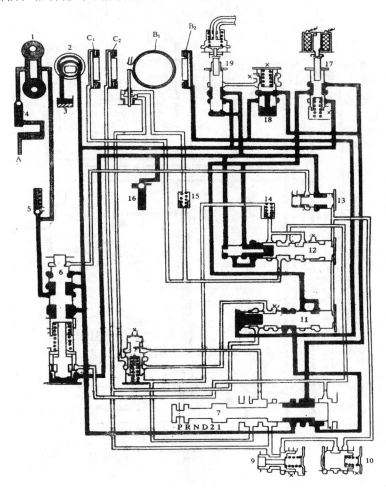

图 A-2　停车挡油路分析图

3. 前进挡（D 位）

如图 A-3 所示，当操纵手柄在"D"位时，"前进挡"被选取。三条油路接通：一条是主油路压力油通向离心调速阀 9、10，使调速阀产生控制油压，离合器 C_2 接合；同时进入

1-2 挡换挡阀 11，准备工作。另一条通至 2 挡锁止阀 8 下端．使该阀处上位工作；同时通往 2-3 挡换挡阀 12。还有一条油路通往 2 挡锁止阀 8 上端。

当车速较低时，1～2 挡换挡阀和 2～3 挡换挡阀右端的调速阀油压较低，两个换挡阀均处于右侧低挡位置，除前进挡离合器 C_2 接合外，其他换挡执行元件油路都处于关闭状态，自动变速器挂 1 挡。

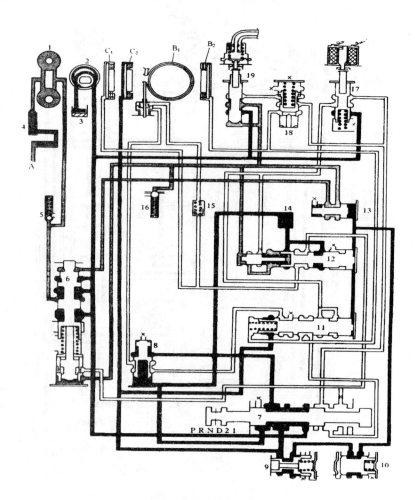

图 A-3　D 位 1 挡油路分析图

随着车速的提高，调速阀油压也逐渐增大。当车速达某一数值时，1～2 挡换挡阀右端的调速阀油压力大于左端主油路油压力与弹簧力的合力，换挡阀阀芯左移，接通至 2 挡制动带 B_1 的油路，使制动带制动（如图 A-4）。自动变速器由 1 挡升至 2 挡。

附录 A 液控液压系统工作时的油路分析

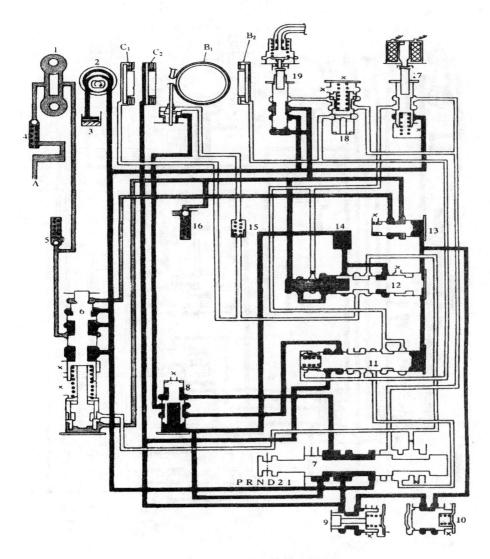

图 A-4 D 位 2 挡油路分析图

当车速进一步提高，使 2～3 挡换挡阀右端的调速阀控制油压力大于左端节气门阀油压力与弹簧力之和时，2～3 挡换挡阀右移，主油路压力油经单向阀节流 14、2～3 挡换挡阀和单向阀节流 15 进入 2 挡制动带 B_1 液压缸上腔，因油压作用面积大于下腔而使得制动带松开；这路压力油也通至倒挡及高挡离合器 C_1 使其而接合（见图 A-5）。此时，倒挡及高挡离合器 C_1、前进离合器 C_2 同时工作，自动变速器由 2 挡升至 3 挡。

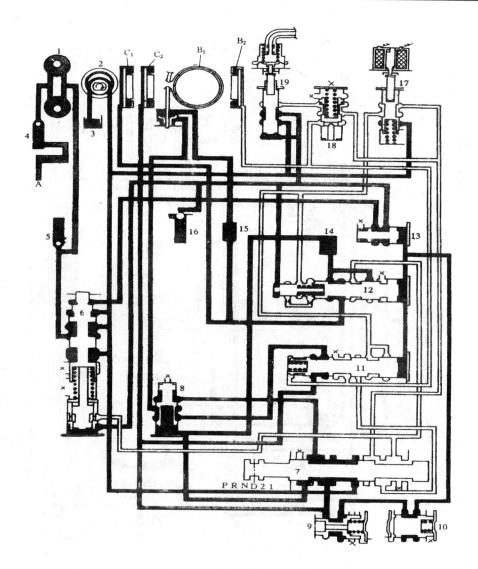

图 A-5　D 位 3 挡油路分析图

当驾驶员将油门踏板完全踩下时，踏板下的强制低挡开关闭合，强制低挡电磁阀通电，阀芯下移，使主油路压力油通往 2～3 挡换挡阀左端和 1～2 挡换挡阀中部。因 2～3 挡换挡阀左端的油压作用面积较大，可克服右端的调速阀油压力，使阀芯右移，变速器由 3 挡强制降至 2 挡（见图 A-6）。

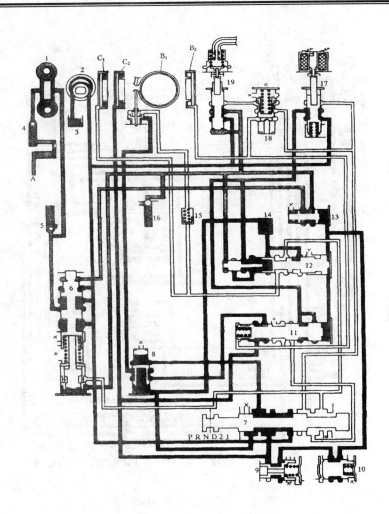

图 A-6　强制低挡油路分析图

4. 手动 2 挡

当操纵手柄置于"2"位时,"手动 2 挡"被选定。此时,强制低挡电磁阀 17 闭合,手控制阀接通三条油路:一条通往调速阀 9、10 和前进离合器 C_2,产生调速阀控制油压并使前进离合器接合;另一条通至 2 挡锁止阀 8 上端,将锁止阀推下,导通压力油到 2 挡制动带 B_1 液压缸的油路;还有一条经强制低挡阀通往 2~3 挡换挡阀左端和 1~2 挡换挡阀中部,使两个换挡阀均处于右边的低挡位置,其他执行元件不工作(见图 A-7)。由于此时 2 挡制动带 B_1 和前进离合器 C_2 的工作与调速阀、节气门阀的状态无关,故无论车速如何变化,自动变速器始终被锁止在 2 挡。

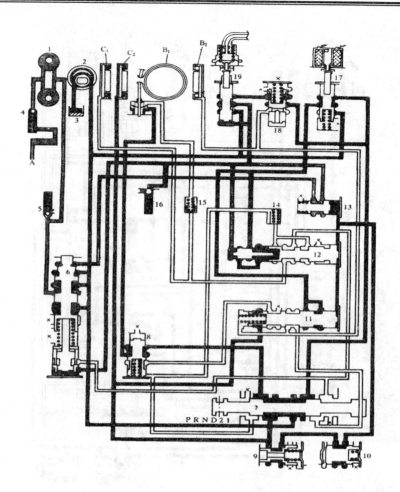

图 A-7 2 位 2 挡油路分析图

在这里需要注意的是，有些自动变速器选择"手动 2 挡"时，变速器可在 1 至 2 挡之间随路况自动升降挡。

5. 手动 1 挡

如图 A-8 所示，当操纵手柄置于"1"位时，"手动 1 挡"被选择，强制低挡电磁阀 17 同时闭合。手动阀接通三条油路：一条通往调速阀 9、10 和前进离合器 C_2；另一条通往 1～2 挡换挡阀 11；第三条经强制低挡阀分别通向 2～3 挡换挡阀 12 左端和 1～2 挡换挡阀。如果汽车正在以 3 挡行驶，则 2～3 挡换挡阀立即被推至右位，倒挡及高挡离合器 C_1 因接回油路而分离，变速器被强制降为 2 挡，且不会再升挡。如车速进一步降低，作用在 1～2 挡换挡阀左端的主油路油压可使换挡阀右移，2 挡制动带 B_1 油缸下腔接回油，手控制阀输出的一条压力油经 1~2 挡换挡阀通至低挡及倒挡制动器 B_2，变速器由 2 挡降至 1 挡（如图 A-9）。且因手控制阀输出的这条油路也始终作用于 1~2 挡换挡阀左端，变速器被锁止在 1 挡位置。

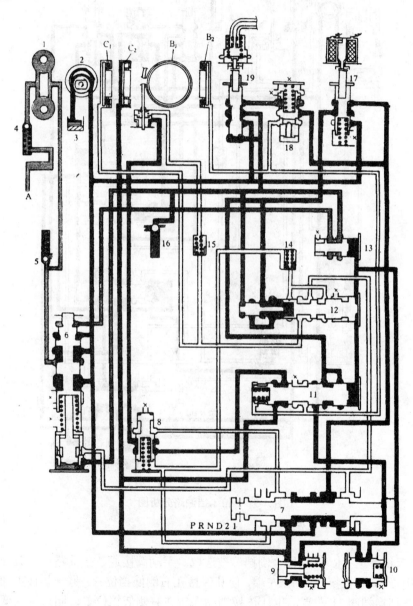

图 A-8 1 位 2 挡油路分析图

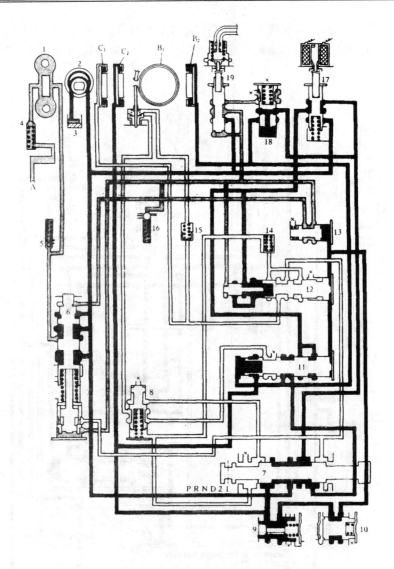

图 A-9　1 位 1 挡油路分析图

6. 倒挡

当操纵手柄置于"R"位时,"倒挡"被选取。手动阀接通三条油路：一条经强制低挡阀 17 后作用于 2～3 挡换挡阀 12 左端,使其保持在右侧低挡位置；另一条使主油路压力油作用于 1～2 挡换挡阀 11 左端,也让该换挡阀保持在右侧低挡位置,同时进入低挡及倒挡制动器 B_2,使该制动器接合；还有一条将压力油引至主油路调压阀 6 下端,推动阀芯上移,关闭泄压口,使此时的主油路压力相应升高,以满足倒挡时换挡执行元件工作油压比其他挡位高的要求,同时,这部分压力油又经2~3挡换挡阀分别通往高挡及倒挡离合器 C_1、2挡制动带 B_1 液压缸上腔,使离合器 C_1 接合、制动带 B_1 松开(见图 A-10)。由于高挡及倒挡离合器 C_1、低挡及倒挡制动器 B_2 工作,自动变速器挂倒挡。

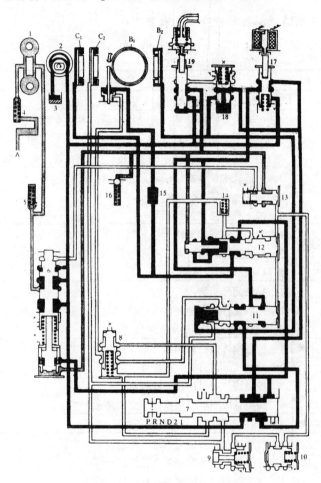

图 A-10 倒挡油路分析图

在油路中,有一压力校正阀 13,其作用是让汽车在起步时有足够大的主油路压力,以防止前进离合器打滑,而当汽车达到一定的车速后,让主油路压力下降,以减小油泵的运转阻力。汽车起步时,调速阀油压为零,压力校正阀将切断节气门油压到主油路调压阀上端的油路;汽车起步后并达到一定车速时,调速阀油压作用力克服了左端弹簧力,推动阀芯左移,接通主油路调压阀上端的节气门阀油路,主油路压力下降。

附录 B 别克轿车自动变速器的故障诊断

1. 变速器部件油液泄漏时的检查（见表 B-1）

表 B-1

检查部位	故障原因
自动变速器油液面	液面太高，导致通风孔总成发生油液泄漏
自动变速器油液状况	1. 受到发动机冷却液、发动机机油、制动液等污染 2. 氧化和老化，导致自动变速器油出现泡沫，通风孔总成出现泄漏
通风孔总成	通风孔总成堵塞或损坏，导致自动变速器内部压力过高，引起其他部件泄漏
油底壳总成	1. 油底壳螺栓和螺钉松动，螺纹错扣或丢失 2. 油底壳损坏 3. 油底壳衬垫错位或损坏
自动变速器油滤清器和密封总成	1. 自动变速器油滤清器总成损坏 2. 自动变速器油滤清器密封总成丢失或损坏，导致自动变速器油出现泡沫，通风孔总成出现泄漏
热敏元件总成	1. 热敏元件销错位 2. 热敏元件或热敏元件片错位、丢失或损坏，导致油底壳液面太高、自动变速器油起泡沫和通风孔总成泄漏
控制阀体盖总成	1. 控制阀体螺栓和螺钉松动、错扣或丢失 2. 控制阀体盖有孔隙或损坏 3. 控制阀体盖衬垫错位或损坏 4. 线束总成损坏或接头端子出现泄漏
前车轮驱动轴油封总成	前车轮驱动轴油封总成松动或损坏
前进挡制动带伺服总成	1. 前进挡制动带伺服盖螺栓和螺钉松动、错扣或丢失 2. 前进挡制动带伺服盖有孔隙或损坏 3. 前进挡制动带伺服盖密封错位或损坏
倒挡制动带伺服总成	1. 倒挡制动带伺服盖固定环错位或损坏 2. 倒挡制动带伺服盖有孔隙或损坏 3. 倒挡制动带伺服盖密封错位或损坏
自动变速器油冷却器管路附件总成	自动变速器油冷却器管路附件总成松动、错扣、损坏或丢失密封圈

(续表)

检查部位	故障原因
壳体加长件总成	1. 壳体加长件螺栓和螺钉松动、错扣、损坏或丢失 2. 壳体加长件总成有孔隙或损坏 3. 壳体加长件密封错位或损坏 4. 前差速器载体轴套或输出轴承总成磨损或损坏 5. 壳体加长件总成自动变速器油回泄孔堵塞或丢失,导致右侧前车轮驱动轴油封总成的重复泄漏
车速传感器总成	1. 车速传感器螺栓或螺钉松动、错扣或丢失 2. 车速传感器O形密封圈错位或损坏
自动变速器油压力测试孔孔塞	自动变速器油压力测试孔孔塞松动、错扣、损坏或有密封圈丢失
手动换挡轴总成	1. 手动换挡轴密封总成错位或损坏 2. 手动换挡轴密封表面损坏
驻车棘爪执行器导轨总成	1. 驻车棘爪执行器销松动或丢失 2. 驻车棘爪执行器导轨损坏 3. 驻车棘爪执行器导轨O形圈错位、丢失或损坏
变矩器油封总成	变矩器油封总成松动或损坏
驱动链轮支架总成	驱动链轮支架自动变速器油回泄孔堵塞或丢失导致变矩器油封总成重复泄漏
壳体总成	壳体总成有孔隙或损坏

2. 管路压力不正确时的检查(见表B-2)

表B-2

检查部位	故障原因
自动变速器液面(仅对低压)	液面太低
热敏元件总成(仅对低压)	1. 热敏元件片销失调 2. 热敏元件或热敏元件片错位、丢失或损坏,引起储油盘中液面太低
自动变速器油滤清器和密封总成	1. 自动变速器油滤清器总成丢失或损坏 2. 自动变速器油滤清器密封总成丢失或损坏
导线、线束总成	线束总成断开或损坏
油泵总成	1. 油泵盖磨损或损坏(仅对低压) 2. 油泵体摩损或损坏(仅对低压)

(续表)

检查部位	故障原因
油泵总成	3. 油泵轮叶环磨损或损坏（仅对低压） 4. 油泵转子磨损或损坏（仅对低压） 5. 油泵轮叶磨损或损坏（仅对低压） 6. 油泵滑动油封环磨损或损坏（仅对低压） 7. 油泵滑动 O 形密封圈磨损或损坏（仅对低压） 8. 油泵滑块磨损或损坏（仅对低压） 9. 油泵滑块卡滞（仅对高压） 10. 油泵启动弹簧或机油泵滑块主销丢失或损坏（仅对低压） 11. 油泵滑块密封或机油泵滑块密封支架丢失或损坏（仅对高压）
压力控制电磁阀总成	1. 压力控制电磁阀总成损坏 2. 电磁阀 O 形密封圈丢失或损坏 3. 阀门座圈丢失或损坏
转矩信号调节阀总成	1. 转矩信号调节阀总成卡滞或损坏 2. 阀门座圈丢失或损坏
压力调节阀总成	1. 压力调节阀卡滞或损坏 2. 压力调节阀弹簧丢失或损坏 3. 倒挡助力阀卡滞或损坏（仅对高压） 4. 线路助力阀卡滞或损坏（仅对高压） 5. 阀门座圈丢失或损坏
执行器进给量极限阀总成（仅对低压）	1. 执行器进给量极限阀卡滞或损坏 2. 执行器进给量极限阀弹簧丢失或损坏 3. 执行器进给量极限阀弹簧座圈丢失或损坏
低压泄压阀总成（仅对低压）	1. 低压泄压阀弹簧丢失或损坏 2. 低压泄压球阀丢失、卡滞或损坏 3. 低压泄压阀弹簧座圈丢失或损坏

3. 1～2 挡换挡感觉生硬或松软的检查（见表 B-3）

表 B-3

检查部位	故障原因
自动变速器液面（仅对换挡松软）	液面太低
变速器主油路压力	变速器主油路压力太低或太高

(续表)

检查部位	故障原因
自动变速器油滤清器总成 （仅对换挡松软）	1. 自动变速器油滤清器总成丢失、堵塞或损坏 2. 自动变速器油滤清器密封总成丢失或损坏
1～2挡蓄压器总成	1. 1-2挡蓄压器总成安装不当（上下颠倒） 2. 1-2挡蓄压器活塞机油密封损坏或丢失 3. 1-2挡蓄压器活塞垫弹簧或外圈弹簧损坏或丢失 4. 1-2挡蓄压器活塞卡滞或卡死 5. 蓄压器盖垫板管路中有残渣
控制阀体总成	1. 控制阀体或垫板总成的管路中有残渣 2. ♯2单向球阀阀球丢失或错位 3. 1-2挡蓄压器阀线路安装不当 4. 1-2挡蓄压器阀卡滞或卡死 5. 1-2挡蓄压器阀弹簧损坏或丢失 6. 2-3挡蓄压器阀轴套、孔塞或夹持器丢失、损坏或安装不当
从动链轮支架总成（仅对换挡松软）	1. 2挡离合器壳体密封圈或四凸角形密封件损坏 2. 2挡离合器壳体轴套磨损或损坏
2挡离合器总成	1. 2挡离合器制动片固定环丢失或不到位 2. 2挡离合器背衬板丢失或安装不当 3. 磨损、损坏或安装不当的离合器片 4. 2挡离合器弹簧固定环遗失或错位 5. 弹簧总成或活塞损坏 6. 2挡离合器壳体单向球阀总成遗失或损坏 7. 2挡离合器壳体总成损坏

4. 2～3档或3～2档换档感觉生硬或松软的检查（见表B-4）

表B-4

检查部位	故障原因
自动变速器液面（仅对换挡松软）	液面太低
变速器主油路压力	变速器主油路压力太低或太高
自动变速器油滤清器总成 （仅对换挡松软）	1. 自动变速器油滤清器总成丢失、堵塞或损坏 2. 自动变速器油滤清器密封总成丢失或损坏

（续表）

检查部位	故障原因
2~3挡蓄压器总成	1. 2~3挡蓄压器总成安装不当（上下颠倒） 2. 2~3挡蓄压器活塞机油密封圈损坏或丢失 3. 2~3挡蓄压器活塞垫弹簧或外圈弹簧损坏或丢失 4. 2~3挡蓄压器活塞卡滞或卡死 5. 蓄压器盖垫板管路中有残渣
控制阀体总成	1. 控制阀体或垫板总成的管路中有残渣 2. ＃4或＃9单向球阀阀球丢失或错位 3. 2~3挡蓄压器阀线路安装不当 4. 2~3挡蓄压器阀卡滞或卡死 5. 2~3挡蓄压器阀轴套、孔塞或夹持器丢失、损坏或安装不当
从动链轮支架总成（仅对换挡松软）	从动链轮支架总成中的3挡离合器液压管路堵塞
3挡离合器总成	1. 输入离合器壳体密封圈丢失或损坏 2. 3挡离合器单向球阀总成丢失或损坏 3. 3挡离合器活塞损坏 4. 3挡离合器活塞内部密封丢失或损坏 5. 3挡离合器片磨损或安装不当

5. 3~4档或4~3档换档感觉生硬或松软的检查（见表B-5）

表B-5

检查部位	故障原因
自动变速器液面（仅对换挡松软）	液面太低
变速器主油路压力	变速器主油路压力太低或太高
自动变速器油滤清器总成（仅对换挡松软）	1. 自动变速器油滤清器总成丢失、堵塞或损坏 2. 自动变速器油滤清器密封总成丢失或损坏
3~4挡蓄压器总成	1. 3~4挡蓄压器安装不当（上下颠倒） 2. 3~4挡蓄压器活塞机油密封圈损坏或丢失 3. 3~4挡蓄压器活塞外部弹簧损坏或丢失 4. 3~4挡蓄压器活塞卡滞或卡死 5. 3~4挡蓄压器活塞汽缸或O形密封圈损坏
控制阀体总成	1. 控制阀体或垫板总成的管路中有残渣 2. 3~4挡蓄压器阀管路安装不当 3. 3~4挡蓄压器阀卡滞或卡死 4. 3~4挡蓄压器阀弹簧或夹持器丢失、损坏或安装不当

(续表)

检查部位	故障原因
从动链轮支架总成（仅对换挡松软）	1. 4挡离合器节流孔丢失或损坏 2. 从动链轮支架总成损坏
4挡离合器总成	1. 离合器片磨损、损坏或安装不当 2. 4挡离合器弹簧固定环丢失或不到位 3. 弹簧总成或活塞损坏 4. 4挡离合器活塞密封磨损或损坏

6. 挂高挡或低挡时速度过高或过低的检查（见表B-6）

表 B-6

检查部位	故障原因
ECM/PCM校正信息	ECM/PCM校正不正确
节气门位置（TP）传感器	节气门位置传感器失调或出故障

7. 变矩器离合器（TCC）在所有挡位上卡滞的检查（见表B-7）

表 B-7

检查部位	故障原因
控制阀体总成	1. 变矩器离合器控制阀体或变矩器离合器调节阀卡滞或卡死 2. 垫板衬垫安装不当或所装零件不正确
变矩器总成	压盘卡在啮合位置上

8. 变矩器离合器（TCC）在2挡、3挡、4挡上卡滞的检查（见表B-8）

表 B-8

检查部位	故障原因
控制阀体总成	1. 变矩器离合器的脉冲宽度调制（PWM）电磁阀总成故障（卡滞） 2. 垫板和衬垫安装不当或所装零件不正确 3. 脉冲宽度调制（PWM）电磁阀内部O形密封圈丢失或损坏

9. 变矩器离合器（TCC）接合不平稳、滑动或颤动的检查（见表B-9）

表 B-9

检查部位	故障原因
控制阀体总成	1. 变矩器离合器调节器阀卡滞或卡死 2. 变矩器离合器调节器阀弹簧丢失或损坏 3. 垫板和衬板安装不当或所装零件不正确
壳体盖总成	变矩器离合器泄压球阀或弹簧损坏或不到位
涡轮轴总成	1. 涡轮轴 O 形密封圈损坏或丢失 2. 涡轮轴油封损坏或丢失 3. 涡轮轴损坏
驱动链轮支架总成	涡轮轴轴套磨损或损坏
变矩器总成	变矩器总成故障

10. 变矩器离合器（TCC）接合或分离生硬的检查（见表 B-10）

表 B-10

检查部位	故障原因
控制阀体总成	1. 变矩器离合器调节器阀卡滞或卡死 2. 变矩器离合器调节器阀弹簧丢失或损坏 3. 变矩器离合器控制阀弹簧丢失或损坏 4. 垫板和衬垫安装不当或所装零件不正确
变矩器总成	变矩器总成故障

11. 变矩器离合器（TCC）未接合的检查（见表 B-11）

表 B-11

检查部位	故障原因
控制阀体总成	1. 变矩器离合器脉冲宽度调制（PWM）电磁阀总成卡滞 2. 变矩器离合器控制阀体或 TCC 调节器阀卡滞或卡死 3. ＃10 单向球阀丢失或错位 4. 垫板和衬垫安装不当或所装零件不正确
壳体盖总成	变矩器离合器泄压球阀或弹簧损坏或不到位
涡轮轴总成	1. 涡轮轴 O 形密封圈装置损坏或丢失 2. 涡轮轴油封损坏或丢失 3. 涡轮轴损坏
驱动链轮支架总成	涡轮轴轴套磨损或损坏
变矩器总成	变矩器总成故障

12. 变速器打滑或无1挡的检查（见表B-12）

表 B-12

检查部位	故障原因
自动变速器油液面	液面太低
变速器主油路压力	变速器主油路压力太低
自动变速器油滤清器总成	1. 自动变速器油滤清器总成丢失、堵塞或损坏 2. 自动变速器油滤清器密封总成丢失或损坏
蓄压器和前进低挡2-1挡制动带伺服总成	1. 前进挡制动带伺服液压管路松动或损坏 2. 蓄压器盖螺栓或前进低挡2~1挡制动带伺服盖松动 3. 前进低档2~1伺服盖衬垫丢失或损坏 4. 蓄压器盖垫板总成损坏
前进挡制动带伺服总成	1. 伺服活塞密封圈丢失或损坏 2. 伺服活塞损坏或卡在伺服盖中 3. 伺服活塞垫弹簧或夹持器丢失或损坏 4. 伺服活塞销未与前进挡制动带总成啮合 5. 前进挡制动带总成磨损或烧毁 6. 前进挡制动带总成与固定销脱开 7. 制动带固定销松动或丢失
控制阀体总成	1. 1~2挡换挡阀卡滞或卡死 2. #3单向球阀球丢失
输入离合器总成	1. 输入离合器支持架总成损坏或安装不当 2. 输入离合器壳体机油密封圈丢失或损坏 3. 输入离合器壳体单向球阀总成丢失或损坏 4. 输入离合器活塞内/外密封丢失或损坏 5. 输入离合器活塞损坏 6. 输入离合器片磨损
1-2挡离合器滚柱总成	1~2挡离合器滚柱总成损坏

13. 变速器打滑或无2挡的检查（见表B-13）

表 B-13

检查部位	故障原因
自动变速器液面	液面太低
变速器主油路压力	变速器主油路压力低

（续表）

检 查 部 位	故 障 原 因
自动变速器油滤清器总成	1. 自动变速器油滤清器总成丢失、堵塞或损坏 2. 自动变速器油滤清器密封总成丢失或损坏
控制阀体总成	1. 1-2挡换挡阀卡滞或卡死 2. 控制阀体或垫板总成中有残渣
从动链轮支架总成	1. 2级离合器壳体密封圈损坏 2. 四凸角形密封件损坏 3. 2挡离合器壳体轴套磨损或损坏
2挡离合器总成	1. 2挡离合器背衬板固定环丢失或不到位 2. 2挡离合器背衬板丢失或不到位 3. 离合器片磨损、损坏或安装不当 4. 2挡离合器弹簧固定环丢失或不到位 5. 弹簧总成或活塞损坏 6. 2挡离合器壳体单向球阀阀球总成丢失或损坏 7. 2挡离合器壳体总成损坏

14. 变速器打滑或无3挡和无4挡的检查（见表B-14）

表 B-14

检 查 部 位	故 障 原 因
自动变速器液面	液面太低
变速器主油路压力	变速器主油路压力低
自动变速器油滤清器总成	1. 自动变速器油滤清器总成丢失、堵塞或损坏 2. 自动变速器油滤清器密封总成丢失或损坏
控制阀体总成	1. 2~3（3~4）挡换挡阀或3~2（4~3）挡手动挂低挡阀卡滞或卡死 2. 控制阀体或垫板总成中有残渣 3. ＃4或＃9单向阀丢失或错位（无3挡）
从动链轮支架总成	从动链轮支架总成中的3挡离合器液压管路堵塞
3挡离合器总成（无3挡）	1. 输入离合器壳体密封圈丢失或损坏 2. 3挡离合器单向球阀总成丢失或损坏 3. 3挡离合器活塞损坏 4. 3挡离合器活塞内部密封丢失或损坏 5. 3挡离合器片磨损或安装不当
4挡离合器总成（无4挡）	1. 离合器片磨损、损坏或安装不当 2. 4挡离合器弹簧固定环丢失或不到位 3. 弹簧总成或活塞损坏 4. 4挡离合器活塞密封件磨损或损坏
3挡离合器支持架总成	1. 内圈支持架安装不当（向后） 2. 3挡离合器支持架总成损坏
壳体盖总成（无4挡）	手动阀或壳体盖出现变形或损坏，导致PRN漏油（无4挡）

15. 手动 2 挡或低挡无发动机制动的检查（见表 B-15）

表 B-15

检查部位	故障原因
蓄压器和前进低挡 2-1 挡制动带伺服总成	1. 前进低挡 2～1 挡制动带伺服液压管路松开或损坏 2. 前进低挡 2～1 挡制动带伺服盖或蓄压器盖螺栓松动 3. 蓄压器盖垫板总成损坏 4. 伺服活塞密封或伺服活塞缸 O 形密封圈损坏或丢失 5. 伺服机构滤网总成丢失，使缸中出现残渣 6. 前进低挡 2～1 挡制动带伺服总成组装不当
前进低挡 2～1 挡制动带总成	1. 制动带总成磨损或烧损 2. 制动带总成与固定销脱开 3. 制动带固定销松动或丢失

16. 倒车打滑或没有倒车的检查（见表 B-16）

表 B-16

检查部位	故障原因
自动变速器液面	液面太低
变速器主油路压力	变速器主油路压力太低
操纵机构连杆	失调
自动变速器油滤清器总成	自动变速器油滤清器总成丢失、堵塞或损坏 自动变速器油滤清器密封总成丢失或损坏
倒挡制动带伺服总成	1. 伺服活塞密封圈丢失或损坏 2. 伺服活塞损坏或卡在壳体中 3. 伺服活塞销弹簧或弹簧座圈丢失或损坏 4. 伺服活塞销与倒挡制动带伺服总成未啮合 5. 倒挡制动带伺服总成磨损或烧损 6. 倒挡制动带伺服总成与固定销脱开 7. 固定销松动或丢失
变矩器总成	变矩器总成定子离合器不啮合
传动链总成	1. 传动链总成断裂 2. 驱动/从动链轮损坏

(续表)

检查部位	故障原因
输入离合器总成	1. 输入离合器支持架总成损坏或安装不当 2. 输入离合器壳体密封圈丢失或损坏 3. 输入离合器壳体单向球阀阀球总成丢失或损坏 4. 输入离合器活塞内/外密封丢失或损坏 5. 输入离合器活塞损坏 6. 输入离合器片磨损
倒挡反作用鼓	倒挡反作用鼓花键损坏
输入和反作用托架总成	输入托架总成或反作用托架总成部件损坏
差速器总成	1. 驻车棘爪总成断裂或损坏 2. 太阳齿轮轴、内部齿轮总成或差速器总成损坏

17. 前进挡/倒挡时锁死的检查（见表 B-17）

表 B-17

检查部位	故障原因
操纵机构连杆	失调
输入和反作用托架总成	输入托架总成或反作用托架总成部件损坏
差速器总成	1. 驻车棘爪总成断裂或损坏 2. 太阳齿轮轴、内部齿轮总成或差速器总成损坏

18. 无驻车挡的检查（见表 B-18）

表 B-18

检查部位	故障原因
操纵机构连杆	失调
差速器总成	驻车棘爪总成断裂或损坏
驻车棘爪执行器总成	1. 执行器总成损坏 2. 执行器导向装置损坏或有残渣

19. 倒挡/前进挡啮合时间延迟的检查（见表 B-19）

表 B-19

检查部位	故障原因
自动变速器液面	液面太低
变速器主油路压力	变速器主油路压力太低

（续表）

检查部位	故障原因
倒挡制动带伺服总成（仅对倒挡啮合）	倒挡制动带伺服活塞密封环损坏
前进挡制动带伺服总成（仅对驱动啮合）	前进挡制动带伺服活塞环损坏
控制阀体总成（仅对倒挡啮合）	倒挡伺服助力阀卡滞或损坏
控制阀体总成（仅对驱动啮合）	前进挡伺服助力阀卡滞或损坏
控制阀体垫板总成（仅对驱动啮合）	热敏元件损坏或功能不正常
变矩器离合器泄压球阀总成	变矩器离合器泄压球阀不到位，引起变矩器回流
输入离合器总成	1．输入离合器壳体密封圈损坏或滚压 2．输入离合器壳体总成密封面损坏 3．输入离合器壳体单向阀总成堵塞或损坏 4．输入离合器内活塞密封损坏 5．输入离合器外活塞密封损坏 6．输入离合器活塞总成密封面损坏

20. 倒挡/前进挡啮合困难的检查（见表 B-20）

表 B-20

检查部位	故障原因
变速器主油路压力	变速器主油路压力太高
倒挡制动带伺服总成（仅对倒挡啮合）	倒挡制动带伺服活塞垫弹簧断裂或丢失
前进挡制动带伺服总成（仅对驱动啮合）	前进挡制动带伺服活塞垫弹簧断裂或丢失
变速器壳盖单向球阀（仅对倒挡啮合）	＃5 单向球阀错位或丢失
变速器壳盖单向球阀（仅对驱动啮合）	＃6 单向球阀错位或丢失
控制阀体总成（仅对倒挡啮合）	倒挡制动带伺服助力阀卡滞或损坏
控制阀体总成（仅对驱动啮合）	前进挡伺服助力阀卡滞或损坏
控制阀体垫板总成（仅对驱动啮合）	热敏元件损坏或功能不正常

21. 前进挡打滑或无前进挡的检查（见表 B-21）

表 B-21

检查部位	故障原因
自动变速器液面	液面太低
变速器主油路压力	变速器主油路压力太低

(续表)

检 查 部 位	故 障 原 因
操纵机构连杆	失调
自动变速器油滤清器总成	1. 自动变速器油滤清器总成丢失、堵塞或损坏 2. 自动变速器油滤清器密封总成丢失或损坏
蓄压器和手动2-1挡伺服总成	1. 前进挡伺服液压管路松动或损坏 2. 手动2~1挡伺服盖或蓄压器盖螺栓松动 3. 手动2~1挡伺服盖衬垫丢失或损坏 4. 蓄压器盖垫板总成损坏
前进挡伺服总成	1. 伺服活塞机油密封圈丢失或损坏 2. 伺服活塞损坏或卡在伺服盖中 3. 伺服活塞垫弹簧或弹簧座圈丢失或损坏 4. 伺服活塞销未与前进挡伺服总成啮合 5. 前进挡伺服总成磨损或烧损 6. 前进挡伺服总成与销轴脱开 7. 销轴松动或丢失
控制阀体总成	＃3单向球阀丢失
变矩器总成	变矩器总成定子离合器不啮合
传动链总成	1. 传动链总成断裂 2. 驱动/从动链轮损坏
输入离合器总成	1. 输入离合器支持架总成损坏或安装不当 2. 输入离合器壳体密封圈丢失或损坏 3. 输入离合器壳体单向球阀总成丢失或损坏 4. 输入离合器活塞内或外密封丢失或损坏 5. 输入离合器活塞损坏 6. 输入离合器片磨损
1~2挡离合器滚柱总成	1~2挡离合器滚柱总成损坏
输入和反作用托架总成	输入托架总成或反作用托架总成部件损坏
差速器总成	1. 驻车棘爪总成断裂或损坏 2. 太阳齿轮轴、内部齿轮总成或差速器总成损坏

参 考 文 献

[1] 徐安. 汽车自动变速器结构原理与使用检修 [M]. 北京：人民交通出版社，2000.
[2] 熊国维. 汽车自动变速器构造和维修 [M]. 北京：科学技术文献出版社，1997.
[3] 龚瑞庚. 汽车自动变速器构造与修理 [M]. 北京：人民交通出版社，1999.
[4] 吴玉基. 汽车自动变速器构造和维修 [M]. 北京：人民交通出版社，2002.
[5] 过学迅. 汽车自动变速器——结构·原理 [M]. 北京：机械工业出版社，1999.
[6] 麻友良. 电控自动变速器的结构与检修 [M]. 北京：冶金工业出版社，机械工业出版社，2000.
[7] 邓定瀛. 自动变速器原理与运用 [M]. 重庆：重庆大学出版社，2002.
[8] 徐寅生. 现代轿车自动变速器构造原理与检修 [M]. 北京：电子工业出版社，2000.
[9] 藏杰. 轿车自动变速器检修培训教程 [M]. 北京：机械工业出版社，2002.
[10] 王忠良. 自动变速器维修技术 [M]. 石家庄：河北科学技术出版社，1999.
[11] 冯晋祥. 自动变速器结构原理图册 [M]. 北京：机械工业出版社，2004.
[12] 李春明. 宝来轿车维修手册 [M]. 北京：北京理工大学出版社，2003.
[13] 赵雨旸. 宝来轿车使用与维修手册 [M]. 北京：机械工业出版社，2003.
[14] 杨秀红. 轿车自动变速器的结构、使用与维修 [M]. 国防工业出版社，2000.
[15] 张泰岭. 汽车自动变速器原理与检修 [M]. 广东科技出版社，1999.
[16] 周大森. 汽车自动变速器原理与维修 [M]. 国防工业出版社，1998.
[17] 宋福昌. 电控液力自动变速器的结构与维修 [M]. 北京：国防工业出版社，2000.
[18] 嵇伟. 自动变速器故障诊断与检测 [M]. 北京：机械工业出版社，2003.
[19] 尹万建. 轿车自动变速器结构原理与检修 [M]. 北京：人民交通出版社，2002.
[20] 黄林彬. 自动变速箱系统 [M]. 福建科学技术出版社，2001.
[21] 潘旭峰. 现代汽车电子技术 [M]. 北京理工大学出版社，1998.
[22] 秦如刚. 基于节能技术的高效能自动变速器（一）、（二）[J]. 汽车维护修理，2004（12）、2005（1）.